本书系全国教育科学规划2016年度教育部重点课题"自我与他者：陌生人社会中的道德教育研究"（课题编号DAA160235）的成果

自我、他者与道德教育

贾玉超◎著

新华出版社

图书在版编目（CIP）数据

自我、他者与道德教育 / 贾玉超著 . —北京：新华出版社，2022.7
ISBN 978-7-5166-6352-3

Ⅰ . ①自… Ⅱ . ①贾… Ⅲ . ①德育—研究 Ⅳ .
① G41

中国版本图书馆 CIP 数据核字（2022）第 128602 号

自我、他者与道德教育
作　　者：贾玉超

责任编辑：赵怀志
封面设计：人文在线

出版发行：新华出版社
地　　址：北京石景山区京原路 8 号　　　　　**邮　　编**：100040
网　　址：http://www.xinhuapub.com
经　　销：新华书店
购书热线：010-63077122　　　　　**中国新闻书店购书热线**：010-63072012

照　　排：北京人文在线文化艺术有限公司
印　　刷：三河市龙大印装有限公司
成品尺寸：170mm×240mm　1/16
印　　张：15　　　　　**字　　数**：215 千字
版　　次：2023 年 5 月第一版　　　　　**印　　次**：2023 年 5 月河北第一次印刷
书　　号：ISBN 978-7-5166-6352-3
定　　价：68.00 元

目 录
CONTENTS

第1章 导　论 001

　　1.1 背景与问题　　　　　　　　　　　　　　　001

　　1.2 概念与基础　　　　　　　　　　　　　　　005

　　1.3 方法与结构　　　　　　　　　　　　　　　024

第2章 道德教育的善之维：古典美德论 028

　　2.1 亚里士多德伦理学中的善与美德　　　　　　029

　　2.2 亚里士多德论美德与正义的关系　　　　　　035

　　2.3 公共道德生活与友谊论的局限　　　　　　　041

　　2.4 个体完善、品格与公共道德生活　　　　　　048

第3章 道德教育的善之维：现代美德论 052

　　3.1 安斯库姆与现代美德伦理学　　　　　　　　053

　　3.2 赫斯特豪斯的规范美德伦理学概念　　　　　064

　　3.3 美德伦理与正当行动　　　　　　　　　　　071

　　3.4 美德伦理学是一个完整的道德理论吗？　　　087

第 4 章　道德教育的正当之维：先验论 ⋯⋯⋯⋯⋯⋯⋯⋯⋯⋯⋯⋯ 091

4.1　由理性产生的道德　092

4.2　康德论正当行动　101

4.3　康德论正当行动与善　112

4.4　理性存在者与正当行动的稳定性　118

4.5　康德道德哲学的结构和方法　124

第 5 章　道德教育的正当之维：契约论 ⋯⋯⋯⋯⋯⋯⋯⋯⋯⋯⋯⋯ 129

5.1　由契约产生的道德　130

5.2　契约论与正当行动的稳定性　141

5.3　罗尔斯论正义感　147

第 6 章　一种包容性的道德理论 ⋯⋯⋯⋯⋯⋯⋯⋯⋯⋯⋯⋯⋯⋯⋯ 154

6.1　道德哲学中的"伦理"和"道德"概念　155

6.2　正当与善相分离　173

6.3　一种包容性的道德理论　178

第 7 章　陌生人社会中的道德教育 ⋯⋯⋯⋯⋯⋯⋯⋯⋯⋯⋯⋯⋯⋯ 184

7.1　多元主义社会中道德教育合理性的论证　184

7.2　正当优先于善所支持的道德教育　188

7.3　共同善及其教育　192

第 8 章　公共学校的道德教育 ⋯⋯⋯⋯⋯⋯⋯⋯⋯⋯⋯⋯⋯⋯⋯⋯ 202

8.1　道德教育在公共学校、家庭和社区之间的分配　203

8.2　公共学校中的道德教育　　　　　　　　　206

8.3　公共学校中教师的角色　　　　　　　　　215

8.4　公共学校的变革　　　　　　　　　　　　218

参考文献 221

第 1 章

导　论

1.1　背景与问题

改革开放四十多年来，中国的社会结构已经发生剧烈的变化。乡土中国的"熟人社会"（acquaintance society）正在经历逐步被瓦解的过程，社会流动越来越频繁，越来越多的原来生活在传统共同体（如乡村）中的人们纷纷进入陌生的城市学习、生活或工作，并在竞争激烈的劳动分工和不平等的收入分配机制下经历着痛苦地身份再造，同时伴随着深刻的文化和价值观方面的冲突、适应和融合。在这种社会大背景下，人与人之间的关系变得比以往更加复杂和捉摸不定，公共道德生活逐渐凸显出以下三个特点：

首先，道德分歧（moral disagreement）或价值冲突（values conflicts）已经成为公共道德生活中一个无法回避的现实问题。来自不同民族、宗教、文化和地区的人们秉持着对"什么是善"的独特理解，根据多样的道德标准进行道德推理并做出独立的道德决断。个体平等以及独特性的事实，一方面说明我们所处的现代社会的道德的进步；但是另一方面，在公共道德生活中，人们之间的道德冲突时常威胁着共同体对"什么是良好生活"的理解，并有损共同体的情感纽带，甚至时常出现导致共同体瓦解的极大风险。

其次，在市场和社会转型时期，人们价值观的多元化，导致人们道德推理逻辑的多样化，后果主义（consequentialism）、完善论（perfectionism）、直觉主义（intuitionism）、功利主义（utilitarianism）等逻辑直接影响了人们对道德现象的明智判断和个体行动。

再次，公共道德生活中的道德冷漠（moral indifference）已经成为日常生活道德危机的重要表现形式。2011 年发生在广东省的"小悦悦事件"至今仍在提醒人们思考：是什么阻止了人们实施救助的行动？

在这样一个复杂背景下，我们发现那些在公共道德生活中常常是冷漠的、自私的、缺乏爱心的、甚至对他人做出伤害行为的"不道德"的人，在自己的亲人、朋友或其他熟人圈子中却是一个热心的、无私的、有爱心的和乐于助人的、并获得圈内好评的人。因此，当代人在公共道德生活中面临的突出问题便清晰地呈现在人们的眼前：一个在亲朋等熟人小圈子中被广泛认可的"好人"在公共生活中却并不必然如此，甚至可能是一个"恶人"。**那么，在陌生人聚集的社会中，我们应该如何越过熟人的伦理对待他者呢？伦理根据是什么？面对公共道德生活中的这一新问题，我们的道德理论和学校道德教育实践应该如何回应？**这是我们时代面临的一个现实问题。

为了应对我们时代面临的交往生活的公共性转变所带来的挑战，探索公共道德生活的新的伦理规范成为这个时代的必然要求。基于现有的伦理传统，我们究竟是以旨在促进个体品格完善的诸美德来实现对他者的善意，还是应该把处理公共道德生活中与陌生人之间的关系作为我们彼此应该承担的义务？我们应该把人之为人的自然情感（如同情或关怀）作为协调自我与他者联系的纽带，还是把对他者的正当行动诉之于合理的道德原则（如正义）？抑或在处理自我与他者的关系问题上，将上述主张进行优先性排序以使之相容于一个更稳定的道德理论？不同的理论对这一问题做出了风格迥异乃至截然不同的回答。

首先，值得一提的是，中国思想传统中的儒家伦理对该问题的回答最为简洁而肯定：推己及人。这一主张所表达的是，一个人如果想得到他人如何对待自己他就应该如何对待他人。因此，儒家的推己及人主张强调的是，人在面临道德困境时应该换位思考、设身处地地从对方的角度看问题。

孔子在《论语》中将这一主张概括为："己欲立而立人，己欲达而达人"，此谓"忠"；"己所不欲，勿施于人"，此谓"恕"。后世朱熹将忠恕之关系概括为："尽己之谓忠，推己之谓恕"，恕由忠出，推己及人。因此，儒家在处理自我和他者的关系上坚持"忠恕原则"，也就是推己及人原则。值得注意的是，儒家的推己及人这一原则如果在公共道德生活中是可行的，则它所依赖的两个前提就应该是成立的，这两个前提分别是：（1）共同体内部的所有成员拥有相同的善良本性，即人性都是善的，因为只有人性是善的，忠和恕在逻辑上才是成立的；（2）共同体内部的所有成员对于什么是善的，或者对于什么构成了优良生活的"善"持有一致的理解，因为只有所有成员的善观念是一致的，人们的欲求才是一致的。另外，儒家的推己及人作为处理人与人之间（包括熟人之间和陌生人之间）普遍性关系的原则是否与儒家所推崇的伦理上的等级秩序相容？可以说，学界对于儒家推己及人的批评主要是基于以上这些前提的。与中国儒家最为接近的西方亚里士多德伦理传统则没有受到伦理等级秩序这一观念的影响，而是将共同体内的所有成员视为平等的个体，个体之间的道德关系以及道德生活中所依据的道德原则都取决于人们对"什么是善"以及"什么是最高的善"的理解。但是亚里士多德本人却做出了熟人和陌生人之间的区分，并且主张对待熟人和对待陌生人在伦理上是不同的。这一不同是可以接受的，因为我们毕竟对熟人怀有更深的感情和承担更多的责任，但是如果这一不同超越了类似"不义之举"的话，它就是不可接受的了。如果我们有理由将中国的儒家伦理和亚里士多德的伦理学都视为美德伦理的一部分，我们将在后面的讨论中详细分析和回应这些论证。然而，其他伦理传统给出了完全不同的回答，如康德的义务论传统会追问我们依据何种理性原则对待他者才是对（正当）的。这一传统显然将对于什么是善的理解放在了相对于行为对错而言的次要位置。因此，其分歧之所在，乃在于不同的理论传统在对待"善""正当"以及"正当与善之关系"问题上所持的立场不同，有时候这些立场之间是根本对立的。本研究将围绕伦理学中的两个基本概念，即"正当"与"善"，并把它们作为构建道德教育理论的两个必要维度，以

"正当与善之关系"为线索考察在教育史上产生深远影响的道德教育的两种进路——美德论进路和义务论进路——何者更好地处理了上述问题，并在此基础上对上述问题做出合理的理论回应和（公共学校）道德教育实践回应。

在新时代背景下，本研究的价值至少包含以下两个方面：

首先，从研究的理论价值来看，我国的道德教育的哲学基础主要是美德论伦理、义务论伦理以及近年来诉诸于情感主义的关怀论伦理。这些不同的伦理学在我国都有众多的支持者和辩护者，然而他（她）们在学理层面的辩论较少，尤其是当面临对本研究提出的核心问题做出回应时，他（她）们要么出现美德、关怀与正义（正当）各执一端的情形，要么会承认三者的重要性进而主张同时教授美德、关怀与正义。在西方学术界，不同的理论传统之间的学理辩论正在展开，并致力于分析各种理论传统的不足以及发展出各种更具包容性的新的理论解释，如诺丁斯虽然没有在其理论中处理"正义和关怀"之关系，但她曾在多个场合强调"一个合理的道德理论应是关怀与正义相容"，并于二十世纪末与教学实践中的一线教师在实践层面探索"关怀与正义"的相容问题。因此，面对当代合理的多元主义社会中的公共道德生活危机，探索不同理论传统、参与不同理论传统之间的论辩以及在此基础上提出更具包容性的理论解释是很紧迫的，且对于公共学校的道德教育实践具有重要意义。本研究将系统梳理当代道德教育实践中盛行的道德教育两种进路的哲学基础，即美德论伦理和义务论伦理，并以"善与正当之关系"为线索理解、评价和回应这两种道德哲学传统各自为本研究问题所提供的答案。尤其是分析美德论伦理传统中的亚里士多德是如何处理美德与正义的关系以及对当代美德论伦理学致力于将正当行动相容于美德论伦理的主张做出全面回应，从而阐明致力于个体完善的美德论伦理为自我对他者的行动提供可靠的伦理根据；论证义务论伦理对"正当优先性"辩护中存在的问题及其稳定性问题。在此基础上，分析这些不同的伦理传统所要求的道德教育实践含义，并尝试发展出一种基于契约论和经验论的道德教育理论分析框架。该分析框架应从学理上阐释处于复杂社会情境下人们将正当行动置于优先性的问题，即理解人们在具体情境中正当行动的稳定性问题。

其次，从实践价值层面来看，美德论伦理指导下的学校道德教育倾向于给出一个关于美德的列表，学校向学生传授这些美德，并试图通过多种途径使学生内化为自身的品格以达至个体完善；义务论伦理指导下的学校道德教育则倾向于告诉学生"什么是应该做的"或者"怎样做才是正当的"以及相关的道德推理能力。如果我们在两种伦理传统的学理层面的辩论中能够就品格、正当行动以及正当与善之关系提供一个批判性的解释，我们就可以发展出一套关于道德教育的新的解释框架。这一解释将会涉及道德教育在公共学校、家庭和社区之间的分配、公共学校道德教育的培养目标以及道德教育的内容和方法等。这将对学校道德教育改革产生积极的影响。

总之，学校教育是广泛社会生活的重要组成部分，而个体成长和发展的很长一段时间是在学校里度过的。因此，从学校道德教育的理论层面和实践层面对这一核心问题做出回应具有重要的意义：它不仅影响到个体未来的发展，影响到社会关系的和谐，更为重要的是，它影响到人们对于秩序良好的公共道德生活的理解以及为之付出努力的信心。

1.2 概念与基础

一、核心概念

本研究使用的两对核心概念，即"自我"与"他者"以及"善"与"正当"，它们相对位而存在，是伦理学中两对基本的和核心的概念。

首先，"自我"与"他者"是一对十分富有哲学意味儿的概念。当我们回顾中西方哲学史的时候，我们发现"自我"以更加鲜明的形象主宰着哲学，而鲜见真正的他者。[1] 在学术史上，亚里士多德更加重视自我同一性。

---

[1]　孙向晨. 面对他者：莱维纳斯哲学思想研究［M］. 上海三联书店，2015：1.

在《尼各马可伦理学》中，亚里士多德重点论述了一个道德上的好人所具有的伦理美德以及如何获得这些美德，并在论述"友谊"部分试图说明自我同一性的扩展问题。在亚里士多德看来，"对一个道德上的好人来说，和朋友的关系就等于和自身的关系。因为朋友就是另一个自我。"① 朋友之所以是另一个自我，是因为我和朋友之间拥有共同的美德，而美德被视为灵魂的一个符合罗格斯的实现活动。因此，我和朋友之间是心灵相通、惺惺相惜的。所以，朋友就是自我概念的扩展。按照亚里士多德的这一思想进行推演，随着自我概念的不断扩展，我的朋友圈子越来越大，以至于有可能扩大至整个城邦。这样，整个城邦的所有公民就都可能是自己的朋友。因而，对待他（她）们就如同对待自己。但是，亚里士多德的这一自我及其扩展秩序的概念，很难在论证上得到辩护的。第一，亚里士多德认为，不可能所有的人都有相同的美德，因此不可能所有的人都有可能成为朋友；第二，我可能拥有很多不同类型的朋友，但根据亚里士多德，真正的朋友却是屈指可数的，也没有必要都成为朋友；第三，即便按照亚里士多德的自我及其扩展秩序，我与很多人乃至所有人成为朋友，我们之间也存在诸多差异。因此，自我的扩展秩序是不成立的，至少是在很大程度上是不成立的。这就意味着，我们有必要对自我和他者做出区分，我们对自我和对他者的道德责任是不一样的。但是，他者是谁？自我对他者的道德责任是什么？这便是需要迫切解答的问题。直到二十世纪，法国哲学家列维纳斯（Emmanuel Levinas）以反思整个西方哲学传统为己任，在哲学上直面了"他者"问题。列维纳斯在彻底批判西方本体论的基础上提出了"他者"的绝对概念。在列维纳斯看来，本体论者总是试图将他者还原为自我或统一，从而取消差异，这是西方伦理学中的自我中心主张；但是他者是完全不可通约的，是不可还原的陌生者。并且，自我对他者的道德义务是绝对的。因此，在列维纳斯看来，自我对待自我和他者的责任是不同的。既然不同，

---

① Aristotle.（2004）. Nicemachean Ethics. Trans and Ed. by Roger Crisp. Camfridge: Camkidge Uninersity Press, pp. 169–170.

"自我对待陌生他者的道德责任是什么"便是需要伦理学亟需回答的问题。当然，列维纳斯的主张不止于此，他甚至走向了一个极端，即认为，他者不仅是不可还原、不可通约的，他者也是完全不可认识的。他这一主张的理由是，一旦他者可以被理解、被认识，那么他者容易被归入自我同一性的风险，从而存在产生极权主义的风险。但问题在于，如果他者是不可能被认识的，那么，自我对他者的道德责任便会变得很难理解。基于这一分析，本研究坚持对自我与他者之间做出明确区分，以进一步研究自我对他者的道德责任的具体内容。但是，本研究对他者的理解，并不打算像列维纳斯走得那么远，而是把他者作为可被理解、可被认识、能够在公共领域中进行有效对话的陌生者。

关于"善"与"正当"这一对概念，根据《布莱克威尔伦理学大辞典》的相关词条，西方伦理学存在多种进路，但是基本上可以分为两类：一类是回答"什么是善的"（what is good），另一类是回答"什么是正当的"（what is right）。对这两个问题的不同回答形成了众多的伦理学流派。例如，对"何为善"的讨论是美德论伦理的核心关注，对"何为正当"的论证则是义务论伦理的主要工作。然而，几乎在所有理论著作当中，目前仍未找到一种对这两个概念的规范界定和整体理解，似乎它们在伦理学中是自明的（self-evident）概念。这给本研究带来不少麻烦。但幸运的是，在一些主要的作者那里，他们在使用这两个概念上是比较一致的，如亚里士多德在其目的论学说和罗尔斯在其义务论学说中所用的"善"的概念就在很大程度上是一致的，廖申白在其《伦理学概论》中也提到这一点①。本研究将把两位著作家以及廖申白在这两个概念上的理解和分析作为本研究的起点。

首先，"正当"与"善"作为规范概念出现在中国伦理学中是对西方近代伦理学的"good"或"the concept of good"和"right"或"the concept of right"的翻译。需要再说明的是，关于 right 的翻译目前存在一些理解上

---

① 廖申白.伦理学概论［M］.北京：北京师范大学出版社，2009：69.

的不一致，甚至混乱。比如万俊人在翻译桑德尔的《自由主义与正义的局限》一书时，原著中的 right 多数时候被翻译为"权利（正当）"，也有时被翻译为"正当（权利）"。这一现象在国内学界仍然较普遍地存在着，如有学者认为自由主义主张"权利优先于善"就是对"正当优先于善"的误解，因为权利本身是善的一部分内容。因此，需要特别说明的是，单数的 right 作为名词有"正当""正确""权利"之意，作为形容词有"正确的""正当的"和"恰当的"等含义，而在伦理学中 right 一般被对应地翻译为"正当"或"正确""正当的"或"正确的"；而复数的 rights 作为名词一般被翻译为"权利"。同样，good 作为单数名词有"好""善"之意，作为形容词有"好的""善的"等含义，在伦理学中 good 一般被对应地翻译为"善"或"好""善的"或"好的"；而复数的 goods 作为名词一般被翻译为"善"或"善物"。当 right 和 good 二者被对应地同时使用时，一般被译为"正当"和"善"。例如，二十世纪三十年代英国的直觉主义道德哲学家罗斯（David Ross）在其名篇《正当与善》（The Right and the Good）中就是这样使用的。

接下来，我们对"善"与"正当"这两个概念的含义做出必要的说明。首先，亚里士多德将"善"界定为"灵魂的和美德的实现活动"，[①] 在亚里士多德看来，幸福是因其自身而值得追求的事物，并且没有什么事物因它而被追求，所以幸福是最高的善[②]。亚里士多德将善分为三类，即灵魂的善（节制、勇敢、公正、明智）、身体的善（健康、强壮、健美、敏锐）和外在的善（财富、社会地位、友爱、好运）。[③] 既然，善是灵魂的和美德的实现活动、幸福是最高的善，那么幸福的实现就需要手段善（身体的善和外

---

① Aristotle.（2004）. *Nicomachean Ethics*. Trans. and Ed. by Roger Crisp. Cambridge：Cambridge University press，p.12.

② Aristotle.（2004）. *Nicomachean Ethics*. Trans. and Ed. by Roger Crisp. Cambridge：Cambridge University press，pp.10–11.

③ Aristotle.（2004）. *Nicomachean Ethics*. Trans. and Ed. by Roger Crisp. Cambridge：Cambridge University press，pp.13–14.

在的善），并且（道德）美德可以保证实现活动的目的是正确的。[①] 简言之，善有三类，其中灵魂的善即我们常说的美德（virtues）。这和罗尔斯在正义论中所使用的"善"是较为一致的。不同的是，罗尔斯提出，每个人根据自己的优良生活观（the conception of good life）对这三类善会持有不同的关于善的观念，即善观念（the conception of the good）。本研究将同时在这两个意义上使用"善"这一概念。

关于 right 这一概念，在亚里士多德伦理学中是包含在其"善"概念之中的。它们在规范层面得到区分是从康德开始的，主要是指某一行动是否满足人们的道德要求。[②] 康德则将"正当"界定为：如果一个行动是正当的，则根据可普遍化原则（universal law）它一定相容于所有人的自由，或者每个人选择的自由相容于所有人的自由。[③] 简单地说，如果一个行动是正当的，则一定是基于个体自主（personal autonomy）的，否则就会与行动相关者的自由相冲突，而这违反了可普遍化原则。换言之，如果行动是正当的，则行动的相关者认为行动本身达到了某种可普遍化的原则（主要是正义原则）。本研究建立在康德对"正当"概念进行界定的基础之上。

另外需要说明的是，"善"与"正当"这两个概念在使用上具有以下三个特点。首先，"善"指向事物的性质或相比较而言的状态，而"正当"则指向一个行动。其次，当我们说一事物为"善"时主要是就个体维度而言的，因为对"善"的追求具有个体性的差异，它在很大程度上受制于文化、习俗、民族、宗教等诸方面的深刻影响，甚至个体的人生经历也可影响他的善观念或导致其善观念的变化，当然这一用法并不意味着现实中不存在共同的善观念；而"正当"的用法则不同，它总是在群体维度上使用或者

①　Aristotle.（2004）. *Nicomachean Ethics*. Trans. and Ed. by Roger Crisp. Cambridge：Cambridge University press，p.31.

②　廖申白. 伦理学概论［M］.北京：北京师范大学出版社，2009：80.

③　Kant，I.（1996）."The Metaphysics of Morals". in Mary J. Gregor（Trans.）. *Practical philosophy*. New York：Cambridge University press，pp.386-387.

在利益（并非仅限于物质利益）相关者的意义上使用，因为这一行动对于相关者或共同体都必须是正当的，因此它指向的是生活于同一共同体内部的所有成员就未来进行的社会合作所达成的公平条款（或原则）。第三，有很多道德研究领域的学者排斥将"身体的善"和"外在的善"引入道德领域讨论。但这样做是不合适的，因为个体对于二者的诉求及其冲突以及外在善的分配都需要某种合理的道德论证。事实上，道德哲学从未排斥它们，而我们的公共道德生活中的问题常常是由这两者引起的。

最后需要说明的是，本研究在探讨"正当与善之关系"时实际上是指的正当原则（principles of the right）与善观念（conceptions of the good）之间的关系。

二、研究基础

尽管不同的道德理论拥有不同的理论特色，但他们都是以对个体以及人与人之间的关系提供某种可能的有说服力的解释为根本目标的理论或学说。道德教育的不同学说便建基于诸种不同的道德理论之上。在接下来的讨论中，我们首先来简要回顾一下道德教育中的三个重要辩论，即"美德"与"正义"之辩、"关怀"与"正义"之辩以及"义利"之辩，考察这些理论是如何回应我们的研究问题的，并且分析它们为何没有为我们提出的问题提供令人满意的答案。这正是本研究的起点和基础。

首先，我们来看德育中的"美德"与"正义"之辩。

在西方哲学界，自从1971年罗尔斯发表《正义论》以来，从二十世纪七十年代到九十年代整个西方道德辩论的主题都是围绕"美德与正义"而展开的。这一辩论主要是在以罗尔斯为代表的自由主义理论和以麦金泰尔、桑德尔为代表的共同体主义理论（communitarianism）之间进行，前者主要是修正康德理性主义的规范伦理学传统，以一种反亚里士多德的方式重构正义与美德之间的关系，并从契约论的视角为正义的优先性辩护，其核心关注是约束人们行动的那些原则；后者则旨在复兴亚里士多德美德论伦理传统，他们将正义视为诸美德之一种、是内在于作为人类生活的最高目的的善的理念之中，并且批评"康德——罗尔斯"这一伦理传统对维系共同体的情感纽带构成了极大的威胁。这一争论在哲学领域产生了大量文献，在此不一一列举，我们接下来将聚焦于教育领域中的相关争论。

回顾中西整个道德哲学史和道德教育的历史，迄今为止，对道德教育发展影响最为深远的当属亚里士多德传统和儒家伦理传统（主要在中国及其周边国家）。亚里士多德传统的当代继承者面对公共生活中的道德危机依然列出一个关于美德的列表，因为对他们来说，良好的公共道德秩序的建立完全依赖于这一系列美德是否为共同体生活所关涉的每一个公民所习得并自觉地运用于日常生活的实践中。而这一目标的实现在很大程度上取决于公共教育是否提供了关于美德的有效教学。因此，亚里士多德传统的当代继承者断言，教授美德是道德教育的首要的和主要的任务，乃至全部任务之所在。在当代，在亚里士多德传统指导下的道德教育模式被称为"道德教育的美德进路"（the virtue approach to moral education）。珍·斯丘泰尔（J. W. Steutel）将这一进路定义为：基于美德伦理学的道德教育，其目标是帮助人们达至有美德的和优秀的状态。[①] 更早探索这一进路的是英国学者戴维·卡尔（David Carr），他在二十世纪九十年代初就发表了《教授美德：论道德发展和道德教育的哲学心理学》，该书被视为一项基础性的工作，它为"道德教育的美德进路"提供了哲学心理学的基础。在九十年代末，他和斯丘泰尔编辑出版了一套《美德伦理与道德教育》的论文集，这被视作他们为复兴这一传统的最新努力。然而，这一理论传统的内部并非铁板一块。美国学者罗伯特·纳什进一步将这一理论传统区分为三种不同风格的理论进路，分别是新古典主义、共同体主义、解放主义。纳什通过详细分析指出，在这三种理论指导下的道德教育传授的分别是依从性的（a morality of compliance）、从众性的（a morality of conformity）和论争性（a morality of

---

① Steutel, J. W.（1997）. The Virtue Approach to Moral Education: Some Conceptual Clarifications. *Journal of Philosophy of Education*，31（3），395–407.

Contestation）的道德。我们认为，纳什对这一理论传统的批评是切中要害的，但是他没有能够指出一条和这一理论传统截然不同的新的道路，转而不得不寻求一条与审议民主（deliberative democracy）相似的道路：重视平等的对话在受教育者道德发展中的作用。真正对亚里士多德传统发起挑战的首先是玛莎·纽斯鲍姆（Martha Nussbaum），她指出，当代美德伦理存在一种相对主义的取向，它隐含这样一个观点：伦理善（ethical goodness）的唯一标准，是地方性的、内在于传统的，因而是一种地方性共同体和社群的实践。因此，在具有道德相对主义的美德伦理指导下的道德教育在现代多元社会中会产生令人担忧的后果。[①] 理查曼（Aaron S. Richmond）和卡明斯（Rhoda Cummings）则系统地批评卡尔将新亚里士多德主义作为道德教育哲学基础的做法：首先，从论证的策略上，用心理探询的方式来为这一哲学基础做辩护并非明智的做法；其次，向学生传授各种具体的美德观念是一种静态的教学方式，不能根据语境（社会文化背景条件）的变化做出相应的调整；最后，学生学习和记忆这些美德范畴并非道德教育的最好方式。[②] 他们明确表达了对科尔伯格以理性主义为基础的道德认知发展模式（the cognitive-developmental approach）的支持。美·斯母（May Sim）则表达了新亚里士多德这一传统在应对公共生活道德危机时的软弱无力：第一，美德伦理缺乏可普遍化的法则，导致它既不能为行动提供内容，也无法在道德评价中衡量行动；第二，美德伦理不能为处理社会正义问题和人权实践提供资源。[③] 斯母向正在为积极论证正当行动相容于美德伦理的那些理论家泼了一盆冷水。总体来看，在目前的争论中，我们不能发现有关正义与

---

① Nussbaum, Martha C. (1993). "Non-Relative Virtues: An Aristotelian Approach", in Martha Nussbaum and Amartya Sen ed. *The quality of life*. New York: Oxford University Press, pp.242–269.

② Richmond, A. S., & Cummings, R. (2004). In support of the cognitive-developmental approach to moral education: a response to David Carr. *Journal of moral education*, 33 (2), 197–205.

③ Sim, M. (2010). Rethinking virtue ethics and social justice with Aristotle and Confucius. *Asian Philosophy*, 20 (2), 195–213.

其他诸美德之关系的相关探讨。这一问题在亚里士多德传统的当代继承者那里同样突出，有的理论家将正义作为诸美德之一种，与其他诸美德处于平行的地位，如沃伦·诺德（W. Nord）在《宗教与美国教育：重新思考一个全国性的道德困境》（1995）一书关于美德的列表中包括了正义、社群、整体、传统、和平、信念、希望和爱；[①]然而在有的理论家关于美德的列表中竟然没有为正义留出一席之地，如著名的教育专家威廉·贝内特（W. Bennett）在《美德书》（1993）中列出了十种美德，它们是：同情、自律、责任、友谊、工作、勇气、毅力、诚实、忠诚、信念。[②]最后，通过对文献的进一步梳理我们发现，将正义作为公共生活伦理规范的理论家和反对这一做法的理论家大多来自哲学和教育学两个学科，因此他们在学科背景上并无显著差异。但是，亚里士多德传统的继承者有不少理论家具有宗教背景或者是对古典传统的迷恋者；而其反对者却或多或少地分享着自由主义理论传统的某些理念。

无独有偶，在国内道德哲学和道德教育研究领域，同样存在着这两种截然不同的声音。赵红梅博士自信地论证到：人类从自然律的"他律"经过法律的"自律与他律的交织"再到道德律的"自律"的过程是人类对外在的规范不断超越、对内在的自由不断接近的过程，从规范到美德标志着当代伦理学的回归。[③]王占魁博士重申了多数中国教育学者和一线教师关于道德教育哲学基础的传统认识，他在《"公平"抑或"美善"——道德教育哲学基础的再思考》一文中论证了"个体的道德实践不是对群体伦理规范本身的刻意满足，也不是为了寻求个体之间的'利益平等'抑或'公平'，而是出于保持自身行为美善的精神需求"。但是，他拒绝将诸如公平和正义作为个体伦理规范的努力，如果能够获得成功，他就必须要说明在多元主

---

① 参见：Nord, W. A.（2014）.Religion and American Eduation: Rothinking A National Dilemma. The Unirersity of North Carolina Press.

② 参见：Bennett,W. J.（Ed.）.（1993）. Book of Virtues Simon and Schuster.

③ 赵红梅.从规范到美德：伦理学的回归［J］.伦理学研究，2010（6）.

义社会中人们的善观念总是相同的，也即说明个体行动伦理与公共伦理之间的融洽关系。但遗憾的是，他的全部担心是公平或正义等价值会使个体内心的美善法则遭受腐蚀。①陆有铨教授更早些时候表达了类似的担心，"道德的产生和发展在于满足人的生存、生活需要，因此，不能离开人的生存、生活和发展来进行道德教育。道德是指'不是不道德'，它区别于无休止的'更道德'，这是判断学校道德教育是否有效的标准。道德出自人的自觉、自愿，作为外部环境刺激的奖励并不能培养道德，道德教育要慎用奖励"。②在陆教授看来，道德只能因其自身才能被限制或鼓励，外部环境的刺激并不能培养道德。我们认为这是一个充分重视个体行为动机的主张，它彻底将"后果"排除在道德评价之外，从而将大部分个体的行为排除在"道德"的范围之外。例如，X 因为一次见义勇为的高尚举动赢得了赞誉和物质奖励，这使他在以后的生活中对处于困境的人们施以更加积极的帮助。根据上述观点，我们如何评价 X 的后期行为呢？可能有的人会指出，事实上我们并不能认为 X 是受到了外部环境刺激从而变得更加乐于助人。如果这一声称是合理的，假如 X 当时在施救以后被被救者讹诈从而变得冷漠，我们又该对个体的道德发展做如何解释呢？其他有代表性的论述中，如张夏青博士在批评自由主义关于权利（right）优先于善的理路之后也表达了善优先于权利、追寻美德（virtues）的基本主张。③无论如何，"道德教育的哲学基础是善或美德而非正义"似乎在国内学界和教育实践中存在着更大的共识。这一点我们可以从那些旨在促进各种美德教学的大量文献中窥见一斑。然而，另一方面，国内有学者提出了不同的声音，扈中平教授在本世纪初就明智地指出，"我国道德教育之所以难以走出困境，就德育工作自身来说，最根

① 王占魁 . "公平"抑或"美善"——道德教育哲学基础的再思考 [J] . 教育研究，2011（3）.

② 陆有铨 . "道德"是道德教育有效性的依据 [J] . 中国德育，2008（10）.

③ 张夏青 . 共识达成与美德追寻——当前我国学校教育中的价值冲突问题研究 [D]，2010.

本的问题还不存在于德育的目标、内容和方法中，而在于我们对道德内涵认识的错位。在现代社会中，道德的核心是公平，公平是调节人与人关系最基本的准则……"[1] 易小明和赵永刚在《现代生活之伦理规尺：正义抑或美德》一文中直截了当地提出"规范现代社会生活的伦理标准应当是正义原则，而非美德"。[2] 作者分析了这一主张的三个理由，即，第一，正义原则作为社会生活的伦理标准是社会历史发展的内在要求；第二，从现代社会生活的需要层次上看，正义原则优先于美德；第三，在现代社会背景下，美德对社会生活的规范功能出现了障碍。值得一提的是，美德与正义在这篇文章里以一种明确关系的身份而得到探讨，但是"正义原则优先于美德"并非是一个自明的前提，该主张并没有得到有力的辩护。有不少学者表达了相似的诉求，如金生鈜教授表达了对传统道德教育中的"泛道德主义"的批评[3]；有些学者论证了制度正义对公民道德养成的重要意义[4]，也有不少学者分析了物质利益的奖励与个体道德发展之间的关系[5]。最后，通过对文献的进一步梳理我们发现：第一，在国内道德教育研究中持美德伦理倾向的著作者占大多数，且大多来自教育学科内部，而反对者还未形成足以对抗的声音，且主要来自教育学科的外部，如伦理学和政治哲学；第二，绝大多数著作者没有表达出有关对宗教、文化传统以及自由主义与共同体主义之间的不同立场。

值得一提的是，来自两个阵营中的不少理论家放弃了将正义与美德各执一端的对立立场，开始认真对待"正义与美德"之关系。其中最为重要的一位作家便是剑桥大学新康德主义哲学教授奥尼尔，她在其《迈向正义

---

[1] 扈中平，刘朝晖.对道德的核心和道德教育的重新思考［J］.华东师范大学学报（教育科学版），2001（2）.

[2] 易小明，赵永刚.现代生活之伦理规尺：正义抑或美德［J］.齐鲁学刊，2010（5）.

[3] 金生鈜.质疑建国以来的道德教育规训［J］.教育理论与实践，2001（8）.

[4] 蔡春，扈中平.美德培育与制度教化——论道德失范时期的道德教育［J］.华东师范大学学报（教育科学版），2002（4）；张康之.对道德教育有效性的怀疑［J］.学术界，2003（5）.

[5] 龚群.论道德与利益［J］.教学与研究，2008（3）.

与美德》一书中区分了"基于正义的主张"（Justice-Based Accounts）和"基于美德的主张"（Virtue-Based Accounts）：前者往往是普遍主义的，它们诉之于超生活、地点和时间的原则，完善论者（Perfectionists）、后果论者（Consequentialists）和义务论者（Deontologists）是其支持者；后者则是特殊主义的，社群主义者、彻底的特殊主义者、维特根斯坦主义者和亚里士多德主义者是其支持者，他们不把伦理判断奠基在普遍原则之上，而是以社群的实践和传统，以处境化的个体（Situated Individuals）的感情、判断和联系作为基础。奥尼尔在书中回应了"正义基础论"和"美德基础论"之间的争论，主张制度正义和有美德地生活同样重要，她关于"有美德的正义"之核心主张实际上是一种关于行动的实践推理模式：包容的正义使所有人拥有自主选择美德的自由，即便是那些互相冲突的美德或善观念。①国内也有学者积极思考正义与美德的关系，如有学者认为"从美德的存在论性质中引申出美德规则，它与健全的道德规范是协调的，在美德伦理学视野中，我们能统一理解正义和美德"；②也有学者提出，道德教育介于美德和规范之间。③

回顾以上辩论，我们发现其中存在的一些问题：第一，辩论的双方没有对不同的美德做出应有的区分，尤其是对诸如公德与私德以及正义与其他诸美德的不同特质；第二，大部分理论家没有认真对待正义与其他美德的关系，尤其没有说明当正义与其他美德有冲突时美德的秩序是什么；第三，美德理论家在哪些美德构成一个理想的美德列表问题上各执一词，很难达成一致，当考虑到多元民族、宗教、文化的社会背景时这一问题更加突出，如在"对不宽容者是否宽容"问题的回答上截然不同。但是另一方面，美德论进路和义务论进路为"何为自我对他者行动的根据"提出了相

① O'Neill, Onora. (1996). *Towards Justice and Virtue: A Constructive Account of Practical Reasoning*. New York: Cambridge University Press, pp.9-37.

② 詹世友. 美德的本质及美德伦理学的学科特征［J］. 江西社会科学, 2007（7）.

③ 程亮. 道德教育：在规范与美德之间［J］. 湖南师范大学教育科学学报, 2004（5）.

互竞争的解释。但是，这些解释能否得到有效的辩护尚待进一步深入探讨。

接下来，我们简要回顾德育中的"关怀"与"正义"之辩。

在处理个体与他者的关系问题上，情感主义相关理论也经常被提及。现代道德教育中的基于自然主义的情感主义可以追溯至大卫·休谟。休谟在其名篇《人性论》第三卷"论道德"中将美德划分为自然美德（Natural Virtue）和人为美德（Artificial Virtue），前者包括柔顺、慈善、博爱、仁厚、温和、公道、伟人的心情甚至自然才能，后者包括正义、守诺、忠诚、贞德等。[①] 休谟认为自然美德是人之为人自然拥有和自然赞同的心理倾向和品格，自然美德是直接地且无条件地服务于人类福祉；而人为美德则是间接地且有条件地服务于人类福祉。因此，在休谟关于美德的分类和列表里面，自然美德更加高贵。在这个意义上，他几乎将大部分被亚里士多德称为真正美德的美德全部排除在自然美德的范围之外，不仅如此，他关于美德的解释也很难与当代新亚里士多德的美德伦理学家对美德的解释达成一致。这样，休谟所开创的情感主义传统就和亚里士多德所开创的美德伦理传统几乎彻底分道扬镳了。后世的伦理学家和道德教育专家发现了休谟关于自然美德对于道德教育的重要意义，如被休谟称为第一情感的"同情"这一重要概念就被广泛地应用于道德教育的研究中。我们需要指出休谟的情感主义在道德教育应用中存在的一些缺陷：第一，将道德判断基于个人情感并非像休谟所认为的那样是不依赖于具体情境的，事实也恰好相反，不仅如此，基于个体情感的道德判断具有不稳定性；第二，休谟以独特的方式将正义等所谓的人为美德置于次要的位置、而将处于本能的情感抬高到首要位置的另一个原因是，他认为个体情感是普遍适用的，因为这是人之为人的自然本能，然而他却无法解释这一事实，即，为什么我们同情亲人胜于同情我们的邻人，同情邻人胜于同情陌生人？这恰恰说明基于情感的道德判断和道德行动是依赖于一定条件的；第三，在公共生活中，

---

① Hume, D.（1896）. *A Treatise of Human Nature*. Oxford：The Clarendon Press, p.477–483; pp.574–617.

基于情感的道德判断和道德行动极可能偏离正义伦理所要求的无偏私性（impartiality）。

　　情感主义内部的思想状况仍然是复杂多样的，但他们或多或少地分享着一些重要的哲学基础，这就是自然主义或纯粹的经验主义。康德正是看到了休谟论证中的问题，才转而诉诸于理性主义的道德建构模式。情感主义在二十世纪前后与哲学上的直觉主义纠缠不休，但后来的发展显示它的种种努力并未克服它所固有的顽疾。直到二十世纪八十年代以后，诺丁斯于 1984 年基于卡罗尔·吉利根（Carol Gilligan）关于男女不同推理方式的研究推出了她著名的关怀伦理学，情感主义的道德理论又重新回到道德辩论中来。在《关怀：伦理学和道德教育的一种女性主义进路》这本书中，诺丁斯从四个方面向传统理性主义的规范伦理学发起了挑战，它们是：以关怀伦理的具体性挑战规范伦理的抽象性（Concreteness Vs. Abstraction）；以关怀伦理的特殊性挑战规范伦理的普适性（Particularity Vs. Generality）；以关怀伦理的重情感挑战规范伦理的重理性（Feeling Vs. Reason）；以关怀伦理的重回应挑战规范伦理的重原则（Responsiveness Vs. Principles）。然而，关怀伦理自从声名鹊起以来，一直面临着诸多责难。例如，有学者提出了三条重要的批评意见，它们分别涉及关怀的正当性、伦理性关怀的可能性以及关怀作为特殊化伦理的局限性。[①] 诺丁斯要回应这些问题就需要证明正义是可以相容于其关怀伦理学的。然而，诺丁斯在处理关怀伦理与正义的关系上是相当暧昧的，一方面她多次提到正义问题忽略了女性在道德生活中的独特声音以及家庭生活的重要价值，这也是诺丁斯为何将其关怀伦理视为女性主义的重要原因，因此，正义并不是道德的全部内容；然而另一方面，她并未说明其关怀伦理是否有必要回应正义问题以使之成为全面性的、能与理性主义义务论相抗衡的伦理学说，并且事实上在她的关怀伦理理论中并未专门处理这一问题。另一位关怀伦理学家沃吉尼亚·海尔德

---

　　① 石中英，余清臣. 关怀教育：超越与界限——诺丁斯关怀教育理论述评［J］. 教育研究与实验，2005（4）.

在《正义与关怀：女性主义伦理学基本读物》的开篇就对关怀伦理做出了这样的评论：女性在生活中要求公平正义，那么正义伦理就不可能被关怀伦理替代。女性关怀伦理也许只是意味着女性从父权制的传统中继承的东西，然后在现实生活中充当大部分关怀者的角色，而社会的主流还是正义伦理。① 可喜的是，"关怀与正义"之关系这一重要问题已经引起有些学者的认真对待。例如，迈考儿·斯洛特在他新出版的《关怀与移情的伦理学》一书中以较小的篇幅处理了这一问题。他指出，如果关怀伦理须在社会正义这样的问题上发出自己的声音，那么同情在一种以移情为基础的关怀伦理那里就扮演着关键性的角色，因此，关怀伦理不必将其自身局限于个体性的道德问题，相反，它还能够处理那些涉及大范围的社会或国际性道德问题。②

在国内教育学界，有学者基于情感主义进路发展出一套情感教育理论。朱小蔓《情感教育论》中把情感教育放在人的整体精神之发展的重要层面，作者论证了情感如何与生理机制、思维机制以及道德发展一起协调发挥作用以达至最佳的功能状态。另外，需要特别指出的是，国内有学者基于情感主义进路提出了一个极其重要的概念：社会同情。③ 社会同情是指人们对某个社会群体的共同遭遇或感受在情感上所发生的共鸣，它超越了个体同情这一传统概念。我们认为，关于社会同情的理论是目前回应公共道德生活危机的重要成果。另外，国内关于关怀伦理的译介以及在教育中应用的研究有很多，但是很少有人从学理层面探讨关怀与正义这一问题。甚至有人错误地认为"关怀"这一理念本然地包含了"关怀"与"正义"两种诉

① Held, Virginia. (1995). *Justice and Care: Essential Readings in Feminist Ethics.* Boulder, co: Westview Press, pp.1-2.

② Slote, Michael. (2007). *The Ethics of Care and Empathy.* London; New York: Routledge, pp.94-103.

③ 石中英.全球化时代的教师同情心及其培育［J］.教育研究，2010（9）；石中英.社会同情与公民形成［J］.北京师范大学学报（社会科学版），2012（2）.

之于完全不同的推理机制的概念。① 目前，仅有两位作者专门探讨了关怀与正义这一问题。袁玲红在《关怀伦理与正义伦理的融通》一文中将二者的关系概括为：美德是规范的内在根据，规范又促成美德内容的不断充实完满，使美德在实践中走向自足的至善境地。② 作者显然混淆了美德伦理、规范伦理与情感主义伦理之间的区别，在此基础上来讨论关怀与正义的关系无异于缘木求鱼。赵雪霞博士的博士论文专门比较了西方道德教育的两种模式，即关怀伦理模式与正义伦理模式。③ 作者在文章中正确地指出，西方道德以正义为核心，到 20 世纪 80 年代后遭到关怀伦理的有力挑战，这导致了道德教育中两条盛行的路径，即认知路径和情感路径，作者详细分析了两条路径的合理性和局限性。

总的来看，虽然关怀与正义之间的辩论在教育领域已经开始受到重视和认真对待，但是我们仍不清楚关怀伦理是以正义伦理的替代还是补充的身份出现在公共辩论中，目前的教育辩论仍显薄弱。根本的原因在于关怀伦理没有能够发展出一个不偏不倚的观点以便对"何为自我对待陌生他者的根据"这一问题给出令人满意的答案。

最后，我们来简要回顾中国传统哲学中的"义利"之辩。

中国传统哲学中的"义利"之辩至少包含两个层面的不同理解。首先，当把"义"理解为坐而论道或虚伪的道德事业、把"利"理解为经济生活中的利益、实业时，"义利"之辩含有一种积极的价值，尤其是在传统中国；其次，当把"义"理解为道义或正当原则、把"利"理解为私利或不正当偏好时，"义利"之辩表达的是道义论与功利主义之间的辩论。我们在此考察的是后一种情形。

黄伟合和赵海琦两位先生早在二十个世纪九十年代初就对中国哲学史

① 刘静."正义与关怀"——大学生诚信教育的核心理念［J］.河北师范大学学报（教育科学版），2010（6）.

② 袁玲红.关怀伦理与正义伦理的融通［J］.社会科学辑刊，2007（1）.

③ 赵雪霞.西方道德教育模式的比较：正义与关怀［D］.2010.

上的"义利"之辩进行了全面、系统的梳理和探讨，两位学者将纵贯整个中国哲学史的核心辩论以"善的冲突"来概括。在《善的冲突——中国历史上的义利之辩》这本书中，作者详细考察了原始社会、封建社会（早、中、晚期）和近代社会三个大的历史时期中关于对"义"与"利"概念的不同理解以及"义利"之辩的核心内容，并依据义利孰轻孰重的标准将不同时期的代表人物分为两派，即重义派或道义论者和重利派或功利论者。前者如孔子、孟子、荀子、董仲舒、朱熹、章太炎和梁漱溟等，后者如墨子、韩非、陈亮、叶适、康有为、严复和梁启超等。作者指出，虽然各家各派众说纷纭，但其分歧的焦点在于"什么样的个体行为才是善的"。① 这里需要指出的是，作者仅仅将"义"与"利"这一对概念全部放在了"善"这一个维度来解释，从而将"义"理解为共同善或公共善，将"利"理解为个人私利。现代伦理学已经清晰地将"怎样行动是善的"和"怎样行动是正当的"相区分，前者是美德伦理要解决的核心问题，而后者则是规范伦理要解决的核心问题。因此，或者从另一个角度来说，作者主要是在美德伦理传统内部为"义利"之辩做出的解释。不清楚的是作者是否意识到了这些解释框架的不同。

其他关于"义利"之辩的研究主要从以下三个方面展开：首先是对"义""利"两个概念的理解，焦克明将"利"的含义做出狭义和广义之区分，前者是与"义"相对应的不合理的欲求或私利，后者是指人们为了生存和发展而应当得到满足的需求。他将广义的"利"分为三个层次：人们因在生理需要、社会生活需要以及智能体能发展方面的需要而产生的"利"。作者将"义"理解为从"利他"中提升出来，作为"利己"的反对力量出现，是区分善恶、是非，处理利己和利他、利个体和利群体的关系时的一种价值标准，一种行为规范。简言之，"义"是一套行为准则。② 有

---

① 黄伟合，赵海琦．善的冲突——中国历史上的义利之辩［M］．合肥：安徽人民出版社，1992：207-210.

② 焦克明．"义利"新探［J］．江西社会科学，1990（2）.

不少学者持类似的观点，有代表性的如将"义"与"利"理解为"价值追求"与"现实的物质追求"。[1]但也有不少作者将对二者的理解采取了与黄伟合一致的立场，即"义"与"利"实为两种不同的"善"。[2]可见，在目前的研究中，对"义"与"利"概念的阐释并不统一。

对"义利"之辩研究的第二个方面是关于"义"与"利"之关系。在这方面的观点更是极为不一致。在对待先秦儒家的经典义利观问题上，有三种观点，一是黄伟合等所主张的重义轻利说，二是义利统一说[3]，三是超越义利说[4]。在中国历史各个阶段上的"义""利"关系之问题上，观点亦有分歧。如黄伟合的分析显示，在中国历史的各个阶段上，重义派和重利派同时存在，互有消长；也有学者将中国历史划分为截然不同的发展阶段，如古代"重义轻利"，近代从"重义"转向"重利"，现代"义利并重"[5]。寇东亮等将"义利"之辩横向理解为关于处理个体与他者之关系的道德框架，具有个体认同和社会认同的意义。

对"义利"之辩研究的第三个方面涉及义利之辩与公共伦理的关系，这是不少伦理学家的重点关注。有不少学者将"义利"之辩理解为现代市场经济条件下的经济生活和道德生活[6]，经济人的利己主义原则和道德人的合理性原则[7]。这种理解是为便于将"义利"之辩纳入现代伦理学的解释框架来考察。何小春探索了"义利"之辩向现代伦理转换的问题，指出以重新阐释古代"义利"之辩的重要思想为基础、构建以"以义取利、义利统

---

① 宋志明.义利之辩新解［J］.学术研究，2004（2）.

② 谢文郁.寻找善的定义："义利之辩"和"因信称义"［J］.世界哲学，2005（4）.

③ 寇东亮."义利之辩"的人学底蕴——在个体认同层面的展开［J］.郑州大学学报（哲学社会科学版），2005（2）.

④ 王泽应.儒家义利之辩新探［J］.孔子研究，1992（4）.

⑤ 吕明灼.义利之辩：一个纵贯古今的永恒主题［J］.齐鲁学刊，2000（6）.

⑥ 成中英.论义利之辩与天人合一［J］.中国社会科学院研究生院学报，1998（1）.

⑦ 应杭.论市场经济条件下的义利之辩［J］.浙江大学学报，1995（3）.

一"为根本内容的社会主义伦理规范。① 于民雄则在学理层面为古代"义利"之辩的现代转换做出了极大努力，重新阐释了儒家"义利"之辩思想中所包含的**正当优先性**原理。② 这一解释突破了美德伦理的解释框架，首次将正当原则与善相区分，具有重要的理论意义。张汝伦甚至做出了"中国古代的'义利'之辩超越了康德规范伦理解释框架"的大胆论断。③ 但是，谢文郁则对"义利"之辩的现代转换问题持否定态度。首先，他将"义利"视为两种对立的"善"；其次，他认为传统"义利"之辩强调因其拥有善恶判断权而必然走向霸权话语和思想僵化。

从目前的文献来看，当代学者对传统"义利"之辩的研究存在以下特点：第一，研究者们在对"义利"概念的理解、对古代不同的思想流派以及历史上不同社会发展阶段的判断等问题上都存在很大的分歧；第二，研究者们对"义利"之关系的解释主要局限在美德伦理的解释框架内，主要将二者理解为两种不同的或对立的"善"；第三，有研究者将"义"理解为（正当）规则，将"利"理解为善，但在规范伦理的框架内所做的解释和辩护还不够；第四，从传统"义利"之辩向现代公共伦理规范的转换问题上的研究还很少。因此，要用传统的义利之辩思想来为"何为'自我'对'他者'行动的根据"做出理论回应，还有很长的路要走。

通过对上述道德教育的三种进路（美德论进路、义务论进路和情感主义进路）以及对中国古典哲学中的"义利"之辩的回顾，对于回答我们所提出的问题，即何为"自我"对"他者"行动的伦理根据，需要重新回到美德论进路和义务论进路的辩论中来。情感主义进路难以发展出一种不偏不倚的观点以实现对陌生他者的平等关照，因此，情感主义理论没有被纳入我们的研究中进行单独考察。这也是我们以"善与正当"之关系进行考

---

① 何小春 ."义利之辩"的伦理意蕴及其现代转换 [J] .船山学刊，2009（1）.

② 于民雄 .义利之辩——儒家正当性优先原理 [J] .纪念孔子诞辰 2560 周年国际学术研讨会暨国际儒联第四届会员大会论文集，2009 年 9 月 1 日 .

③ 张汝伦 .义利之辩的若干问题 [J] .复旦学报（社会科学版），2010（3）.

察美德论进路和义务论进路的主要原因。但在我们对美德伦理和义务论的讨论中，会或多或少地涉及作为道德力量或道德动机的道德情感问题。

1.3　方法与结构

本研究的主要目标是尝试为我们所提出的研究问题提供一种包容性的道德理论。在这一全新的、包容性的解释框架中，"正当"与"善"的关系将被重新建构，美德伦理和义务论不再是相互敌对的关系，而是被合理地融入这一解释框架之中。因此，本研究主要是一项理论研究。本研究将以"正当与善之关系"为线索考察对道德教育产生过最大影响的两种哲学传统，即美德伦理和义务论，因为美德伦理曾为我们提供了"善"的最完善的论证，而义务论则为我们提供了关于"正当行动"的最具说服力的辩护。基于此，本研究通过细致的文本分析和概念分析，尝试分析、阐释、回应美德伦理和义务论之间的辩论，通过这种方式，以"正当与善之关系"为线索依次考察美德论进路和义务论进路是否能够为回应我们所提出的问题提供学理上的支持，然后根据我们对"正当与善之关系"的分析和论证为我们从理论和实践两个层面回应本研究所提出的问题提供思路。只有完成这一任务，我们方可理解当下的道德教育的处境，它为回应公共生活道德危机应做出何种改变，或者为寻求其他替代形式提供可能性。

因此，本研究主要采用的研究方法为文本分析法（textual analysis）和概念分析法（conceptual analysis）。以"正当"与"善"作为关键词选取相关理论的经典文本。这些经典文本包括亚里士多德的《尼各马可伦理学》（*Nicomachean Ethics*）和《欧台谟伦理学》（*Eudemian Ethics*），康德的《道德形而上学奠基》（*Groundwork for the Metaphysics of Morals*）、《实践理性批判》（*Critique of Practical Reason*）和《道德形而上学》（*Metaphysics of Morals*），罗尔斯的《正义论》（*A Theory of Justice*），以及一些当代美德伦理学家的作品，如赫斯特豪斯的《美德伦理学》（*On Virtue Ethics*）等。需要说明的是，由于自身语言方面的限制，对于亚里士多德和康德的有关作品只能采用他们的英文译本和中文译本，而无法做到使用其原著分析。另外，考虑到这些辩论主要在英语学术界展开，因此在研究中会以英语译本为主。

本研究所使用的文本分析法和概念分析法建立在对上述经典文本细致阅读和整体理解的基础之上，尽力做到文本（text）和语境（context）的结合。另一方面，本研究并不致力于阐释这些经典作家的作品中的全部思想，而是紧紧围绕两个问题而展开，这两个问题是：（1）"自我"对"他者"的行动的伦理根据是什么；（2）"自我"对"他者"的合宜行动是如何成为可能的。具体来说，首先，在整体理解作家作品的基础上从学理层面阐释三位作家围绕"正当与善之关系"所展开的论证以及结论，并评估其论证是否合理；其次，呈现三位作家各自的辩护者和挑战者之间就"正当与善之关系"所展开的辩论，并评估其论证是否合理；最后，基于文本的合理阐释和学理辩论，在学理层面给出自己的回应，并考察能否为"正当与善之关系"提供一种令人信服的合理论证。

另外，在伦理学讨论中，案例讨论被经常使用，它是一种证成或证伪道德理论的有效方法。因此，本研究也将使用案例分析法（case analysis）。在文本阐释、分析上述围绕"正当与善之关系"所展开的各种辩论和给出回应的过程中，会涉及使用一些案例分析。这些案例包括社会生活中的真实案例、学校情境中的真实案例以及一些道德哲学讨论中的经典案例。例如，"小悦悦事件"，学生作弊、师生关系、关于诚实的讨论以及像彼得·辛格提出的关于盖世太保抓犹太人的经典案例等。案例分析的作用在于证成或证伪相关的道德理论，评估这些论证或反对意见是否经得起辩护，考察其给出的结论是否与我们的道德直觉相吻合，从而增强本研究的实践感。

通过对学术史的考察，鉴于美德伦理与义务论对"自我应该如何对待他者"这一问题提出了相互竞争的解释，它们之间的辩论以及对这些辩论的回应构成为了本研究的主要内容。前述已经指出，在本书中，我们并不打算处理情感主义伦理，我们已经给出了理由。尽管功利主义道德哲学从密尔和西季威克以来就将"正当"和"善"这两个概念纳入功利主义的理论体系中，不过我们不打算处理功利主义理论。基于以下两个理由：第一，把功利主义视为道德教育的哲学基础是欠妥的，因为作为道德教育哲学基础的流行的各种道德哲学都有意拒绝功利主义，特别是拒绝不合理的功利主义，如罗尔斯所提到的"古典功利主义"（classical utilitarianism）；第二，古典功利主义在处理"正当与善之关系"时与义务论大为不同，它拒绝将"正当"独立于"善"而界定，这就造成了"正当"与否要依据作为后果的"善"的概念，从而不能将两者作为独立的概念和理论加以考察。当然，我们不把功利主义视为道德教育的哲学基础，这并不意味着我们要否认功利主义事实上可能支配了人们进行道德推理的逻辑。另外，当代功利主义内部的流派十分复杂，不是本研究所能处理的。

基于以上考量，本书的基本框架也就大致上呈现出来了。从总体上来说，本书可以分为四个部分。

第一部分为本书第1章，是本书导论部分。在这一部分的主要目的是基于对中国社会由熟人社会向陌生人社会转型的总体把握，区别于熟人社会的运行机制，提出"自我如何对待陌生的他者"何以在陌生人社会中成为一个紧迫的问题。这一问题对当前的道德理论和道德教育带来了极大的挑战。这一部分也涉及本课题的研究现状，并以此为研究的起点，介绍了本书的研究方法和基本框架架构。

第二部分包括本书第2章至第5章，共四章，是理论研究部分。这一部分的主要目的是对道德教育有关"善"的理论和"正当"的理论进行全面而深入的研究，为提出一种包容性的解释框架奠定理论基础。具体来说，第2章"道德教育的善之维：古典美德论"主要讨论亚里士多德的美德论作为正当行动的伦理根据的贡献与理论缺陷，涉及对古典美德论中的善、美德、正义、友谊、完善等论题的分析、评估和回应。第3章"道德教育的善之维：现代美德论"集中评估当代美德伦理学对来自规范伦理学的批评的回应以及"规范美德伦理学"所面临的新问题，评估"规范美德伦理学"能否为"自我对他者的道德责任"提供一个令人信服的完整的解释框架。第 4 章 "道德教育的正当之维：先验论" 集中讨论康德的实践理性概念及其与美德的关系，评估康德的实践理性、绝对律令、自主、自由等概念能否为 "自我对他者的道德责任" 提供一个坚实的基础以及自我对他者的正当行动的可能性问题。第 5 章 "道德教育的正当之维：契约论" 主要评估罗尔斯学派提出的 "由契约产生的道德" 的观点以及罗尔斯在何种意义上修正了康德义务论所采用的诉诸先验主体的辩护路径所带来的问题，罗尔斯是如何应对道德理论建构中的稳定性问题的，并进一步论证契约论的义务论为何可以为自我对他者的正当行动提供有效的动机（motive）和动力（incentive）。

　　第三部分包括本书第 6 章和第 7 章，仍然是理论研究部分。这一部分的主要目的是基于对前述道德教育的善之维和正当之维的研究，从理论层上提出一种包容性的解释框架和一种包容性的道德教育理论。具体来说，第 6 章 "一种包容性的道德理论"，在区分道德哲学中 "正当" 与 "善" 以及 "伦理" 与 "道德" 两对概念的基础上，提出并论证 "正当" 优先于 "善" 的道德含义，并进一步论证 "共同善" 相容于 "正当优先于善" 的解释框架。第 7 章 "陌生人社会中的道德教育"，主要根据本书提出的包容性的道德理论，即 "正当优先于善"，讨论多元主义社会中道德教育合理性问题以及 "正当优先于善" 所支持的道德教育含义。

　　第四部分是本书第 8 章，是实践回应部分。这部分的主要目的是阐释 "正当优先于善" 所支持的道德教育理论如何应用于公共学校道德教育实践。第 8 章 "公共学校的道德教育" 将对道德教育在公共学校、家庭和社区（community）之间的分配、公共学校道德教育的合理目标、道德教育的内容和方法等做出必要的解释和说明，并进一步讨论未来公共学校道德教育的变革问题。

第 2 章

道德教育的善之维：古典美德论

当我们回顾整个伦理学史，亚里士多德伦理学以及源自亚里士多德伦理学的现代美德伦理学为我们提供了关于"善"的最完整的解释和最强有力的辩护。考虑到亚里士多德伦理学是诸伦理学传统中的一种完备（perfectionist）①的伦理学说，我们并不打算处理亚里士多德伦理学和现代美德伦理学所涉及的所有问题，而是在整体理解其思想体系的基础上重点关注那些能够为"自我与他者"关系提供充足说明的解释。在这一章，我们将详细考察亚里士多德伦理学中"善"的概念能否为自我与他者的伦理关系提供合理的解释和有效的辩护。与这一问题相关的解释包括亚里士多德伦理学中对"善"与"美德"的理解、美德与正义的关系、友谊论等几个议题。亚里士多德曾对这些议题给出了深入的分析和精致的论证。我们将在下面的论述中依次考察亚里士多德在这些问题上所做出的解释，并评估这些论证是否回答了我们所提出的问题。

---

① 在伦理学中，美德伦理学一般被认为是一种至善论学说，因为它向人们提供了一种独特的关于"什么是最高的善"（highest good）的解释，并且认为，生活于共同体中的人们对于"什么是最高的善"的共同追求是构建秩序良好的道德生活的基础。"至善论"一词是译自英文的 perfectionism，有时也译作"完善论"。

2.1　亚里士多德伦理学中的善与美德

对"自我应该如何对待他者才是合乎道德的"这一问题，亚里士多德伦理学可提供的第一种回答便是：把人培养成为善的人（好人，good persons）或者有美德的人（virtuous persons）①。既然，对"什么是善"的回答既是亚里士多德伦理学的逻辑起点，也是回答"我们应该如何对待他者"这一问题的重要前提，那么就让我们首先来看一下"善"在亚里士多德伦理学中是如何被理解的。

亚里士多德在其《尼各马可伦理学》中为我们提供了关于"善"的完整理解。在这本著作的开篇，亚里士多德通过与技艺的类比，得出"人的每种（道德）实践都是以善为目的"。②既然"善"是人们实践活动中所追求的目的，因此"善"就是值得欲求的。然而，人们所欲求的"善"到底是指什么呢？亚里士多德通过类比论证得到：

> "对一个吹笛手、一个木匠或任何一个匠师，总而言之，对任何一个有某种活动或实践的人来说，他们的善或出色就在于这种活动的完善。同样，如果人有一种活动，他的善就在于这种活动的完善。那么我们能否认为，木匠、鞋匠有各自的活动或实践，人却生来就没有一种活动？或者，我们是否应该认为，正如眼睛、手、足以及身体的各个部分都有一种活动一样，人也同样有

---

①　在亚里士多德伦理学中，善的人和有美德的人的意义基本上是一致的，它们都是指的那些拥有并践行美德的人。笔者在此并列使用意在说明，善和美德的外延不同，善的外延要大。从后面的论述中我们会清楚，道德美德作为灵魂上的善是亚里士多德关于善的三种分类中之一种，且是最重要的善。当我们说一个人是善的人（好人）时，也主要是说这个人拥有并且践行道德美德。正是由于这个原因，在后面的讨论中，善的人和有美德的人二者是在相同的意义上使用的。

②　Aristotle.（2004）. *Nicomachean Ethics*. Trans. and Ed. by Roger Crisp. Cambridge：Cambridge University press，p.3.

一种不同于这种特殊活动的活动？（如果有）那么这种活动究竟是什么？"[1]

亚里士多德由这一类比论证推出三个重要结论：首先，正如"医术的目的是健康，造船术的目的是船舶，战术的目的是取胜，理财术的目的是财富"一样，不同的技艺拥有不同的目的，也即拥有不同的"善"[2]；其次，（属）人的活动的目的不同于每种技艺目的，因此属人的善不同于技艺的善；最后，属人的活动不同于身体各个部分的特殊活动，因此属人的善不同于身体各个部分的善。那么问题是，属人的善是指什么呢？如果属人的善在于人的活动的完善，那么人的活动究竟如何理解呢？

接下来，亚里士多德将人的生命分为三部分：与植物共同拥有的生命的营养和生长；与动物共同拥有的感觉的生命活动；有罗格斯（理性）的实践的生命。亚里士多德认为，正是后者——有罗格斯的实践的生命——构成了人之为人的本质，它使人与植物、动物最终区别开来。亚里士多德进而把人的活动理解为"灵魂的一个合乎罗格斯的实现活动与实践"，"人的善就是灵魂的合乎美德的实现活动，如果有不止一种美德，就是合乎那种最完善的美德的实现活动"[3]。亚里士多德继而将善分为三类，即身体的善、

---

① Aristotle.（2004）. *Nicomachean Ethics*. Trans. and Ed. by Roger Crisp. Cambridge：Cambridge University press，p.11.

② 亚里士多德在此区分了不同的善，有些善是"实现活动本身"，有些善则是"附属于实现活动的产品"。亚里士多德对善的这一区分和后面把善区分为"目的善"和"手段善"是一致的。要进一步了解这一区分可参考：Aristotle.（2004）. *Nicomachean Ethics*. Trans. and Ed. by Roger Crisp. Cambridge：Cambridge University press，p.3；pp.8–9.

③ Aristotle.（2004）. *Nicomachean Ethics*. Trans. and Ed. by Roger Crisp. Cambridge：Cambridge University press，p.12. 需要在此说明的是，虽然亚里士多德认为属人的善定义为灵魂的合乎美德的实现活动，但在他的整个伦理学理论中对善的理解并不排斥前两种生命活动所对应的善。例如，与生命的营养和生长所对应的善是健康和强壮等，因为后者与人的最高的善（即幸福）的实现息息相关。

外在的善和灵魂的善，每种善的大致内容如下表所示：①

身体的善	外在的善	灵魂的善
健康	财富	节制
强壮	出身	勇敢
健美	友爱	公正
敏锐	好运	明智

　　以上是对亚里士多德关于善的这一概念的定义和基本内容，这些解释对我们理解本研究非常重要，因为关于善的理解深刻地影响着人们的日常生活。事实上，亚里士多德早就坦言这一点，并且进一步指出，既然有关善的知识如此重要，而不同的人以及一个人的身体的各个部分都追求着不同的善，那么，人们在道德生活中应该如何协调这些不同的善呢？② 因此，"粗略地概括出最高的善（highest good）以及弄清楚哪一种学问可以解决这一问题"就变得尤其重要了。亚里士多德断言，解决这一问题的学问可以称之为政治学。亚里士多德给出了两个理由：第一，既然政治学规定着生活于城邦的人们什么该做什么不该做，那么政治学就有理由规定着什么是城邦的善以及最高的善；第二，政治学是考察高尚与公正的行为，因而不易受到情感因素的影响，从而追求灵魂的最高的善是可能的。③ 亚里士

---

　　① 关于善的分类及其具体内容请参考：亚里士多德著，廖申白译注.尼各马可伦理学［M］.北京：商务印书馆，2003：21-22。要了解亚里士多德对该问题的详细论述，请参考：Aristotle.（2004）. *Nicomachean Ethics*. Trans. and Ed. by Roger Crisp. Cambridge：Cambridge University press, pp.13-14; Aristotle.（2011）. *Eudemian Ethics*. Trans. and Ed. by Anthony Kenny. New York：Oxford University press, p.14; Aristotle.（1946）. *The Politics of Aristotle*. Translated with an introduction notes and appendixes by Ernest Barker. Oxford：Oxford University press, pp.279-280.

　　② Aristotle.（2004）. *Nicomachean Ethics*. Trans. and Ed. by Roger Crisp. Cambridge：Cambridge University press, p.4.

　　③ Aristotle.（2004）. *Nicomachean Ethics*. Trans. and Ed. by Roger Crisp. Cambridge：Cambridge University press, pp.4-5.

多德接着指出，既然政治学的目的是追求秩序良好的生活，那么幸福就理所当然地成为最高的善。之所以是幸福而不是别的事物作为最高的善，有以下两个理由：首先，幸福是最完善的，因为它是引起自身而非他物而值得欲求的事物；其次，因为自身而非他物值得欲求的事物不止一个，幸福要成为最高的善，还需满足它本身就是自足的，而恰恰幸福本身就是生活值得欲求而无所匮乏的事物，因而幸福是最高的善。[①] 毫无疑问，亚里士多德的论证是令人信服的。到这里，我们已经引出亚里士多德伦理学在回答"自我如何对待他者"时所给出的伦理根据，即"善的人"就是为他人幸福着想的人。接下来我们重点评估这个根据在处理自我与他者的关系上是否是有效的。为了讨论的方便，我们将"为他人的幸福着想"这一决定根据分作两种情形，一种是个体之间为实现幸福而导致的合理诉求冲突的情况，一种是个体之间的诉求不冲突但涉及是否向他人提供帮助的情形。

让我们先来考察第一种情形。事实上，即便幸福作为最高的善是最完善的和自足的，但它并不就自然导致幸福之下的其他诸善的和谐，并进而促进秩序良好的生活。原因很简单，亚里士多德很早就提出了质疑："什么是幸福，人们存在争论，一般人的意见和智慧之人的意见就有不同，比如一般人可能把幸福理解为显见的东西，如快乐、财富和荣誉等外在善。……不同的人有不同的看法，甚至同一个人在不同的时间里也把它看成不同的东西。"[②] 因此，幸福的内容是变动不居的。但是毫无疑问的是，亚里士多德所区分的三类善的具体内容都是构成幸福不可或缺的要素。这导致了两种可怕的后果，第一种是，作为最高的善的幸福与具体的善的关系似乎不存在明显的界限，很多时候幸福就是具体善之一种，就如同病人的幸福就是健康、穷人的幸福就是财富一样。这一后果似乎瓦解了前述对"幸福作为

① Aristotle.（2004）. *Nicomachean Ethics*. Trans. and Ed. by Roger Crisp. Cambridge：Cambridge University press，pp.10–11.

② Aristotle.（2004）. *Nicomachean Ethics*. Trans. and Ed. by Roger Crisp. Cambridge：Cambridge University press，pp.5–6.

最高的善"的有效论证。第二种更常见的后果是，总有一部分人对幸福的理解是一致的，但由于资源的稀缺性，他们实现个体幸福对资源的合理诉求存在冲突。例如，一个得了重病的人是否应该放弃对有限的医疗资源的诉求而让给别的病人呢？此时应该如何实现"为他人的幸福着想"呢？亚里士多德没有提供可供参考的解释。这使得"为他人的幸福着想"无法为个体行动提供一个有效的根据。

第二种情形较为复杂，它涉及当他人处于具体的困境时是否应该向他人提供帮助。当我们考虑到，有时候我们对他人提供帮助需要付出沉重代价乃至面临牺牲生命的危险，如扶起倒地的人后被讹诈，对溺水的人施救时自己也可能会溺水，与歹徒搏斗时可能牺牲生命等情况，亚里士多德会强调，帮助他人、"为他人的幸福着想"的人需要有高尚的品格（character）。可是，高尚的品格从何而来呢？亚里士多德在《尼各马可伦理学》第二卷至第四卷主要处理这一问题。让我们来看一下他的处理是否能够为我们解决上述问题。

首先，高尚品格的人是指那些拥有并践行道德美德（moral virtues）的人。亚里士多德所给出的道德美德主要包括诸如勇敢、节制、慷慨、温和、友善、诚实、机智、羞耻等，这些道德美德都从属于灵魂的善。鉴于亚里士多德重点讨论了勇敢和节制这两种美德，我们也以这两种美德为例来分析这些道德美德的特点。亚里士多德所理解的"美德是一种选择的品质，存在于相对于我们的适度之间。……美德是两种恶（即过度和不及）的中间"[1]。勇敢是这样一种品质，它是以适当的原因、以适当的方式、在适当的时间经受得起恐惧，介于鲁莽和怯懦之间；节制则是一种在快乐方面的适度，介于放纵和冷漠之间的一种品质。因此，作为道德美德的勇敢和节制是一种高尚的品质是可以理解的，面对处于困境的人勇于施救、在战场上勇敢杀敌和在面对各种感官刺激时不纵欲等都具备高尚行为的特质。但是，

---

① Aristotle. (2004). *Nicomachean Ethics*. Trans. and Ed. by Roger Crisp. Cambridge: Cambridge University press, p.30.

勇敢和节制等道德美德还有另外一个重要特征，那就是个体不经过与他人发生任何关系也可以是勇敢的和节制的，我们经常形容一个人生性勇敢或生性懦弱便是指的这个特征。因此，我们可以认为，像勇敢、节制这一类道德美德旨在致力于个体完善（personal perfection），即便个体不与他人发生关系也可以实现勇敢和节制的品格，它们或许与个体的生理、心理禀赋有关。

另一方面，我们清楚了高尚品格应具备哪些道德美德，并不意味着个体自然而然地拥有并践行这些道德美德。亚里士多德特别强调，道德美德不是由自然在我们身上造成的，因为自然的东西不可能由习惯改变。例如，即便把石头抛出千万次，它的本性依然是向下坠落，通过训练不可能使石头改变这一本性。亚里士多德继而提出一个重要的观点，即道德美德是通过习惯化（habituation）而养成的。例如，要成为一个正义的人就应该去做正义的事，要成为一个勇敢的人就应该去做勇敢的事，以此类推。① 因此，好的品格便是通过（后天）训练并形成习惯的结果。在我们现实的学校道德教育中，人们经常强调学生通过练习而养成良好的（做人做事的）习惯便是受益于亚里士多德的这一经典主张。但是，这一看似不可置疑的主张历来面临着诸多批评，伊利亚斯（J. L. Elias）在其《教育哲学：古典的和当代的》一书中，直截了当地批评道，亚里士多德的这一主张存在一个严重的冲突："我们做出一个正义的行动，必须在我们能够被称为是正义的人之前；但是我们必须首先是正义的人才能做出这些正义的行动。"② 如果这一批评是切中要害的，亚里士多德的"习惯化"概念将面临严峻的挑战。亚里士多德似乎很清楚他自己这一主张中的矛盾，在英国学者皮特斯（R. S. Peters）看来，亚里士多德是这样解决这一矛盾的："（但是）我们确实通过初次练习它才获得了道德美德。……我们成为正义的人通过去做正义的事，

---

① Aristotle.（2004）. *Nicomachean Ethics*. Trans. and Ed. by Roger Crisp. Cambridge：Cambridge University press，pp.23–24.

② Elias，John. L.（1995）. *Philosophy of Education：Classical and Contemporary*. Malabar：Krieger Publishing Company，pp.44–46.

成为节制的人通过去做节制的事，成为勇敢的人通过去做勇敢的事。一个潜在的困难是，当我们说我们如果要想成为正义的人时我们必须去做正义的事、如果要想成为勇敢的人我们必须去做勇敢的事，我们究竟是指什么。它可能是指，当我们做了能够称之为正义的和勇敢的事，我们已经成为正义的和勇敢的人了。"[①]在这里，亚里士多德把"成为 X 美德的人"和"去做 X 美德的事"之间的发生时间上的承继关系看作是同时完成的，并未真正解决"成为 X 美德的人"和"去做 X 美德的事"之间的真正矛盾。另外，考虑到前面我们提到的道德美德的特征，即个体完善，有些本性怯懦的人即便天天在战场上也无法通过杀敌来养成勇敢的品格。因此，"习惯化"概念也并不总是成立的。另一方面，很多人面对类似事件时，有时选择这样做，有时选择那样做，品格的概念不能很好地解释人的行为的稳定性。这样看来，诉诸高尚品格这一概念来解释自我对他者的帮助这一现象并不可取。

简言之，亚里士多德为我们提供的关于善、最高善的解释以及品格论的系列主张，并不能为我们在如何对待他者的问题上提供可靠的伦理根据。

2.2　亚里士多德论美德与正义的关系

对"自我应该如何对待他者才是合乎道德的"这一问题，亚里士多德给出的第二种解决方案是"培养正义的人"。这一部分讨论中，我们详细考察正义能否概念化为一种具体的道德美德，如果可能的话，培养人的正义的品格就是有可能的；如果不能的话，正义与道德美德之间的区分应该如何得到解释。因此，考察善与正义的关系对于我们评估这一方案是否有效显得尤为重要。

---

① Peters，R. S.（1974）. *Psychology and Ethical Development：A Collection of Articles on Psychological Theories，Ethical Delopment and Human Understanding.* London：George Allen & Unwin，p.36.

正义究竟是什么，是一种美德还是什么别的事物？让我们首先来看看亚里士多德是怎样讨论正义的。亚里士多德在《尼各马可伦理学》第五卷第一章的开篇首先将正义区分为总体的正义（general justice）和具体的正义（particular justice）。关于总体的正义，亚里士多德指出"所有人在提及正义时均把它看作一种品质或状态（kind of state），这种品质或状态能够使一个人倾向于做出正义的行动，并且愿意做出这样的行动"。[①] 守法和平等被亚里士多德认为是与总体的正义相符合的一种品质或状态，因为法律将那些倾向于产生和保持政治共同体的幸福或其构成成分的行为看作是正义的，而平等意味着那些在善和恶的事物上索取不多、也不少的行为。在这里，亚里士多德对正义的界定已经显示出与其他道德美德的不同：正义不再是一种致力于个体完善的道德美德，它的可能性仅仅存在于个体与他人的关系中。因此，亚里士多德是这样来总结"总体的正义"的："正义是（个体）在另一个人的关系上的总体的美德"，是"交往行为上的总体美德"，因此，"正义常常被看作美德之首，比星辰更让人敬畏"。[②] 具体的正义是总体正义的一部分，它有时与总体的正义共用一个名称（即正义），是总体正义在具体情境下的运用，它们的共同之处表现在个体与他人的关系之中。[③] 既然正义（无论是总体的正义还是具体的正义）是个体在处理与他人关系时所表现的一

[①] Aristotle.（2004）. *Nicomachean Ethics*. Trans. and Ed. by Roger Crisp. Cambridge：Cambridge University press, p.81. 值得注意的是，亚里士多德在这里给出的关于正义的界定仍然较为模糊，因为，如果正义是一种 state，我们仍然缺乏确定这一"品质或状态"的依据。事实上，亚里士多德接下来在论述具体的正义时指出，正义这种品质（或状态）是一种"中道"。

[②] Aristotle.（2004）. *Nicomachean Ethics*. Trans. and Ed. by Roger Crisp. Cambridge：Cambridge University press, p.83.

[③] 亚里士多德在此试图对具体的正义与总体正义做出区分，如亚里士多德指出，虽然两者常常使用同一个名称，但是具体的正义常常关涉的是荣誉、钱财、安全和任何能够涵盖这三者的事物，而总体正义则关涉同好人的行为相关的所有事物。笔者认为，亚氏的这一区分是没有说服力的，因为一个人在荣誉、安全和钱财等方面如何取舍、如何行动自然关涉是否是"好人的行为"。要详细了解这一区分，可参考：Aristotle.（2004）. *Nicomachean Ethics*. Trans. and Ed. by Roger Crisp. Cambridge：Cambridge University press, p.84.

种品质或状态，如果亚里士多德能够论证"培养正义的人"是可能的，他似乎就很好地回答了本研究所提出的问题。但是，亚里士多德是如何看待"培养正义的人"这一问题的呢？

　　显然，按照这一逻辑，要培养正义的人，首先必须论证正义可以被概念化（conceptualized）为一种道德美德。因为只有正义是一种道德美德，个体才可能经由习惯化而内化为个体的一种品质，而这正是亚里士多德伦理学关于个体如何成为好人的关键所在。但是，正义是否像诸如勇敢、节制一样是一种道德美德呢？遗憾的是，在这个问题上，亚里士多德的态度是犹豫不决的。一方面，亚里士多德指出"正义是总体的美德"，但是另一方面，他却说正义"并非总体的美德本身"，"正义是所有美德的总称"。① 显然，这两种说法是矛盾的。如果正义是总体的美德，如果正义存在于个体与他人的关系中，一个正义的人就不仅能对自己运用美德，而且还能对他人运用美德。然而，事实上亚里士多德承认，许多人能够对自己运用美德，但是对他人的行为却没有美德，因为对他人的行为有美德是很难的。② 这样亚里士多德就陷入了这样的逻辑困境：社会上较为广泛地存在这样一些人，他们就单个个体来说是美德卓越的，然而同时却在总体上是美德恶的人，因为他们不是正义的人。这样，具体的道德美德和作为美德之总称的正义就不可避免地存在矛盾，因为我们不能这样说：一个人是有美德的，因为他对自己能够运用美德；但是他又是没有美德的，因为他不能够对他人运用美德。为了理解这一矛盾，我们以美国的老阿米什人（The old Amish）的例子来说明。在当代美国的宾夕法尼亚州和印第安纳州等地区广泛的存在着一批甘愿按照原始教义来生活的人们，他们被称为"老阿米什人"。他们拒绝把自己的孩子送到公立学校接受义务教育，

---

① Aristotle.（2004）. *Nicomachean Ethics*. Trans. and Ed. by Roger Crisp. Cambridge：Cambridge University press，p.83.

② Aristotle.（2004）. *Nicomachean Ethics*. Trans. and Ed. by Roger Crisp. Cambridge：Cambridge University press，p.83.

理由是公立学校所传递给学生的诸如"自由""平等"等美德与他们自己所崇尚的美德相冲突了，因为无条件地"遵从共同体的权威"乃是维系共同体幸福生活的根本所在。因此，他们要求联邦政府保障他们为子女选择教育的自由。值得注意的是，在这个例子中，"自由"出现了两次：第一次"自由"乃是一种性质，对这种性质不同的人有不同的实质性理解，如老阿米什人认为它与"权威"的美德相冲突，因而必须被拒绝，而老阿米什人共同体外的人很可能认为"自由"具有重要的道德价值；第二次"自由"作为正义，它表达了持有不同道德美德的两类共同体的人们应该如何处理他们之间的关系。由此看来，"正义"和"美德"所表达的内涵完全不同。亚里士多德在美德和正义之关系上的犹豫不决显然表明，他已经很清楚地意识到了他们之间的矛盾或者说意识到把"正义"概念化为"美德"的困境了。

另一方面，正义与美德的另一个对比也可以使我们清楚地看出"正义"与"美德"是完全不同的两类事物。正如我们在上一部分提出的，"美德是一种选择的品质，存在于相对于我们的适度之间……美德是两种恶（即过度和不及）的中间"，美德只涉及事物的两个极端，即过度和不及。例如，勇敢的两个极端是鲁莽和怯懦，节制的两个极端是放纵和冷漠，因此勇敢是介于鲁莽和怯懦之间的品质，节制是介于放纵和冷漠之间的品质。然而，正义的情况极为复杂，它不但涉及两种极端品质的中间状态，而且涉及两种人及其相应的份额四个要素。我们尝试以下面的图形来粗略地描述美德与正义之间的这种区别：

图 2.1　美德的一般图式

P1

P3

InJ ←———— J ————→ InJ

P2

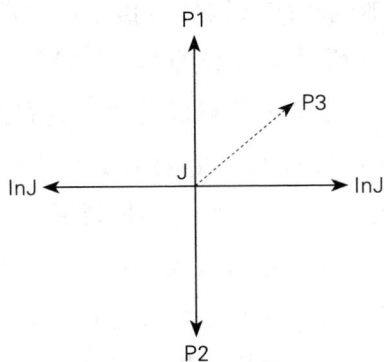

（P 即 People，P1\P2\P3 代表三类人；J 即 Justice，正义；InJ 即 Injustice，不正义）

图 2.2 正义的一般图式

如图 2.1 所示，作为中道的美德可能是 M1、M2 或者 M3 等介于两个极端之间上的任意一点，至于何为最适度者，要取决于以下两点：一是一个人所面临的具体的道德情境，二是这个人的实践智慧（practical wisdom）。因此，作为中道的美德在不同的道德情境中是变动不居的，而非一个确定的点（根据），正如诚实作为一种美德，在不同的道德情境中是否必须诚实就变得不再是确定无疑的了。如图 2.2 所示，正义的情况较为复杂：一方面，正义的两端不像美德一样是过度和不及，正义不是在不太正义和过度正义所构成的两极之间多种可能适度正义的情况，它的两端均为不正义，因此在任何道德情境中对于"何为正义"总是确定的；另一方面，正义多了至少两个变量，即至少两种人及其份额，这就使得何为正义变得更加确定，而不是像美德一样是变动不居的了，正如通奸在任何道德情境中都是不正义的一样。因此，这一对比使我们更加确定：亚里士多德在美德与正义的关系上犹豫不决并非毫无道理。

那么，我们到底应该如何看待正义与美德的关系呢？如果我们不能将正义视为美德，我们应该如何区分正义与美德呢？让我们再回到前面提到的老阿米什人的例子。我们说，老阿米什人之所以拒绝将自己的子女送到公立学校接受义务教育，原因是公立学校可能传递给他们子女的关于"自由""平等"等美德与他们传统共同体所信奉的"遵从权威"的美德相冲突，简言之，是因为两种美德可能相冲突。但是另一方面，我们应该如何认为，老阿米什人在何种意义上能够成功拒绝具有强迫性的义务教育呢？显然，老阿米什人认为他们拥有为他们的子女选择接受何种教育的"自由"。需要特别注意的是，"自由"在后一种情况下不是一种美德，而是一种原则：它是一种处理自我与他人之关系的原则，也正是在这个意义上，我们才认为这是正义的。因此，美德和正义的关系，可以简要地概括为：美德代表着人们对于所信奉的价值的某种实质性理解，也正是由于这个原因，不同的人所信奉的美德是有可能冲突的；而正义则是某种原则，并不代表对某一价值的实质性理解，信奉不同美德的人们之间的冲突可以按照正义原则来处理它们之间的关系，正如信奉权威的老阿米什人和自由社会中信奉自由的人们可以按照自由原则达成大的共同体合作的方案。也正是在这个意义上，正义原则是可以得到普遍化的，而美德则不必然如此。

　　亚里士多德对于正义与美德的关系的认识并没有走得这么远，我们从其对正义的讨论在《尼各马可伦理学》一书中的尴尬位置便可清楚地看到这一点。后世有不少学者认为，正是由于亚里士多德没有想清楚正义与美德的关系才将正义与其他道德美德分开来单独讨论，也有学者认为这一章是亚里士多德的学生从他的另一本讲义《欧台谟伦理学》中抽取出来补充进《尼各马可伦理学》的。但是，伯尼特最直言不讳地指出"正义乃是做事正确的原则"，最早使正义与美德相区分开来。[①] 而对于我们要回答的问题，我们讨论到这里已经足够了：既然正义根本无法概念化为美德，那么要通过习惯化来培养正义的人就是无源之水了，我们更不用说——像上一节所指出的那样——习惯化本身存在着不可调和的逻辑矛盾了。

---

① 关于这一讨论，请参考廖申白教授所提供的注释：亚里士多德著，廖申白译注.尼各马可伦理学［M］.北京：商务印书馆，2003：126。

2.3　公共道德生活与友谊论的局限

那么，我们对待陌生他者的伦理根据究竟是什么呢？亚里士多德所能够给出的第三种答案，即友谊论，可能是其中最有吸引力的一个。

如前所述，如果一种善（这里主要是指的作为三种善之一的道德美德）的习惯化在逻辑上和经验上存在困境，那么，我们就有理由怀疑作为致力于个体完善的道德美德能否为人们的行动提供一个确定无疑的伦理根据；如果正义与前述的道德美德具有完全不同的性质，当我们说"通过做正义的行动成为一个正义的人"就变得难以理解了。但是，亚里士多德可能会说，事实上仍有一种方案可以为"我们应该如何对待陌生的他者"提供合宜行动的根据，那就是：发展人们的友谊。毫无疑问的是，经验告诉我们，在日常的道德生活中，我们关爱自己的亲人、邻人和自己的朋友们，愿意在他们身上运用美德。因此，友谊论与我们的情感体验相一致，也符合我们的道德直觉。可以想象，生活于道德共同体内部的人们如果都能够成为朋友，生活充满友爱，我们有理由说这是一个真实的"美德共同体"（virtuous community），而远非一个机械的共同体。这种美德共同体是值得人们欲求的，但是这样的美德共同体是可能的吗？如果是可能的，这种美德共同体（相对于现代民族国家框架）是何种层面上的共同体？为了找到这些问题的答案，我们有必要对亚里士多德所讲的友谊的性质、功能和限度做一个详细的考察。

亚里士多德首先将"友谊"视为一种美德或者涉及一种美德（involve virtue），友谊是人们生活所必需的一种东西，因为即便一个人享有其他的所有善，也没有人愿意过没有朋友的生活。[①]亚里士多德的这一论断除了强调

① Aristotle.（2004）. *Nicomachean Ethics*. Trans. and Ed. by Roger Crisp. Cambridge：Cambridge University press，p.143. 在本章第一节关于亚里士多德对善的分类中，友谊是一种外在善。但是在接下来的讨论中，亚里士多德似乎为了强调友谊的重要，改变了原来将"友谊作为一种外在善"的看法。

友谊的重要性外，并没有对友谊进行明确的界定，而对友谊的含义的界定是后续展开论述的起点。普冉斯（A. W. Price）认为，亚里士多德在讨论友谊时事实上放弃了对其提供一个明确的定义，而是试图通过对友谊的分类、类比以及补充大量的细节以提供一个与人们常识相一致的描述性事实。① 在亚里士多德看来，不同的人对友谊的性质持有截然不同的看法。例如，有人认为友谊是一种相似性，人们总是选与自己相似的人做朋友，所谓"寒鸭临寒鸦而栖""物以类聚，人以群分"就是这个道理；但另外一些人的看法可能截然相反，"同行是冤家"就是一个有力的反驳。亚里士多德确实认为，友谊是一种（两个人之间的）关系。② 这使得友谊与前面提到的道德美德（如勇敢、节制等）具有不同的性质，因为它不是旨在促进个体完善；另一方面，友谊与正义具有相似性，因为它只有在人与人的关系中才能得到理解。③ 然而，这种关系的性质该如何把握呢？如果友谊与正义都处理人与人的关系，两种关系的性质有何不同？

亚里士多德处理友谊性质的方式与前面处理道德美德和正义的方式不同，亚里士多德是通过区分三种不同的友谊来论证何种友谊（关系）才是值得欲求的。亚里士多德将友谊区分为基于实用的友谊（useful friendship）、基于快乐的友谊（pleasant friendship）和基于善的友谊（good friendship）。前两种友谊是非常普遍的，也是很容易理解的，实用和快乐是友谊发生的两个条件。例如，我的同学 A 的父亲是有名的牙医，我的牙有问题，而他学习不好，经常向我寻求帮助，因此我们成为好朋友；我的同学 B 是优秀

---

① Price，A. W.（1989）. *Love and Friendship in Plato and Aristotle*. New York：Oxford University Press，pp.135–139.

② Aristotle.（2004）. *Nicomachean Ethics*. Trans. and Ed. by Roger Crisp. Cambridge：Cambridge University press，p.144.

③ 关于友谊与美德的关系，亚里士多德将友谊视为一种美德仍然是面临诸多挑战的，这一点与他将正义概念化为美德时所面临的问题类似；关于友谊与正义的关系，二者具有相似性，但是友谊与正义在以下问题上截然不同：如何对待陌生的他者？这一不同之处将是后面讨论的重点。

的吉他手，而我会写漂亮的歌词，我们之间很有默契，成为好朋友。第三种友谊，即基于善的友谊，与前两种友谊根本不同：

> "只有相互抱有善意才有友谊，（还要附加一个条件）并且这种善意必须为对方所知。……因此，要成为朋友，他们不仅要互有善意，即希望对方好，而且要相互理解对方的善意。"①

亚里士多德指出，前两种友谊如果是因为实用和快乐的原因而对对方怀有善意，这两种友谊就是偶发的、易随时间的变迁而变化的，甚至是容易破裂的。而基于善的友谊却是"好人和在美德上相似的人之间的友谊"，这种友谊是因朋友自身之故而愿望并尽力去做于他是善的事。② 因为美德是一种持久的品质，基于善的友谊就是持久的和稳定的，也可能同时是令人愉悦的和有用的。③ 因此，基于善的友谊是完善的友谊（complete friendship），因而是三种友谊中最值得欲求的友谊。

虽然说，基于善的友谊可能同时是有用的和令人愉快的，但是它却不是因为有用和快乐而产生，否则它本身就成为基于实用的友谊或者基于快乐的友谊了。因此，基于善的友谊的发生机制问题就变得非常重要，亚里士多德在《尼各马可伦理学》中提供了理解这一问题的两种思路。第一种思路是由自爱推导出友谊，这种思路是说：人们对待一个朋友的友爱根源于他们对自身的关系，人们如何对待他自己他就如何对待他们的朋友；换言之，一个人愿望于他的朋友的那些事物都是他原本愿望于他自身的，这

---

① Aristotle.（2004）. *Nicomachean Ethics*. Trans. and Ed. by Roger Crisp. Cambridge：Cambridge University press，p.145.

② 廖申白. 亚里士多德友爱论研究［M］. 北京：北京师范大学出版社，2009：112.

③ Aristotle.（2004）. *Nicomachean Ethics*. Trans. and Ed. by Roger Crisp. Cambridge：Cambridge University press，p.147.

些事物包括他的善（即朋友的善）、活着、共同生活、悲欢与共等。^① 罗斯（W.D. Ross）曾经出色地评论亚里士多德的这一逻辑是其伦理学中"最有意思的部分"，并断言亚里士多德是在试图从友谊论的视角寻找消除利己主义和利他主义的对立的途径。^② 罗斯的这一评论是颇有见地的，如果一个人对待一个朋友的友谊是源自对自身的关系，那么利他主义与利己主义似乎就不是对立的，因为，我们很难想象一个处处为着他人的善着想的人会是一个对自己的善毫不关心的人，正好相反，一个处处为着他人的善着想的人应是一个处处对自己的善着想的人。如果这一逻辑是成立的，我们有理由认为，由自爱推导出的友谊可以成为处理自我与朋友关系的根据。

第二种思路是友谊的扩展秩序，即由家庭友谊扩展到公民友谊、城邦友谊。这种思路是说：家庭成员之间彼此拥有感情是人类的天性，家庭的友谊（夫妻之间的友谊、父母同子女之间的友谊以及兄弟姐妹之间的友谊）是基于血缘关系的自然的友谊，是人类生活中的最早的友谊形式，由于共同体生活的不断扩展，家庭的友谊逐渐扩展到共同体内成员之间的友谊，即公民友谊，再进一步扩展到城邦友谊。^③ 亚里士多德断言，这种友谊的扩展秩序对共同体的生活至关重要，因为公民友谊和城邦友谊是把城邦联系起来的纽带，立法者们重视友谊胜过重视正义。^④ 可以想象，如果一个城邦的公民之间彼此存在友谊，拥有兄弟般的情感，人们自然愿意在朋友身上运用美德，这样的城邦就是美德的城邦。如果这样的城邦是可以实现的，那么自我与陌生他者的关系问题就被消解了。因此，美德的城邦就是值得欲求的。

---

① Aristotle.（2004）. *Nicomachean Ethics*. Trans. and Ed. by Roger Crisp. Cambridge：Cambridge University press，p.169.

② 罗斯著，王路译. 亚里士多德［M］.北京：商务印书馆，1997：254.

③ Aristotle.（2004）. *Nicomachean Ethics*. Trans. and Ed. by Roger Crisp. Cambridge：Cambridge University press，p.144；pp.158–160.

④ Aristotle.（2004）. *Nicomachean Ethics*. Trans. and Ed. by Roger Crisp. Cambridge：Cambridge University press，p.144.

对于回答我们的问题，即"我们应该如何对待陌生的他者"，友谊的这两种发生秩序的重要性就在于：第一种秩序说明利他主义的普遍可能性是存在的，当且仅当（共同体中的每一个）"他"是我的朋友；第二种秩序说明美德共同体的实现消解了我对陌生他者的伦理义务，而美德共同体的实现当且仅当共同体内部的成员之间广泛地存在友谊。换句话说，友谊的两个发生秩序都是以这样一个条件为前提：人人皆朋友。然而，我将在接下来的论述中阐明这两种发生秩序所依赖的这个条件是不可能存在的。

首先，我们来看朋友的数量问题。事实上，亚里士多德在《尼各马可伦理学》第九卷第十章明确提出了这个问题：

> "那么，一个人应当有很多朋友，还是应当像俗语所说的那样，朋友既不过多也不过少？"[①]

显而易见的是，对于基于实用的友谊而言，一个人的朋友数量自然不可能太多，原因是一个人很难回报很多人，不仅如此，"朋友（数量）多过需要就成为多余，也会妨碍高尚的生活（noble living）"；同样，对于基于快乐的友谊而言，一个人的朋友也不能太多，"就像食物只要有一丁点儿佐料就够了是一样的道理"。[②] 可是，就基于善的友谊来说，一个人岂不是拥有越多的朋友越好？在此，亚里士多德再次给出了否定的回答，他给出了三条理由：首先，就基于善的友谊而言，朋友的数量也有某些限定，因为一个人不可能与许多人共同生活（而共同生活是友谊的一个主要标志）；其次，如果朋友需要共同生活，那么他们就彼此互为朋友，而很多人互为朋友这是不可能的；最后，一个人很难与许多人分享欢乐或者悲伤，也很难

---

　①　Aristotle.（2004）. *Nicomachean Ethics*. Trans. and Ed. by Roger Crisp. Cambridge：Cambridge University press，p.179.

　②　Aristotle.（2004）. *Nicomachean Ethics*. Trans. and Ed. by Roger Crisp. Cambridge：Cambridge University press，p.179.

对许多人产生同情。^①因此，亚里士多德断定，即便是基于善的友谊，朋友的数量也有限制。不难看出，亚里士多德并没有直接回答"朋友是否越多越好"的问题，而是就"一个人是否可能有很多朋友"给出了三条理由。我们不认为亚里士多德给出的这三条理由是令人信服的，因为经验也常常告诉我们，确实存在着一些人口数量足够大的、由特殊单一种族构成的族群：他们共同生活，相互依赖，彼此熟悉，并且相互关心，悲喜与共，如老阿米什人的族群就是这样。因此，如果想得出"基于善的友谊，朋友数量也不可能许多"这一结论，还必须有其他理由。

对于这一理由，亚里士多德并没有专门谈及，但是他确实时常做出如下几个类似的论断：

"基于善的友谊是好人与在美德上相似的人之间的友谊。首先，他们相互间都因对方自身之故而希望他好，他们自身也都是好人。……不过像这样的友谊是很少的，因为很少有这样的人。这样的友谊需要时间，也需要（美德上的）相似性（familiarity）。"^②

"那些人被称为朋友是因为那些友谊中存在某种类似的善。"^③

"但是，一个人不可能是许多人的朋友，并且都因他们的美德和他们自身之故而爱着他们。这样因美德和自身之故而成为朋友，有几个就心满意足了。"^④

① Aristotle.（2004）. *Nicomachean Ethics*. Trans. and Ed. by Roger Crisp. Cambridge：Cambridge University press，pp.179–180.

② Aristotle.（2004）. *Nicomachean Ethics*. Trans. and Ed. by Roger Crisp. Cambridge：Cambridge University press，p.147.

③ Aristotle.（2004）. *Nicomachean Ethics*. Trans. and Ed. by Roger Crisp. Cambridge：Cambridge University press，pp.148–149.

④ Aristotle.（2004）. *Nicomachean Ethics*. Trans. and Ed. by Roger Crisp. Cambridge：Cambridge University press，p.180.

　　我们可以从以上几个论断中得出，这一根本理由乃是：之所以基于善的友谊，朋友的数量也有限制，是因为不同的人所持的善观念的不同。亚里士多德出于两个理由不愿意承认这一点：第一，从规范论来看，亚里士多德对道德生活的理解建立在这样的基础之上，即秩序良好的道德生活需要依赖共同体内部的人分享相同的善观念，而如果亚里士多德承认上述理由，善的生活就被瓦解了；第二，从经验层面来看，希腊城邦维持足够小的人口规模是可能的，这样的城邦分享相同的善观念也是可能的，甚至人人皆朋友的理想也是可以实现的。①

　　那么，既然一个人的朋友的数量是有限制的，真实的社会生活中就总会面临着朋友和陌生人的区分。这样的话，"自我如何对待陌生的他者是道德上可接受的"这一问题就没有被消解掉。按照亚里士多德的意见，一个人在自己的朋友身上运用美德是道德上值得称道的行为。可是，根据亚里士多德的友谊论，他会支持像对待自己的朋友一样在陌生人的身上运用美德吗？

　　事实上，亚里士多德对此给出了一些重要意见。他在"幸福的人也需要朋友"一章中，对朋友和陌生人做出了如下区分："如果施恩于自己的朋友比施恩于陌生人更高尚，那么一个好人就需要承受其善举的人。……与朋友分享那些本身即善的事物显然比与陌生人或者恰好碰到的人分享更好，因此幸福的人也需要朋友。"② 亚里士多德显然认为，对待朋友和陌生人应该是不同的。然而，如何确切地解释这种不同，亚里士多德没有提供更多的说明。一般而言，相对于"我"的朋友，不让陌生人承受"我"的善举以

---

　　①　亚里士多德事实上非常反对城邦人口规模的无限制增加，因为人口的无限制增加会使得共同体内部的成员在就"什么是善"的问题上达成一致更加困难。事实上，亚里士多德所生活的时代，雅典的人口总数为二十五万多人，其中男性自由公民仅不到三万人。亚里士多德当谈到人口数量的时候，它主要是指的是男性自由公民的数量。要进一步了解相关论证，可参考：廖申白. 亚里士多德友爱论研究［M］. 北京：北京师范大学出版社，2009：284.

　　②　Aristotle.（2004）. *Nicomachean Ethics*. Trans. and Ed. by Roger Crisp. Cambridge：Cambridge University press，p.177.

及不与陌生人分享本身即善的事物，都是无可厚非的。然而，亚里士多德在其他地方确实提到一些令人担忧的说法，如："抢一个朋友的钱比抢一个公民的钱更可恶；拒绝帮助一个兄弟比拒绝帮助一个外城邦人更可憎；殴打自己的父亲比殴打他人更可耻。"① 不仅如此，在对待一个分手的朋友和陌生人的问题上，亚里士多德仍然坚持应该不同地对待他们，"只要不是由于极端的恶而分手，因过去的友谊我们也应该对昔日的朋友有所关照。"②

虽然亚里士多德的这些意见不足以使我们坚持认为他确实主张过不应在陌生人身上运用美德，但是他对待二者的不同确实为后人提出不同的乃至相反的解释留下了太大的余地。我们至少有理由坚持这一点：亚里士多德确实认为，对陌生人运用美德是很难的。因此，正如亚里士多德在文中所提到的，"如果一个立法者重视友谊胜过正义，企图通过塑造政治友谊来加强共同体团结的途径使共同体成员过上秩序良好的道德生活，那是纯属立法者的一厢情愿了"。

2.4 个体完善、品格与公共道德生活

前面我们对亚里士多德伦理学的系统讨论一再强化这样一个观点：亚里士多德伦理学所能提供的自我对待陌生他者的行动的根据要诉之于个体的内在品质，我们可以称之为"个体的品格"。然而，通过我们对一些主要主张的分析和回应，我们认为，个体的品格无法为自我的行动提供可靠的原则以告诉我们应该做什么，更没有告诉我们当面临现实的多种诱惑时我们为什么仍然这样去行动。简言之，亚里士多德伦理学不能够为正当行

① Aristotle.（2004）. *Nicomachean Ethics*. Trans. and Ed. by Roger Crisp. Cambridge：Cambridge University press，p.155.

② Aristotle.（2004）. *Nicomachean Ethics*. Trans. and Ed. by Roger Crisp. Cambridge：Cambridge University press，p.168.

动的根据及其来源提供有说服力的解释，更没有为正当行动的稳定性提供解释。①

　　但是，亚里士多德伦理学的辩护者和追随者可能仍然会认为，亚里士多德伦理学所强调的个体完善和好品格仍是值得欲求的，也理应是道德教育的目标。并且，即便不是每个人都可以达致个体完善和好品格的目标，道德教育所追求的方向也应是这样的。事实上，他们承认，让共同体的每个个体都追求个体完善和好品格几乎是不可能的事。因此，亚里士多德伦理学主要是一种个体修身养性的伦理学。当一个修养好、品格好的人进入公共空间会立即发现，在对待他者尤其是陌生他者时并不会像对待自己的熟人小圈子那样从容。因此，只要人们不是终其一生一直生活在熟人小圈子里，那么，人们就会从其他伦理资源中寻求对待陌生他者的智慧。

　　还有一些人认为亚里士多德伦理学所强调的个体完善和好品格是值得欲求的，是因为美德共同体的生活是值得欲求的，如戴维·卡尔（David Carr）就是其中最重要的一位。卡尔在一篇颇有影响的文章中批评康德以降的义务论伦理学建立在对共同体生活性质的错误理解上。他这样写道："康德理性建构主义的道德理论和其他义务论视角过分地从正义维度来描述共同体内部成员之间的关系，忽略了共同体生活的情感、动机和美德等维度，因此，如果过美德的生活依然对人们有吸引力的话，我们就不得不再回到亚里士多德传统，重建人们只对秩序良好的美德共同体生活的理解。"② 卡

---

　　① 稳定性（stability）问题是指一种伦理学理论为正当行动的动力所作的解释。也就是说，一种好的伦理学理论应当致力于解释：在具体的道德困境中，个体面临现实的多种诱惑，一方面他清楚怎样行动才是对的，另一方面他也承认现实的诱惑难以抵挡，甚至这样行动可能导致自己做出某种程度上的牺牲，但他仍然这样行动。例如，在康德的义务论伦理学中，他称之为"实践理性的动力"问题，而罗尔斯则称之为"正当行动（正义）的稳定性问题"。一般而言，每一种伦理学理论都会致力于解释以下两个问题：一是行动的依据及其来源问题，二是合宜行动的稳定性问题或者动力问题。

　　② Carr, D.（1996）. After Kohlberg: Some implications of an ethics of virtue for the theory of moral education and development. *Studies in philosophy and education*, 15（4），353-370.

尔的任务就是带领大家回到美德共同体，生活在这样共同体中的人们，彼此熟识，相互关心，乐于助人，甚至相互之间是好朋友。正如前面我们已经指出的那样，这样的道德生活确实值得欲求，但是在现代多元主义的民主国家框架内从整体上实现这一目标几乎是不可能的。正如，玛莎·纳斯鲍姆所批评的那样，善的唯一标准是地方性的、内在于传统的，因而是一种很小的地方性共同体和族群的实践。因此，如果道德教育由具有道德相对主义特质的美德伦理来指导，那么它在现代多元社会中会产生令人担忧的后果。[①]

在教育实践中，亚里士多德式的古典美德伦理学的道德教育进路可以称之为"道德教育的美德进路"（The virtue approach to moral education）。在这一研究和实践进路上还存在许多不同的流派，根据美国学者纳什（Robert J. Nash）的分析，它至少包括新古典主义、共同体主义和解放主义等几个流派。这些流派之间尽管存在诸多不同之处，如美德应该由谁规定或提出、道德教育的具体培养目标以及应该开展何种教学等，但也存在一致的地方：他们都给出了一个美德的列表，都主张青少年学生应该将这些美德吸收并内化为自身品格的一部分。由于这些列表中的美德都是出自上帝、圣贤或者其他权威之手，因此美德的习得往往就不加反思，这造成了一个严重的后果：这一进路指导下的道德教育所培养出来的学生往往拥有依从性的美德、从众性的美德或者论争性的美德。[②]然而，如果当我们考虑到真正的道德不是强制而是遵从内心的自由的时候，我们就不会认为这种道德教育的结果会真正有助于我们真实社会中的道德繁荣，更不会认为处理自我

[①] Nussbaum, Martha C.（1993）. "Non-Relative Virtues: An Aristotelian Approach", in Martha Nussbaum and Amartya Sen ed. *The quality of life*. New York: Oxford University Press, pp.242-269.

[②] 要想进一步了解这一讨论，可参考纳什著作的第 3、5、7 章：Nash, Robert J.（1997）*Answering the "Virtuecrats": a Moral Conversation on Character Education*. New York: Teachers College Press.

与陌生他者之关系的公共伦理就此得到解决了。事实上，纳什最后的结论是，道德教育的目标并非培养有美德的人，而是培养民主公民。

　　如果这些批评是可以接受的，那么还有一大批自称是亚里士多德古典伦理学追随者的学者认为，事实上现代"美德伦理学"已经对亚里士多德古典美德伦理学做出了某些修正，以使其更加适应现代社会，并且可以有效地回应来自其他理论对手——尤其是义务论伦理学的批评。因此，我们将在接下来的讨论中，继续对美德伦理学的现代版本进行详细的考察，评估现代美德伦理学能否为"自我对他者的道德责任"提供一个有说服力的、完整的解释框架。

第 3 章

道德教育的善之维：现代美德论

前面一章的讨论显示，亚里士多德式的古典美德伦理学在应对规模较小的城邦生活时，他提出的"善"和"美德"的概念、作为美德的正义理论以及友谊论能够为熟人社会中人们的道德生活提供有效的指导。但这一学说在遭遇规模巨大的多元文化社会时，对"自我对陌生他者的道德责任是什么"这一问题的解释就显得捉襟见肘。但是，亚里士多德的当代传人并没有因此而灰心丧气，当他们面对盛行几个世纪的规范伦理学的猛烈攻击时，毅然奋起自卫，在近一个世纪以来以"美德伦理学"（virtue ethics）之名 [①]，充分发掘亚里士多德伦理学资源，并在此基础上为现代美德伦理学独辟蹊径，形成了蔚为壮观的美德伦理学的复兴局面。

因此，"美德伦理学"事实上是一个现代概念，至少在亚里士多德生活的古希腊时代没有"美德伦理学"这样的称呼。但是现代美德伦理学的

[①]　自 1958 年安斯库姆发表《现代道德哲学》后，美德伦理学悄然复兴。但是"美德伦理学"是否能够成为与"规范伦理学"互竞的独立的学说，或者说"美德伦理学"是否是一个区别于"规范伦理学"的一个伦理理论类型，仍然存在争议。要想详细了解这一争论可以参考：Nussbaum，M. C.(1999). Virtue ethics：A misleading category？*The Journal of Ethics*，3(3)，163–201. 本书不直接处理这一争论，而是将现代美德伦理学作为一个流派来对待。尽管这一流派内部的主张并不统一，但他们在发展自己的理论时都共同基于美德伦理学的一些基本概念，如善、美德、幸福或人类的兴旺发达、实践智慧等。

辩护者往往将其理论基础直追至古希腊时代的亚里士多德伦理学理论。他们一方面继承和发展了亚里士多德的美德学说，也在回应规范伦理学的挑战中进一步发展了关于美德的论证，特别是关于美德伦理与正当行动的关系方面的思考和论证。这些新的论证对于回答我们研究所提出的问题，即"自我应该如何对待他者""自我对待他者的伦理根据是什么"至关重要。在这一章中，我们将较为详细地考察现代美德伦理学是如何回答这些问题的，并且评估他们的回答是否可以被视为解决我们问题的完整的道德理论。

3.1　安斯库姆与现代美德伦理学

罗尔斯在《道德哲学史讲义》一书的开篇谈到了古典道德哲学和现代道德哲学的分野。根据罗尔斯的看法，古典道德哲学与现代道德哲学的区分不仅表现在时间维度上，更表现在二者分别是建基于两个不同的概念，即"善"（the conception of the good）与"正当"（the conception of the right）。罗尔斯援引西季威克在《伦理学方法》中的有关论述认为，区别于古典道德哲学，十七世纪之后的英语世界的道德哲学家多使用正当性（rightness）一词，他们把这个概念视为蕴含着"理性的命令""理性的指令"，意味着无条件地设定了某些行动，这些行动背后依据了某些源于实践理性（practical reason）的确定无疑的道德法则（moral law）。[1]道德哲学传统的转变始于欧洲走出中世纪以后，来自宗教的神圣法律（divine law）在进入文艺复兴之后的世俗社会中已经走上了穷途末路。但是，这种指导世俗社会中人们道德生活的具有法律气质的道德传统一路高歌猛进，一直到十八世纪后半叶，随着康德（Immanuel Kant）道德哲学的兴起而达到巅峰。后世学者将这种具有法律气质的道德理论称之为义务论（Ontology）。

---

[1]　Rawls, J. & Herman, B.（2000）. Lectures on The History of Moral Philosophy. Cambridge：Harvard University Press，pp.1–2.

义务论道德哲学倚重了一些与古典道德哲学完全不同的核心概念，如义务（obligation）、职责（duty）、应当（ought）、正当（right）、实践理性（practical reason）、自主（autonomy）等，形成了与古典道德哲学，特别是与亚里士多德伦理学完全不同的一套话语体系。正如斯洛特（Michael Slote）所言，道德哲学的面貌在二十世纪下半叶发生了非常之大的变化。[①]1958 年伊丽莎白·安斯库姆（G.E.M. Anscombe）在英国皇家学院《哲学》杂志上发表了《现代道德哲学》一文，规范伦理学至少主宰了道德哲学研究达两个半世纪之后，迎来了规范伦理学和美德伦理学的激烈交锋的时期。

在道德哲学史上，安斯库姆发表《现代道德哲学》是一个转折点，这一事件标志着作为规范伦理学重要代表的义务论伦理学进入了反思和调整的时期[②]，也标志着现代美德伦理学的兴起和亚里士多德伦理学在当代的复兴。因此，在现代道德哲学史上，安斯库姆总是绕不开的一位哲学家。安斯库姆在美德伦理学的地位就如同罗尔斯在政治哲学的地位一样。在当代，许多人都持这样的看法：罗尔斯在 1971 年发表的《正义论》为当代学者研究政治哲学或道德哲学提供了基本的思考框架，后世学者要么在这一框架的基础上进行研究，要么解释不这么做的理由；不仅如此，后世学者不管是否认同罗尔斯的正义理论，他们往往是在为罗尔斯的理论进行辩护或者挑战罗尔斯的理论过程中奠定自己在政治哲学或道德哲学领域的学术地位的。显然，这一评价也适用于安斯库姆。安斯库姆在《现代政治哲学》一文中做出了三个著名的论断，分别是：第一，当前从事道德哲学研究是没有好处的，应该被放到一边，除非我们有充分的心理哲学，而这正是我们所欠缺的；第二，如果心理上可能的话，"义务"（obligation）与"职责"（duty）（这里主要是指道德义务和道德职责）的概念、"道德上对与错"

---

① Crisp, R. & Slote, M.(Eds.).(1997). Virtue ethics. Oxford：Oxford University Press，p.1.

② 义务论道德哲学进入反思和调整的时期，突出表现在这一传统对"善""美德"等概念在其理论框架和话语体系中的地位的反思和重构方面。例如，康德的"美德学说"（The Doctrine of Virtue）和"纯粹理性限度内的宗教"受到了不同流派哲学家的重视。

（morally right and wrong）的概念以及"应当的道德意识"（the moral sense of ought）的概念应当被抛弃，因为这些概念都是来自一种先前的、但业已不再留存于世的伦理概念（conception of ethics）的残存或者该残存的派生物；第三，自西季威克以来，一直到当前（二十世纪五十年代，作者注），英语世界的那些著名的道德哲学家的区分是微不足道的。[①]值得一提的是，安斯库姆是基于对同属于规范伦理学的两个论敌——即以康德为代表的义务论道德哲学和以边沁（Jeremy Bentham）、密尔（John Stuart Mill）、西季威克（Henry Sidgwick）为代表的功利主义道德哲学——而提出她的三个著名论断的。我们认为，安斯库姆对功利主义道德哲学批判是相当深刻的，但是对义务论道德哲学的批判确实是充满争议的。我将在接下来的论述中对安斯库姆对义务论道德哲学的批判进行详细分析，以证明安斯库姆对义务论道德哲学的批判并非像人们认为的那样成功，至少不足以表明美德伦理学是义务论道德哲学的一个最佳替代，尽管安斯库姆对义务论道德哲学的批判事实上导致了亚里士多德伦理学在当代的复兴和现代美德伦理学的兴起。

安斯库姆对义务论道德哲学的核心批评是她在《现代道德哲学》一文中的第二个论断，即"道德义务""道德职责""道德上的对与错"以及"应当"等这些概念应该被抛弃。这几个概念是义务论道德哲学的基础概念和核心概念，如果安斯库姆的论证是合理的，也就是说，把这些概念彻底抛弃了，义务论道德哲学也就失去其理论解释力了。安斯库姆对义务论道德哲学的清算基于两条路线：一条路线指向行动所依据的道德法则的来源问题；另一条路线是指这些道德法则与行动的关联问题，是道德法则对行动的推动力问题，也就是道德主体行动的内在动机和外在动力问题。事实上，这两条路线所涉及的问题包括了道德哲学探究的全部问题。因为，当代道德哲学，特别是规范论道德哲学，主要向人们解释两个问题：第一，人们行动的道德根据是什么（有哪些原则）？第二，如果人们普遍清楚这些

---

① Anscombe，G. E. M.（1958）. Modern Moral Philosophy. Philosophy，33（124），1–19.

道德根据（原则），人们为什么要遵守它们？特别是当因为遵守它们而为自己带来利益损失乃至生命风险时，人们为什么还要遵守它们？接下来，我将逐一考察安斯库姆提出的这两条批评路线，并解释为什么她对义务论道德哲学的批评并不成功。

　　首先我们来看第一条批评路线：道德法则从哪里来？在安斯库姆看来，义务论道德哲学中的"义务""职责"这些概念意味着一个人的行动就像他（她）按着法律的要求一样去行动。但是这样的观念是从何而来呢？安斯库姆在《现代道德哲学》一文中，对"义务""职责"等概念做了历史的考察，认为这些概念来源于基督教伦理的法律概念（law conception of ethics）。基督教圣经旧约（Torah）中规定了那些人们应该遵守的道德法则，并且被视为神圣法律。并且因为基督教在欧洲统治了许多个世纪，基督教教义所规定的那些"被约束"（being bound）、"被允许"（being permitted）、"被原谅"（being excused）、"错误"（wrong）、"罪"（sin）、"愧疚"（guilt）、"违法的"（illicit）、"非法的"（unlawful）的概念已经深深地植入欧洲人的语言和思想之中了。因此，在这种宗教背景的生活中，人们做了一件神圣法律所不允许的错事，就很可能被人们视为"无赖"或"恶棍"。因此，持有这样一种宗教伦理的法律概念，那些遵守神圣法律的人就是一个好人，而违背它的人就是一个坏人。宗教伦理的神圣法律的制定者自然而然就是上帝，遵守了神圣法律就以为信仰了上帝。但是，尽管这种宗教伦理的法律概念在欧洲存在了许多个世纪，但随着欧洲的宗教改革运动和世俗化社会的发展，神圣法律被新教徒和世俗社会的人们抛弃了，这是一个历史事实。① 如果没有了神圣法律，伦理的法律概念及其所要求的法律约束力的根基便不存在了。因此，在安斯库姆看来，至少从宗教改革运动以后，"道德义务""道德职责""道德上的对与错"以及"应当"等这些概念就

---

　　① 基督教的神圣法律被很多人抛弃这一事实不意味着它已经不存在了。按着安斯库姆的说法，基督教的神圣法律被上帝制定出来，不是为了被遵守，而是为了人遵守它时的无能。

应该被抛弃了。因为，很难想象如果没有了立法者及其伦理的法律概念，义务论道德哲学还要"道德义务""道德职责""道德上的对与错"以及"应当"等这些概念还有什么实际意义！然而，安斯库姆非常清楚的是，康德解决了这一问题，至少在她看来康德曾经尝试提出一种解决方案。[①]这一方案就是安斯库姆在文章中提到的康德的"自我立法"（legislating for oneself）的概念。安斯库姆当然并不认为康德的这一方案是成功的，给出的理由是这一方案太"晦涩"（absurd）了。[②]然而，这并不是一个好的理由。如果我们仅仅因为亚里士多德的"美德"和"实践智慧"等概念也太晦涩而主张抛弃亚里士多德伦理学，安斯库姆显然是不会同意的。而事实上，安斯库姆始终认为亚里士多德并没有为"美德"等概念提供一个可靠的解释。因此，在作为立法者的上帝及其伦理的法律概念移出人们的视野后，如果康德的"自我立法"概念可以承担此任，我们就没有理由拒绝康德这一概念，也就是说，应该承认康德的"自我立法"的概念为道德法则的来源提供了具有说服力的解释。我将在第四章专门讨论康德的这一方案。

　　值得一提的是，安斯库姆还进一步将"伦理的法律概念"区分为"神圣立法者的法律概念"（a law conception with a divine legislator）和"非神圣立法者的法律概念"（a law conception without a divine legislator）。显而易见的是，基督教伦理的法律概念属于"神圣立法者的法律概念"，因为上帝即立法者；而"自然法"（laws of nature）、"契约"（contract）、"美德"（virtues）抑或"日常标准"（ordinary norms）都属于"非神圣立法者的法律

---

　　① 在安斯库姆看来，康德的这一方案或许是不成功的。然而我将在第四章详细讨论康德的这一方案。我将论证，相对于安斯康姆对第二条路线的批评而言，康德在第一条路线的辩护上是足够成功的。进一步了解这一方案，可参考：Grundlegung zur Metaphysik der Sitten（1785）以及几个翻译较好的英译本，如：Kant, I.（1997）*Groundwork of the Metaphysics of Morals*. Cambridge, United Kingdom：Cambridge University Press；Kant, I.（2002, 2018）*Groundwork for the Metaphysics of Morals*. New Haven：Yale University Press.

　　② Anscombe, G. E. M.（1958）. Modern Moral Philosophy. *Philosophy*, 33（124），1–19.

概念"。安斯库姆做出这一区分的意义在于说明，同样可以作为道德立法者或者同样作为道德法则来源的"自然法""契约""美德"抑或"日常标准"并不是像基督教伦理经由上帝这种至高无上的道德权威进行立法的。基于此，基督教伦理的优势在于，既然上帝是至高无上的道德权威，上帝制定的道德法则必然具有约束力，换言之，人们会主动遵守这种道德法则。然而，"非神圣立法者的法律概念"对人们的行动就没有这样的约束力。安斯库姆的这一区分自然而然地将我们引向了她的第二条批评路线，即道德法则与行动的关联问题。

让我们从对一个例子的讨论开始，来进一步考察安斯库姆对义务论道德哲学的第二条批评路线。在《现代道德哲学》一文中，安斯库姆给出了这样一个例子：当我们种植花草时，花草"需要"（need）适宜的环境（如水分、温度、阳光、肥料等）才能生长得欣欣向荣。这个例子中，有机体（花草）在适宜的生长环境中生长得欣欣向荣，这是一个事实（fact）。然而，这一事实并不能直接影响我们的行动，比如影响我们去有规律地浇水、施肥这样的行动；除非我们"想要"（want）这棵花草欣欣向荣，我们才会做出这样的行动。但在这个逻辑链条中，还缺少了一环，即我"需要"。虽然花草"需要"适宜的生长环境和我"想要"的东西并不存在必然的联系，但是我"需要"的东西和我"想要"的东西必然存在着联系。我"需要"欣欣向荣的花草营造的居住或办公环境，因此，我"想要"花草欣欣向荣；而花草如果要生长得欣欣向荣，就"需要"适宜的生长环境。在此，安斯库姆区分了事实判断（factual judgment）和情感判断（sentimental judgment），并且极力向我们表明，只有情感或基于情感的判断才能最终影响我们的行动：我"需要"某些东西，因而我"想要"这些东西；既然我"想要"这些东西，那我就应该行动起来去获得这些"想要"的东西。基于此，安斯库姆同意休谟（David Hume）的论断，即由"是"（Is）推不出（道德上的）"应该"（Ought）。因为影响我们行动的是一种情感判断，即想要、欲望（desire），而不是道德判断（moral judgment）或价值判断（value judgment）。安斯库姆还举了另外一个例子来说明，义务论道德哲学中的

"道德上的应该"是一个空洞的概念，对行动不会产生什么影响：

> "根据赞同或不赞同包含着（道德上）'应该'的句子中的描
> 述，对我的行动是一种判决（verdict）。如果一个人认为并不存在
> 一个法官或一部法律，'判决'这一概念除了可能会保留它的心理
> 效果，但不会保留其意涵。现在不妨设想一下，'判决'这个词以
> 一种如此这般的方式被使用，并带有典型的严肃意味，以便保留
> 其氛围而不是其意义；并且，有人会说'要谈论一项判决，你毕
> 竟需要一部法律和一个法官'。对此，答案可以炮制如下：'根本
> 不是这样，因为如果有一部法律或一个法官，他们给出判决，那
> 么留给我们的问题就会是，接受那一判决是否相当于有一项真正
> 的判决正在发挥作用。'"①

在安斯库姆看来，义务论道德哲学中的道德上的"应该"对人的行动
不会产生什么影响，就如同不存在一个法官或一部法律的情况下的"判决"
只可能存在心理上的威慑力，不会有人认真对待这样的"判决"的。

但是情感判断真的可以如安斯库姆认为的那样可以为道德法则和道德
上可接受的行动之间的关联提供可靠的解释吗？让我们来看一下这样一个
例子：当我们在大街上看到一个急需要帮助的陌生人，我们会施救吗？如
果"应该帮助他人"是一条道德法则，按照安斯库姆的逻辑，道德法则和
行动之间的关联在于保持以下逻辑链条：他者"需要"（事实）→ 我"需
要"（事实）→ 我"想要"（情感）→ 我"行动"。但是在这个例子当中，
这个链条一定是完整的吗？尽管，我在大街上遇到的处于困境的这个人
"需要"帮助，这是事实；但是，我"需要"帮助这个人，却不是一个显
白的事实。如果是一个熟人，比如这个处于困境的人是我的亲友，我可能

---

① Anscombe, G. E. M.（1958）. Modern Moral Philosophy. *Philosophy*, 33（124）, 1–19.

考虑到今后还"需要"在这个圈子里混下去或者我"需要"跟我的亲友维持好关系，因而"帮助他"会成为我的"需要"这一事实。可是，现在我面对的是一个陌生人，"帮助他"就不一定会成为我的"需要"。因此，如果我们认为，"应该帮助他人"是我们支持的道德法则，这一法则与"帮助他"这一行动之间的关联就需要除安斯库姆提供的情感判断以外的其他解释。在第四章和第五章我将论证，这些解释仍然可以由义务论道德哲学来提供。当然，我并不否认情感在道德法则和行动之间的关联上所起的独特作用；而是想说明，情感无法为道德法则和行动之间的关联独立提供有说服力的解释。[①] 它应该相容于更加包容性的解释框架中。提供这样一种包容性的解释框架正是本研究的主要目标。

基于以上分析，我们认为，尽管安斯库姆指出了义务论道德哲学存在的一些问题，但她对义务论道德哲学的批评并非像人们认为的那样成功。在《现代道德哲学》一文中，安斯库姆还分析了其他几个作为非神圣立法者的法律概念，如"自然法"和"契约"，她基于前面的分析提出了为什么现代道德哲学家应该转向亚里士多德伦理学、应该从美德出发构建一种新型的伦理学。

那么，安斯库姆是如何看待"自然法"和"契约"的呢？安斯库姆认为，既然随着欧洲宗教改革运动和世俗化社会的转向，神圣立法者的法律

---

① 其他基于情感概念来为美德伦理学辩护的理论都存在这样的缺陷。或许这些理论可以为道德法则和行动之间的关联提供某种解释，特别是为行动者的内在动机提供某种解释，但他们却无法独立提供有说服力的解释。近年来，Michael Slote 等学者在这一主题上做了大量工作，要进一步了解这一领域的研究，可参考：Slote, M.（2004）. Moral sentimentalism. *Ethical Theory and Moral Practice*, 7（1）, 3–14; Slote, M.（2006）. Moral sentimentalism and moral psychology. In *The Oxford Handbook of Ethical Theory*. Oxford：Oxford University Press; Slote, M.（2009）. *Moral Sentimentalism*. Oxford：Oxford University Press; Frazer, M. L., & Slote, M.（2015）. Sentimentalist virtue ethics. In *The Routledge Companion to Virtue Ethics*. Routledge, pp.221–232; Slote, Michael.（2018）. Sentimentalist Virtue Ethics. In Nancy E. Snow eds., *The Oxford Handbook of Virtue*. Oxford：Oxford University Press.

概念趋于式微，所以道德哲学家可能会诉之于非神圣立法者的法律概念重建道德的基础。这自然而然地使得人们抛弃"道德义务""道德责任"以及"道德上的应该"等概念，转而寻求"日常标准"。在寻求"日常标准"的过程中，人们可能会发现"自然法"和"契约"。

根据安斯库姆的理解，"自然法"是这样一个概念：宇宙（universe）作为立法者。也就是说，人们行动的根据来源于宇宙制定的道德法则。但安斯库姆认为，"自然法"的缺陷是明显的：根据自然法则，人们所生活的这个社会很可能是一个弱肉强食的社会，很难将人们引向某种正义概念。在前苏格拉底时代，人们将"正义"视为一种保持事物平衡或和谐运转的某种观念，而这种观念离我们所生活的现代社会过于遥远了。因此，在安斯库姆看来，基于"自然法"的道德哲学并不是我们所欲求的。安斯库姆进一步指出，"日常标准"也可以是来自"契约"。"正如我们查询法律以便确证它要求人们做什么一样，我们可以查看一份契约，以便找出订立了契约的人被要求去做的事情是什么"。[①] 因此，基于"契约"的道德哲学会将道德法则的来源视为所订立契约中的那些条款。一方面，在安斯库姆看来，"契约"的概念既不同于"自然法"，也不同于世俗社会的法律。那些信奉自然法的理论家认为，宇宙作为立法者，拥有最高的权威，因此，"自然法"颁布给了每一个成人，这体现在人们对善与恶的知识当中。显然，由"契约"产生的道德法则并不具备这样的权威。另一方面，在世俗社会，一部法律一经颁布，人们便处于其约束之下。然而，在安斯库姆看来，基于"契约"的道德哲学意味着，如果人们实际上没有订立过一份契约，那么这份协议的条款为什么会有像法律一样的约束力呢？事实上这一批评，和当代哲学家对罗尔斯的批评如出一辙。事实上，这就如同人们之间并未互相订立"不应说谎"的契约一样：如果一个人考虑到他/她不期待别人向他/她说谎，那么他/她也不愿意去对别人说谎。即便有些契约未经订立，但

---

① Anscombe, G. E. M.（1958）. Modern Moral Philosophy. *Philosophy*, 33（124）, 1–19.

可能仍是有效的。对于这一批评，我将在第五章讨论"由契约产生的道德"中再进行详细分析。

这样，既然"自然法""契约"都不适合担当道德立法者的角色，在安斯库姆看来，能够胜任这一角色的非"美德"莫属。安斯库姆断言，当代道德哲学家应该着手筹划一种新型的伦理学，这种伦理学正是建基于"美德"这一概念之上，把"行动"（action）、"意图"（intention）、"快乐"（pleasure）、"想要"（wanting）作为自己理论体系的核心概念。这是新兴的伦理学，将是与亚里士多德伦理学、而不是与伦理的法律概念更加亲近。但是，如果要完成这个任务，就必须将完成两个转换作为前提：第一个是道德判断的转换，即将义务论道德哲学中判断行动是"道德上对与错"转换为判断一个人是"好与坏"；第二个是由"标准"（法则）向"功能"（function）的转换，即由义务论道德哲学中规定的一个人行动所依据的标准（法则）转换为一个人行动的"功能"。就第一个转换来说，安斯库姆偏爱"公正"（just）与"不公正"（unjust）两个概念，她认为"对"与"错"的概念分别包含在"公正"与"不公正"两个概念的内涵之中，即"公正"意味着"对""不公正"意味着"错"。但是，即便这种替换是有道理的，按照安斯库姆的理解，除非可以证成"正义是一种美德"，否则判断公正与否的标准就又回到诉诸某种普遍化的"道德法则"了。[①]安斯库姆坦言，亚里士多德对"正义是否是一种美德"言之不详。正如我们在第二章所论证的那样，正义并不是一种美德。因此，第一个转换是很难成立的。对于第二个转换，如果说在义务论的道德哲学语境中，一个人行动的根据是道德法则，而在亚里士多德伦理学或现代美德伦理学语境中，一个人行动的根据则是"美德"，如第一章所揭示的那样，美德发挥作用的机制是诉诸"功能"的，就如同牙齿是用来咀嚼的，有美德的人就如同发挥牙齿的咀嚼功能一样做出那些符合美德特质的行动来。但是，这种诉诸"功能"

---

① Anscombe, G. E. M.（1958）. Modern Moral Philosophy. *Philosophy*, 33（124），1–19.

的论证广受批评。其中一个经典的批评便是，如果一个好人和一个坏人在睡眠或休息时，根据这种解释，好人和坏人就无从区分，因为他们此时都没有发挥这一功能。由上述分析可以看出，安斯库姆所指明的这一伦理理论转向的难度是很大的，毋宁说基于美德的一种新型的伦理学或者美德伦理学——正如前面分析的那样——并不是义务论道德哲学的可能的替代者。

　　尽管安斯库姆言之不详，但是安斯库姆毕竟提出了一个方向，即从"美德"这一核心概念出发建构一种新型的伦理学。尽管她并没有直接将这种新型的伦理学命名为"美德伦理学"，但是亚里士多德和安斯库姆的追随者直接将现代"美德伦理学"之名追溯至安斯库姆，并进一步将美德伦理学的理论资源追溯至亚里士多德，却是一个不争的事实。简言之，安斯库姆的《现代道德哲学》对"现代道德哲学"（主要是义务论和功利主义为代表的规范伦理学）的批评意外地导致了亚里士多德伦理学在当代的复兴和现代美德伦理学的直接兴起。安斯库姆的《现代道德哲学》对后世美德伦理学研究的影响深远，产生了一大批美德伦理学家和大量研究成果，如麦金泰尔（Alasdair Chalmers MacIntyre）的《追求美德》（After Virtue）、《谁之正义？何种合理性？》（Whose Justice Which Rationality）以及《三种互竞的道德探究》（Three Rival Versions of Moral Enquiry），迈考儿·斯洛特（Michael Slote）的《从道德到美德》（From Morality to Virtue）、《由动机产生的美德》（Morals from motives）以及《道德情感主义》（Moral Sentimentalism），还有罗斯林德·赫斯特豪斯（Rosalind Hursthouse）的《美德伦理学》（On Virtue Ethics）以及克里斯汀·斯万顿（Christine Swanton）的《美德伦理学：一种多元主义的观点》（Christine Swanton）、《以目标为中心的美德伦理学》（Target Centred Virtue Ethics）等，关于美德伦理学的研究成果可谓汗牛充栋。当然，当代美德伦理学的辩护者一方面沿着安斯库姆所提出的两条路线对美德伦理学进行学理上的完善；另一方面他们也并不是全都主张完全回归到亚里士多德伦理学传统，而是在回应义务论道德哲学的挑战时对亚里士多德伦理学做出某些必要的修正。在接下来的论述中，我们将详细考察这些关于美德伦理学有代表性的论证，评估他们是否能够有效地回应来自义务论道德哲学的批评，美德伦理学自身的学理建设是否完善，以及评估美德伦理学是否可以作为一种完整的道德理论。

3.2 赫斯特豪斯的规范美德伦理学概念

如前所述，当代美德伦理学家的工作主要沿着安斯库姆的两条批评路线、在回应当代义务论道德哲学的批评中，来致力于美德伦理学的学理探索的。基于第一条路线，一方面当代美德伦理学家需要回答美德伦理学对"自我对他者行动的根据"是什么，是像义务论道德哲学那样为行动提供确定的道德法则，还是提供其他合理的解释。关于第二条路线，当代美德伦理学家则需要为"自我对他者行动的根据"与行动之间的关联提供某种关于内在动机（internal motive）和外在动力（external incentive）的合理的解释，也就是解释，那些明知道行动根据的道德主体在面临困境时（尤其这样的行动可能会带来明显的利益损失乃至生命风险时）他们/她们为什么还要这样行动。第一条路线要说明的是人们该如何行动，第二条路线要解释的是人们为什么（还）要这样做。

在第二章，基于我们对亚里士多德伦理学的分析和论证可知，它的基本推理逻辑是：当一个人面临具体的道德困境时，应该对他者如何行动这一道德判断紧紧依赖于这个人的内在品质（我们可以称之为"品格"），而这一品格的养成则是通过做有美德的事实现的（如前述，可称之为"美德的习惯化"）。

在这里，我们不再讨论美德习惯化方面的困境，而是聚焦于"如何把握行动的根据"这一问题。前面我们提到，一个好品格的人在面临不同的道德困境时可能说谎也可能诚实，问题在于当一个人面临真正的道德困境时他该如何行动呢？例如，面对病危的朋友是否要告诉他真实的病情或者是否告诉老师某同学在考试中作弊？亚里士多德提供的解决思路是：这取决于这个人的实践智慧。[①] 按照他的说法，实践智慧是与善恶相关的、合乎罗格斯的、求真的实践品质，这一品质直接导致了人们在道德困境中选择合宜行动的根据，即决定将处于由始因（行动的动机）和目的两端所构成的坐标之间的某一点作为行动的根据，这一点可能更靠近始因一端（有时不可避免地要成为一个动机论者），也可能更靠近目的一端（很多时候不可避免地沦为一个后果论者）。但这一根据确是变动不居的，不同的道德困境中人们行动的根据是不同的中道，相似的道德困境下、但处于不同时空条件下的人们行动的根据也是不同的中道。也就是说，美德伦理学是在始因、目的以及其他一些影响因素综合考虑的基础上选择中道，比如它有时可能强调动机，有时则可能重视后果，但它并未为行动本身提供根据。问题在于，谁才是有实践智慧的人呢？亚里士多德并没有回答这一问题。但我们能够确定的是，实践智慧这一思路为人们解释决定何为行动的根据时留下了太多空间，也为人们的不合宜的行动找了很多借口。这一论证的最后的结果是，实践智慧只能沦为皇帝的新装，人们既不会承认自己没有实践智慧，也不会为人们行动上的一致性提供普遍可接受的理由。因此，通过对这些重要概念及其论证的分别讨论，我们认为它们都不能为人们的行动提供道德上可以接受的根据。

事实上，这正是美德伦理在今天所遭受的最重要的批评。正如现代美德理论学家赫斯特豪斯（Rosalind Hursthouse）坦言，美德伦理学的辩护者经常面临这样一个诘难："美德伦理没告诉人们应该做什么，原因是它无法告诉人们应该怎样做。所以，美德伦理无法成为义务论和功利主义等规范论的替

---

① Aristotle.（2004）. *Nicomachean Ethics*. Trans. and Ed. by Roger Crisp. Cambridge：Cambridge University press, pp.107–108. 实践智慧一词对应的希腊文是 φρόνησις，英译本中存在两种不同的译法，即明智（prudence）和实践智慧（practical wisdom）。这里参考的是罗斯的译法，这种译法的好处是在亚里士多德的伦理学中，实践智慧与哲学智慧或理智智慧（sophia，希腊文为 Σοφία）相对应而存在，要进一步了解这两种译法的不同，可参考：Aristotle.（1908）. *Nicomachean Ethics*. Translated by W. D. Ross. Oxford：Clarendon Press.

代。"[1] 与美德伦理学主张不同，义务论伦理学不再将行动的根据基于个体的内在品质这样的含混的概念之上，而是为"何为正当行动"[2] 提供普遍的逻辑形式，这解决了美德伦理学无法为行动本身提供可靠根据的困难，因此，通常被称为"规范伦理学"。但是，赫斯特豪斯认为，事实上，美德伦理学与规范伦理学具有相似的逻辑结构，同样可以为正当行动提供一个普遍的逻辑形式，从而在美德伦理学的解释框架内解决正当行动的根据问题。首先，赫斯特豪斯将作为规范伦理学的义务论逻辑结构表征为两个公式：[3]

> FD1：一个行动是正当的当且仅当这一行动是与一个道德法则相符合的。

这一公式是一个纯粹的逻辑形式，它说明了正当行动与道德法则之间的关系；但是如果不阐明道德法则的具体内容，人们仍然不清楚应该如何行动。因此，正当行动的完整逻辑结构还必须借助第二个公式：

> FD2：一个正确的道德法则是……的法则。

这一公式是不完整的，待补充的部分说明了道德法则的来源。因此，可以做这样的补充：（1）给出一个法则的列表，（2）上帝启示人们的法则，

---

① Hursthouse, Rosolind.（1996）. "Normative Virtue Ethics" in Roger Crisp Eds. *How Should One Live：Essays on the Virtues*. Oxford：Clarendon Press，pp.19-36.

② 正当行动（right action）是义务论伦理学的核心概念。与美德伦理学不同，它不是追问如何行动才是善的，而是追问如何行动才是正当的。如果一个行动是善的，它可能是指动机是善的，后果是善的或者亚里士多德经常提到的"总体上是善的"（这是一个相当含混的概念）。而行动是正当的，它指的是不管在任何时空条件下这一行动本身都是正当的，因而是我们的义务。

③ Hursthouse, Rosolind.（1996）. "Normative Virtue Ethics" in Roger Crisp Eds. *How Should One Live：Essays on the Virtues*. Oxford：Clarendon Press，pp.19-36.

（3）由理性所把握到的可普遍化的法则等。

赫斯特豪斯声称，如果上述两个公式能够清晰地表征出义务论关于正当行动的逻辑结构，那么美德伦理学也可以以同样的方式表征出它关于正当行动的逻辑结构：

FNV1：一个行动是正当的当且仅当有美德的人在此特定情形下出于其品格的原因总会做出的行动。①

根据这一公式，正当行动与"有美德的人"和"品格"联系在一起。同样地，要完整地呈现美德伦理关于正当行动的逻辑结构就必须对"有美德的人"和"品格"做出说明：

FNV2a：一个有美德的人就是那些拥有并践行美德的人。
FNV2b：美德就是这样一种品格特质，它……②

根据上述说明，显然"有美德的人"和"品格"之间的关联性较差，它无法说明"有美德的人"是怎样的一种"品格"。赫斯特豪斯已经意识到这一问题，她在其稍后出版的《美德伦理学》这本书中对这一补充说明的两个公式做出了适当修正，修正后的这一公式可以这样来表述：③

FNV2a：一个有美德的人是这样一个人，他拥有并且践行一定的品格特质，也就是拥有并且践行美德。

---

① Hursthouse, Rosolind.（1996）. "Normative Virtue Ethics" in Roger Crisp Eds. *How Should One Live*: *Essays on the Virtues*. Oxford: Clarendon Press, pp.19–36.

② Hursthouse, Rosolind.（1996）. "Normative Virtue Ethics" in Roger Crisp Eds. *How Should One Live*: *Essays on the Virtues*. Oxford: Clarendon Press, pp.19–36.

③ Hursthouse, Rosolind.（1999）*On Virtue Ethics*. Oxford: Oxford University Press, p.28.

　　　　FNV2b：美德就是这样一种品格特质，它……①

　　经过修正和完善后，赫斯特豪斯声称这三个公式可以清晰地表征美德伦理学关于正当行动的逻辑结构，并将自己这种试图把"正当行动"相容于美德伦理学的努力视作新美德伦理学的诞生，即"规范美德伦理学"（Normative Virtue Ethics）。那么，赫斯特豪斯的这一辩护是否是令人信服呢？她是否有效地回应了来自义务论的批评？我们认为她的这一努力是不成功的，在接下来的讨论中我将给出三方面的回应。

　　首先，赫斯特豪斯指出她对美德伦理学的这一新的阐释使得美德伦理学比义务论更具优势：规范美德伦理学不但能够给人们的行动提供指导，告诉人应该做什么，而且为一个人应该成为什么样的人提供了新的解释。赫斯特豪斯认为，规范美德伦理学与功利主义和义务论不同，一个行动是否正当不是看行动的后果是否促进了善或者行动是否与道德法则相契合，而是要看这个人是否拥有美德。这一逻辑不可避免地产生了两个问题：第一，赫斯特豪斯如果能够使其规范美德伦理学成为与义务论和功利主义互竞的理论，她必须向人们清楚地解释美德是什么（FNV2b）；第二，一个行动是否是正当的不取决于行动本身，而是诉诸行动者本身的品格，这就有陷入权威论、独断论或神秘主义的危险。

　　让我们先看第一个问题。赫斯特豪斯根据亚里士多德和休谟关于美德的概念对美德做出了一种新亚里士多德式的解释："美德是人们为了获得幸福，也即事业繁荣和美好生活所必需的品格。"② 在这一定义中，诸如幸福、事业繁荣和美好生活等概念的含义都是相当含混的，不同的人在使用这些词

---

　　① 比较修正前后的差异主要表现在：在修正前美德和品格分别作为下位概念和上位概念，修正后二者成为同位概念，甚至在某种轻度上可以替换，例如，可将 FNV1 做如下表述：一个行动是正当的当且仅当有美德的人在此特定情形下出于其美德的原因总会做出的行动。

　　② Hursthouse, Rosolind. (1996). "Normative Virtue Ethics" in Roger Crisp Eds. *How Should One Live: Essays on the Virtues*. Oxford: Clarendon Press, pp.19-36.

语时其含义并不相同，即便同一个人在不同时空条件下使用这些词时其所指也不尽相同。如果要判断一个行动是否是正当的要根据这些含混的概念，那么赫斯特豪斯所给出的公式就不能清晰地告诉人们应该怎样做以及不应该怎样做。但是，赫斯特豪斯也部分正确地指出，功利主义把正当行动的判据诉诸快乐，康德义务论将正当行动的判据诉诸法则，同样地，"快乐"和"法则"也都是极其含混的概念。[①] 因此，在赫斯特豪斯看来，她所使用的诸如幸福、事业繁荣和美好生活等概念比他们并不逊色。然而，即便是这样，如果她提供的美德概念是有说服力的，赫斯特豪斯就必须论证幸福可以作为判断行动是否正当的根据。但遗憾的是，赫斯特豪斯并没有为此做应有的辩护，而我们在本书第一章已经对这一观点做出了有力的回应。

再看第二个问题，一个行动是否正当不取决于行动本身，而是取决于行动者的内在品质，这是一个极不可靠的论断。我们在前面已经论证，美德作为个体完善的内在品质，是在由不及和过度两端所构成的坐标中间的某一点，当个体面临具体的道德情境，行动所根据的中道是变动不居的。例如，诚实是一种美德，但偶尔善意的谎言也是可以接受的。因此，这一观点仍然要回到亚里士多德那里，将行动者对中道的把握诉诸实践智慧问题。因此，赫斯特豪斯提供的关于美德的概念，依然没有超出亚里士多德的论证框架，不能为行动者应该怎样行动提供可靠的指南。

对赫斯特豪斯的规范美德伦理学的第二种回应是拉蒙·达斯（Ramon Das）给出的。这个批评意见直接指向赫斯特豪斯论证中所存在的循环论证问题。[②] 在达斯看来，判断一个行动是否是正当的要取决于一个人是否是有美德的人，这一推理本身没什么大问题。但是赫斯特豪斯是如何告诉我们"什么是一个有美德的人"呢？在公式 FNV2a 中：

---

① 事实上，赫斯特豪斯在这里的判断只对了一半，因为"法则"在康德的义务论里面是非常清晰的概念。关于这一点我将在第四章进行论证。

② Das，R.（2003）. Virtue Ethics and Right Action. *Australasian Journal of Philosophy*，81（3），324–339.

FNV2a：一个有美德的人是这样一个人，他拥有并且践行一定的品格特质，也就是拥有并且践行美德。

简言之，一个有美德的人是一个拥有并且践行美德的人，也可以用亚里士多德式的语言表述为"做有美德的事成为有美德的人"。这样的话，有美德的人之所以是有美德的是因为他做了有美德的事，而做有美德的事就是正当行动本身。因此，在赫斯特豪斯对美德伦理学关于正当行动的逻辑结构中就出现了这样一个奇怪的论证：一个行动是否是正当的要看行动者是否是有美德的；而一个行动者是否是有美德的则要看其行动是否是正当的。在达斯看来，赫斯特豪斯的规范美德伦理学出现这一循环论证并不意外，原因在于其将判断一个行动是否正当的根据不是诉诸行动本身，而是诉诸行动者本身的内在品质了。

对规范美德伦理学的第三条回应是，它没有为行动者的行动提供可靠的原则根据。赫斯特豪斯的第一个公式（FNV1）告诉人们，正当的行动是有美德的人在特定情形下出于其品格（美德）的原因总会做出的行动。但是，如果我是一个在美德上有瑕疵的人，当我面临一个具体的道德困境时，我该如何行动呢？谁可以告诉我应该如何行动？显然，赫斯特豪斯的规范美德伦理学是建立在这样一个基础之上：有美德的人来告诉人们应该如何行动。但是，即便有美德的人告诉人们的是关于行动的原则，那么这些原则也并不总是前后一致的，因为判断在何种情景下根据何种原则行动是一个实践智慧的问题。但是在下面情境中：我是一个美德上有瑕疵的人，我面临一个真实的道德困境，我很难知道我的周围是否存在有美德的人可供咨询。规范美德伦理学会告诉我们怎样行动呢？显然，在这种情况下，规范美德伦理学并不能告诉我们正当行动所根据的原则是什么。

以上三种回应意见，意在说明赫斯特豪斯通过将正当行动相容于美德伦理学的尝试并不成功，她仍然不能回应义务论关于正当行动方面的批评。部分原因在于，赫斯特豪斯也许没有认识到美德伦理学和义务论的真正差异，或者她也许认识到了二者的差异，但是有意回避了这些差异：美德伦理学是以行动者为中心、关注好的品格、解释"我们应该成为什么样的人"，而义务论则是以行动为中心、关注正当行动、解释"我们应该做什么"。[①]

3.3　美德伦理与正当行动

为了回应来自义务论道德哲学的批评，如果说赫斯特豪斯对美德伦理学的辩护建立在对美德如何为"自我对待他者"提供道德根据的解释方面，其他美德伦理学家则以一些与之不同的方式对美德伦理学进行辩护。其中，近年来影响较大的包括以迈考儿·斯洛特（Michael Slote）为代表的"基于行动者的美德伦理学"（Agent-based Virtue Ethics）以及以克里斯汀·斯万顿（Christine Swanton）为代表的"以目标为中心的美德伦理学"（Target-centered Virtue Ethics）。在这一章，我们将依次考察这两种为美德伦理学所做的辩护是否成功，评估其是否像他们所声称的那样可以将美德伦理学视为规范伦理学互竞的某种伦理类型。

首先，我们来看斯洛特的"基于行动者的美德伦理学"。斯洛特在英美学界是备受关注的、著作等身的一流美德伦理学家，以其在美德伦理、关怀伦理、道德情感主义等议题上的研究闻名。正如徐向东教授所言，迈考儿·斯洛特是从纯粹伦理学的角度来为美德伦理学提供最系统论证的道德哲学家，他是在对日常道德（common-sense morality）、康德义务论道德哲学和功利主义进行了系统的批判性考察的基础上对美德伦理学提出了最系统的论证。[②] 因此，当人们谈到美德伦理学的时候，斯洛特也是一个绕不开的人物。近年来，斯洛特的作品在国内译介较多，并产生了广泛影响。斯洛特"基于行动者的美德伦理学"这一思想最初是以论文的形式于 1995 年

① Hursthouse，Rosolind.（1996）."Normative Virtue Ethics" in Roger Crisp Eds. *How Should One Live*：*Essays on the Virtues*. Oxford：Clarendon Press，pp.19-36.

② 徐向东 . 自我、他人与道德：道德哲学导论 ［M］. 北京：商务印书馆，2007：613.

发表于《中西部哲学研究》（Midwest Studies in Philosophy），后来这一思想逐渐丰富，又在 2001 年由牛津大学出版社出版的《由动机产生的道德》（Morals from Motives）一书中对这一思想进行了更加系统的阐释。斯洛特在论文和书中对这一思想都进行了极为简明的概括："美德伦理学的基于行动者的进路将行动的道德或伦理地位（status）视为完全地派生于（entirely derivative from）动机、品格特质或者个体（individuals）的独立的和根本性的卓越的（aretaic，作为与义务论相对的概念）伦理特征"。[1] 与亚里士多德伦理学、赫斯特豪斯的规范美德伦理学以及康德的义务论相比较而言，斯洛特将"基于行动者的美德伦理学"这一思想视为一种激进的（radical）、纯粹的（pure）美德伦理学。从发表论文到著作出版以来，斯洛特的这一思想受到了美德伦理学内部一些学者的欣赏和支持，但也遭遇了不少严峻的批评。在接下来的讨论中，我将对斯洛特的"基于行动者的美德伦理学"提出三种批评，分别是对"作为总体美德的总体动机"的批评、对"自我与他者对称性"的批评以及对"动机的评价"的批评。

与赫斯特豪斯的进路不同，在斯洛特看来，对美德伦理学的成功辩护既不能回到亚里士多德传统，也不能借助于康德义务论的核心概念和解释框架。尽管斯洛特认为，能够将亚里士多德伦理学和其他进路区分开来的一个首要特征是，美德伦理学将自身的理论核心放在有美德的个体及其品格特征和动机等方面。[2] 但是，斯洛特并不认为亚里士多德伦理学是一种纯粹的、可以放心地将美德伦理学建基于其上的伦理学。为了更好地说明这一点，斯洛特在《基于行动者的美德伦理学》一文中专门区分了两种不用类型的美德伦理学，即他的"基于行动者的美德伦理学"

---

[1] Slote, M.（2001）. *Morals from Motives*. Oxford: Oxford University Press，p.5.

[2] Baron, M. W., Pettit, P.& Slote, M.（1997）. *Three Methods of Ethics*: *A Debate*. Blackwell, p.177.

和"以行动者为焦点的美德伦理学"（agent-focused virtue ethics）。① 亚里士多德的伦理学和其他哲学家的美德伦理学都可以称之为"以行动者为焦点的美德伦理学"。在斯洛特看来，这种美德伦理学是按如下方式定义一个有美德的人的：

> "有美德的个人是一个在任何既定情况下能够看出或觉察出如何行动才是好的（good）、正当的（right）或适宜的（proper）。这样的语言清晰地表明，有美德的人做出高贵的（noble）或有美德的行动，乃是因为这样的行动本身就是高贵的——例如，勇敢——而不是因为如下这种情形：那些高贵的行动之所以高贵仅仅是因为有美德的人会选择或已选择了这样做。是故，对亚里士多德来说，对我们在此所描述的和辩护的观点一样，行为的伦理状态（status）并不是完全地派生于（品格）特质、动机或个人，即便这些特质和个人都是这种伦理学观点所主要聚焦的。"②

斯洛特这一定义清楚地表明，他认为亚里士多德伦理学虽然关注道德主体本身，但亚里士多德却并不认为行动完全是道德主体的动机或品格特质的产物。不仅如此，一个行动是否是好的、正当的或是适宜的，对于一个有美德的人来说，是可以被看出或辨别出来的，换言之，一个行动本身是否是好的、正当的或适宜的是有外在的判断标准的，而这些标准是外在于道德主体（品格特质、动机）本身的。正如我们在第二章所分析的那样，斯洛特正确地指出，在亚里士多德伦理学的结构之中，美德仅仅是诸善的一种，而最高的善是幸福或人的兴旺发达（eudaimonia）。这样，对一个有

---

① Slote，M.（1995）. Agent-Based Virtue Ethics. *Midwest Studies in Philosophy*，20（1），83-101.

② Slote，M.（1992）. *From Morality to Virtue*. Oxford：Oxford University Press，p.89.

美德的人的品格特质的评价要以是否实现了人的幸福或兴旺发达为最终标准。因此，对于有美德的个人的品格特征或动机的评价与人的幸福或兴旺发达的这种关联，极易导致对某种"后果主义"的评价。[①] 在斯洛特看来，这种对亚里士多德伦理学的标准阐释似乎可以清晰地说明，要寻找某种更加纯洁的美德伦理学就无法将美德伦理学完全建基于亚里士多德伦理学之上。[②] 另一方面，当代美德伦理学的辩护者们的大部分努力集中在对具体的美德及其关系的研究上，并且尝试为美德是什么、一种具体的美德是什么提供一般性的解释，除此之外并没有为美德伦理学在学理上提供独特性的辩护。[③] 因此，与安斯库姆一样，斯洛特在一篇回应批评者的文章结尾处断言："在后维多利亚时代或后基督教时代的美德伦理学，不能简单地回归到亚里士多德伦理学，（因为）亚里士多德所生活的世界和我们所生活的世界是如此不同。我应该运用从亚里士多德伦理学中学到的东西去创造一种与之完全不同的美德伦理学的现代形式。"[④] 斯洛特将他在《从道德到美德》《由动机产生的道德》等一系列作品中创造的这种美德伦理学的现代形式称之为"基于行动者的美德伦理学"，特别是《从道德到美德》这本书被认为是西方哲学中系统地建构现代美德伦理学的首部作品。[⑤] 斯洛特声称，"基于行动者的美德伦理学"使得一个行动既不依赖于亚里士多德那种诉诸作为后果的幸福的美德概念，也可以不受康德义务论中法则概念的约束，将

---

① Baron, M. W., Pettit, P., & Slote, M.（1997）. *Three Methods of Ethics：A Debate*. Blackwell，pp.207-209.

② Slote，M.（2001）. *Morals from Motives*. Oxford：Oxford University Press，p.5.

③ Slote，M.（1992）. *From Morality to Virtue*. Oxford：Oxford University Press，p. 87.

④ Slote，M.（1994）. Reply to Commentators. *Philosophy and Phenomenological Research*，54（3），709-719.

⑤ Hursthouse，R.（1999）. *On Virtue Ethics*. Oxford：Oxford University Press，p.5.

行动的道德或伦理状态[①]完全视为一个有美德的行动者的内在品格特质和动机所派生出来的，而有美德的行动者的内在的品格特质和动机本身在直觉上就是值得赞扬的。正如他在《由动机产生的道德》中论述的那样，每一个道德理论都必须有一个出发点，而"基于行动者的美德伦理学"的出发点便是那些本身在直觉上是善的、值得赞扬的仁爱或关怀等动机，这些动机具有根基性的特点，因而除此之外，"基于行动者的美德伦理学"无须进一步的道德基础。[②]不同于亚里士多德，斯洛特所谓的作为美德的动机是一个总体性的概念，不意味着每一种不同的美德有不同的动机，即"特殊动机"（particular motives），而是他所谓的"动机"是作为总体美德的"总体动机"（total or overall motives），用斯洛特的话来说，这一总体的动机便是"普遍的仁爱"（universal benevolence）和"关怀"（care）。[③]亚里士多德的伦理学中包含了多种道德美德和理智美德，并认为个体面对不同的道德境遇时会根据不同的美德做出适宜的行动。但是，斯洛特并没有向人们说明，为何在众多的美德之中只选择了"普遍的仁爱"和"关怀"，也没有说明这两个概念是否足以代表所有其他美德或者它们本身是否就是总体的美德。即便我们认同，"普遍的仁爱"和"关怀"是总体的美德，这样总体的美德在如何指导人们行动的问题上，又回到了我们在第二章所讨论的问题上：美德本身不足以为人们提供正当行动的根据。毋宁说，即便是出于"普遍的仁爱"和"关怀"而行动的，"好心办坏事"这样的情况也是难以

---

①　尽管与赫斯特豪斯借助于规范伦理学的基本概念和解释框架为美德伦理学的辩护方式不同，但为了避免使用义务论道德哲学的"正当行动"或"行动的正当性"这样的概念，斯洛特行文中尽量使用"行动的道德或伦理状态"这样的词，但是如果把《由动机产生的道德》整本书作为考察对象，他还是使用了诸如"实践理性"这样的义务论道德哲学的概念来为美德伦理学关于行动的必然性进行辩护。

②　Slote，M.（2001）Momls from Motives. Oxford：Oxford University Press，p.18.

③　Slote，M.（2001）Momls from Motives. Oxford：Oxford University Press，pp.32–33.

避免的。① 斯托克（Michael Stocker）更是直言不讳地批评道，与其讨论作为总体美德的总体动机，不如认真考虑一下是否不同的美德依赖不同的境遇，如不同的社会和不同的人，从而找出每一种美德发挥作用的心理机制，而仅仅向人们反复强调诸如"普遍的仁爱"是令人敬佩的品质或动机是不够的。② 如果这样的批评是合理的，那么斯洛特的"基于行动者的美德伦理学"的辩护似乎又不得不回到他本想努力回避的亚里士多德伦理学体系中了。

如果说第一个批评主要是通过评估斯洛特"基于行动者的美德伦理学"与亚里士多德伦理学的关系而给出的，那么，第二个批评将引向我们评估它与义务论道德哲学的关系。斯洛特在很早的一篇论文《道德与自我－他者的不对称》及其专著《从道德到美德》中曾经专门讨论了自我与他者的关系，但是与我们本研究要回应的问题截然相反。在斯洛特看来，以往的道德理论，特别是功利主义、义务论和日常道德，都毫无例外地片面强调行动者对他者利益的关心，而对行动者自身的利益关心不够，甚至要求做出自我牺牲，这样的道德理论贬损了行动者自身的价值和地位，形成了"自我—他者的不对称性"（self-other asymmetry）。③ 斯洛特直言不讳地声称："根据康德的观点，我们有'义务'去促进（benefit or contribute）他者的幸福，却没有同样的'义务'来寻求自我的幸福或福祉（well-being）。我们有职责去发展我们的自然禀赋，但除非有必要履行这些其他义务，否则我们没有道德理由去让自己幸福或生活的好。"④ 如果康德的义务论道德哲学无法满足一个好的道德理论所要求的"自我—他者的对称性"，如果美德

① 李义天. 基于行为者的美德伦理学可靠吗？——对迈克尔·斯洛特的分析与批评 [J]. 哲学研究，2009（10）：82-89.

② Stocker, M.（1994）. Self-Other Asymmetries and Virtue Theory. *Philosophy and Phenomenological Research*，54（3），689-694.

③ Slote, M.（1984）. Morality and Self-Other Asymmetry. *The Journal of Philosophy*，81（4），179-192.

④ Slote, M.（1992）. *From Morality to Virtue*. Oxford：Oxford University Press，p.11.

伦理学可以避免这一不足，那么美德伦理学便可以为我们的道德生活提供更好的解释。[①]然而，"自我—他者的对称性"是否是一个评价道德理论好坏的标准？康德的义务论是否因为不能满足这一标准而被认为是一个不好的道德理论？日常道德告诉我们，即便我是一个不懂得任何道德哲学的人，当我们面临道德困境时，我们的道德推理总是会将我们自己的处境以及我们的行动会对自己造成何种影响进行优先考虑。在人们的日常生活中，我们见到的更多的是关于自私的例子，而不是利他的例子。当我们考虑到人们生活中那些楷模或英雄人物是如此之少，以至于一旦有这样的事迹，便会成我们学习的榜样的时候，我们就会对斯洛特为什么这么强调行动者自身的利益和价值感到困惑。因此，斯洛特的"自我—他者的对称性"要求既不符合我们的道德直觉，也不是经验事实的常态。这一要求似乎并不是评价道德理论的一个合理标准。康德在《道德形而上学奠基》中更加深刻地阐释了这一点：

> "然而，有一种为一切理性存在者所实际共有的目的，这一目的不仅可以被理性存在者能拥有，而且是通过自然必然性所能够实际拥有的，这个目的就是幸福。这一假言命令，即作为促进幸福之手段的实践必然性，是必然的。它不仅可以被阐明为某些不确定的、可能的目的，而且可以破阐明为每个理性存在者都可以肯定和先验的预设的目的，因为它属于理性存在者的本质。现在，选择使自己最大福祉的手段的技巧可以称为最狭义的谨慎。"[②]

在这里康德讲的"理性存在者"就是作为行动者的道德主体。在康德看来，促进自己的幸福或福祉乃属于一个理性存在者的本质，是一个拥有

---

① Slote，M.（1992）. *From Morality to Virtue*. Oxford：Oxford University Press，p.4.

② Kant，I（author）；Wood，A. W（trans.）.（2018）. Groundwork for the Metaphysics of Morals. Yale University Press，pp.29–30.

正常理性的人的纯粹自然倾向。因此，如果每个理性存在者都可以在没有任何"自我—他者对称性"要求的道德理论的指导下便可以去捍卫和追求自身的幸福或福祉。那么，一个理想的道德理论何须再去强调"自我—他者对称性"要求呢？所以，对康德来说，一个理想的道德理论恰恰不应该再去规范或约束一个行动者对自身幸福或福祉的关注，而应该为"自我对他者"的行动的约束力或根据提供有说服力的解释。然而，斯洛特可能仍然认为，康德义务论道德哲学中的"义务""职责"等概念只适用于行动者不情愿接受某种目的的情况，却反对自身的关照，对行动者"自我牺牲"的要求确实过高了。① 斯洛特的这一评论部分是正确的。当康德讲"义务"和"职责"时，确实意味着自我对他者行动的义务或职责，而不是对自己的义务或职责，因为，"追求"自我的幸福与福祉乃是自然而然的事情。因此，自我对他者的"义务"和"职责"往往意味着行动者不情愿行动的情况。但对康德来说，恰恰是因为一个行动者出于对道德法则的敬畏从而做出了对他者本来不愿意做出的行动，这一行动才具有道德价值。可是，康德的义务论道德哲学是否是一个对行动者要求过高的理论呢？事实上，康德在《道德形而上学奠基》和《道德形而上学》中区分了两种职责，即完善职责（perfect duties）和不完善职责（imperfect duties）。② 完善职责指的是那些人们必须做的事情，如不可撒谎、不可杀人、不可自杀；而不完善职责指的是那些人们不应忽视，并可采取多种方式实现的那些目的，如一个理性存在者的自我实现以及帮助他者。作为不完善职责的帮助他者就属于斯洛特批评康德对行动者要求过高的那一部分。在康德那里，帮助他者是一种不完善职责，也就是说，一个理性存在者是不是要亲自帮助处于困

---

① Slote，M.（1992）. *From Morality to Virtue*. Oxford：Oxford University Press，p.45.

② Kant，I（author）；Gregor，M.（trans.）.（1997）. *Groundwork of the Metaphysics of Morals*. Cambridge：Cambridge University Press，pp.31-32；Kant，I（author）；Gregor，M.（trans.）.（1991）. Doctrine of the Elements of Ethics. In *The Metaphysics of Morals*. Cambridge：Cambridge University Press，pp.214-261.

境中的人以及如何帮助他脱离困境，要视具体情况而定。例如，我路过河边时，见到有人溺水，但我不会游泳，也无法确定自己能否施救成功。这种情况下，斯洛特可能会说，按照康德的义务论道德哲学，我应该去施救，而不管后果如何。这对斯洛特来说，是一个过高的要求，如果考虑到可能的不幸的后果的话。但是，康德的不完善责任意味着，考虑到不会游泳，施救可能没有办法帮助他，而且我们俩都可能会溺亡，那么我应该立即采取别的施救方式，如大声呼喊附近的人来施救，或者打电话请人来施救等。因此，斯洛特批评康德的义务论道德哲学对行动者的要求过高，显然是不合理的。基于这种不合理的批评，来建构一个他认为是符合"自我—他者对称性"要求的美德伦理学就可能是不合理的。

　　事实上，不管康德的义务论道德哲学是否符合"自我—他者对称性"要求，都不影响美德伦理学可能是一个符合"自我—他者对称性"要求的理论。因此，斯洛特的这一批评至少对于他的建构新理论这一任务来说，并不是必要的。然而，罗伯特·鲁顿（Robert B. Louden）一语道出斯洛特这么做的原因：现代美德伦理学乃是随着对规范伦理学的批判而兴起的，这一背景决定了美德伦理学主要是通过与规范伦理学的相异或相反来确证自己的身份的。① 因此，退一步讲，即便我们认为康德义务论道德哲学就如斯洛特期待的那样并不能满足"自我—他者对称性"要求，那么美德伦理学就是一个可欲的和完整的道德理论吗？正如我们在第二章所批评的那样，基于美德的解释恰恰很容易便可以满足一个道德理论对行动者自身幸福或福祉的足够的关照，但它的缺陷却在于它无法为"自我对他者"行动的根据——用康德的话来说，就是自我对他者的义务和职责——提供有说服力的解释。不仅如此，斯洛特的"基于行动者的美德伦理学"不仅可能无法很好地关照"他者"的幸福或福祉，我们还有足够的理由来怀疑，它对行动者自身幸福或福祉的过度关照，最终是否会滑向了伦理利己主义（ethical

---

① Louden, R. B.（1984）. On Some Vices of Virtue Ethics. *American Philosophical Quarterly*, 21（3），227–236.

egoism）或者他所批判的功利主义或后果主义。至少，我们不清楚的是，在斯洛特的理论框架中，有什么东西可以约束这种可能出现的对行动者自身幸福或福祉的过度关照，或者通过有效地约束以实现"自我—他者"的平衡或对称。如果说，康德的义务论道德哲学的"自我—他者不对称性"体现在对行动者自身要求过高，那么，"基于行动者的美德伦理学"也完全可能会出现纠偏过度，使他这一理论对"他者"的关照不足。因此，斯洛特基于"自我—他者不对称性"的要求来批评康德义务论道德哲学可能不仅是不合理的，而且对他建构新理论的任务来说，也未必是一个很可靠的基础。

我们再来看对"基于行动者的美德伦理学"的第三个批评，即对"动机的评价"的批评，这一批评主要是由罗蒙·达斯（Ramon Das）提出的。达斯认为，从日常道德来看，对正当的行动和出于正当动机的正当行动的区分是有重要意义的。然而，斯洛特的"基于行动者的美德伦理学"却无法对这两者做出有效的区分。达斯举了两个例子：①

案例1：一位男士和一位带孩子的女士约会，这位男士跳进游泳池去救那位女士的快要被淹死的孩子。他对这个孩子一点儿也不在乎，他救孩子的动机完全是为了给该女士留下深刻的印象，以便可以借此实现（让我们假设）和那位女士上床。

案例2：一位年轻女士放弃了她中午例行在公园愉快散步的机会，答应和她最近刚成为寡妇且很孤独的姑妈共进午餐。她极其讨厌陪伴她的姑妈，并且对她的姑妈没有一点儿感情。她的动机至多只能说她仅仅是出于义务——在康德意义上的义务——而去这么做。

———————

① Das, R.(2003). Virtue Ethics and Right Action. Australasian Journal of Philosophy, 81(3), 324–339.

　　就第一个例子来说，这位男士的动机是坏的，但他下水去救孩子的行动却与我们的道德直觉相吻合，其行动是正当的。第二个例子是人们经常遭遇的情况，这位女士决定去陪她的姑妈共进午餐完全违背了自己的真实情感，把自己的行动完全视为自己应尽的道德义务。根据斯洛特的"基于行动者的美德伦理学"，这位男士和这位女士的行动都是错的，原因是二人都不是出于好的动机做出的行动。然而，这样的论断与我们的道德直觉相冲突。因为我们不能设想，在第一个例子中，如果这位男士的动机是错的，就不应该下水救孩子；在第二个案例中，我们也无法设想，仅仅是由于这位女士对她的姑妈没有感情，就认为不应该去陪一下她处于孤独状态的姑妈。显然，如果二人没有相应地做出这样的行动，才应该是受到道德谴责的一方。不仅如此，在第二个案例中，这位女士完全出于道德义务的考量，才决定去陪她的姑妈共进午餐，这样的行动在康德看来不仅是正当的行动，而且具有真正的道德价值。因此，如果不对正当的行动和出于正当动机的正当行动做出有效的区分，那么，就可能会出现将明明是正当的行动谴责为不正当的行动。而这似乎是很好理解的。但是，斯洛特的"基于行动者的美德伦理学"以及其他美德伦理学理论可能不会支持上述看法。因为，在斯洛特看来，对动机的评价完全是独立于对行动的评价，并且是具有根基性的评价。因此，"基于行动者的美德伦理学"不会支持根据作为后果的行动来评价行动者的动机。行动者的行动完全是由其动机和品格特质派生出来的。斯洛特引用斯托克在一篇极具影响力的论文中提出的一个例子来为自己的观点进行辩护。在《现代伦理理论的精神分裂症》一文中，斯托克提出过这样的一个例子：我生病住院了，我的一个亲密的朋友来看望我，他认为他来看望我是他的职责。[①] 显然，如果我清楚地知道他是出于职责来看望我，我会觉得在情感上缺少了什么，因为我可能期待他是关心我的，并且应该是出于关心我才来看望我的。斯洛特可能会用这个例子来

---

　　① Stocker, M.（1976）. The Schizophrenia of Modern Ethical Theories. *Journal of Philosophy*, 73（14）, 453–466.

说明，义务论道德哲学的这些概念不仅应该抛弃，而且"基于行动者的美德伦理学"建基于行动者的动机基础上是正确的。但问题可能是：（1）如果我并不清楚我的朋友出于什么动机来看望我，但他毕竟来看望我了，我需要追问他来看望我的真实动机吗？（2）在我们的关系上，也许我单方面觉得他是我的好朋友，但他可能觉得我仅仅是他的一个普普通通的朋友，他觉得仅仅是出于职责、而不是出于关怀的动机来看望我，难道这样的行动是不正当的吗？（3）在斯托克的这个例子当中，不管我们各自单方面觉得我们是什么样的朋友关系，但毕竟我们是熟人关系，如果在熟人关系中，我可以合理期待对方的关怀的话，那么在陌生人社会中，当我处于困境时，我还可以合理期待被陌生的他者给予关怀吗？很明显的是，在一个陌生人社会中，当我处于困境时，我期待陌生的他者能够出于义务或职责而施救、而不是关怀我而施救才是合理的事实。毕竟，在陌生人社会中，关怀和被关怀的有效关系的建立，比熟人社会难度大多了。因此，相对于义务论道德哲学的道德要求来说，在陌生人社会中，"基于行动者的美德伦理学"所主张的期待陌生的他者出于仁爱和关怀而行动实际上是一个更高的道德要求，因而也更加难以企及。

但是，即便我们不再坚持对正当行动和出于正当动机的正当行动做出区分，并且能够接受对动机评价的独立性和根基性的观点，斯洛特的"基于行动者的美德伦理学"仍然会陷入自相矛盾之中。按照斯洛特的这一观点，对行动的评价完全是派生性的，也就是说，一个行动是什么样的伦理地位完全是由行动者的内在动机或品格特质决定的。换言之，行动者的动机是与行动本身有着必然的联系。例如，一个行动者出于仁爱之动机做出的行动就是仁爱的行动，而这一行动因为是出于仁爱之动机做出的，因此是正当的。在斯洛特看来，仁爱是可欲的正当动机，一个拥有仁爱之动机的行动者会去发现哪些人需要帮助，以及在何种程度上帮助这些人。[①] 这说

---

① Slote，M.（2001）*Morals from Motives*. Oxford：Oxford University Press，p.16.

明，拥有仁爱之动机的行动者会对外部世界保持关注。虽然一个行动者无法任意改变其动机，但是斯洛特指出，一个拥有仁爱之心的行动者仍然具有可以选择反映或者不反映仁爱之动机的行动的能力。[①] 如果一个拥有仁爱之动机的行动者，面对一个丰裕的外部世界，没有人需要帮助，那么这个行动者可以选择不反映仁爱之动机的行动。然而，这和"基于行动者的美德伦理学"所强调的观点——即行动者的行动完全派生于其内在的动机或品格特质——是矛盾的。因为，如果这一断言是正确的，那么，这个行动者拥有仁爱之动机，他的行动必然是出于仁爱之动机做出的，因而是正当的。反过来，如果一个行动者的外显的行动——例如，前面两个例子中下水救孩子的男士的行动和陪姑妈共进午餐的女士的行动——是正当的行动，那么根据这一断言，他 / 她们的动机必然是出于仁爱之心或出于关怀之情的。然而，事实却并非如此。因此，在达斯看来，斯洛特的"基于行动者的美德伦理学"在以下问题上是难以理解的：一个行动者是如何在提出对什么是仁爱的倾向的解释的同时却坚持对仁爱的评价是完全独立于对行动的评价的。[②] 另一方面，即便我们不去质疑"基于行动者的美德伦理学"中的结构性矛盾，这一理论所主张的"正当的动机决定正当的行动"的观点，也是无法接受的。例如，我深爱我的孩子，我由于这种深爱之情而对孩子进行了过分干预，以至于她 / 他的身心难以承受我给她 / 他的这种压力，而我却对这样的严重情况可能一无所知。在这个例子中，毫无疑问，我的动机是正当的，但是出于这样的好的动机做出的行动未必是可以接受的，甚至是给孩子带来身心伤害的行动。这就是常说的"好心办坏事"的例子。显然，如果必须将"基于行动者的美德伦理学"建基于内在动机，那么，就需要一种关于动机的进一步解释。即便斯洛特愿意接受这一合理批评，进一步发展出对动机的某种合理解释，这一解释也很可能依赖于某种行动者本身

---

① Slote，M.（2001）. *Morals from Motives*. Oxford：Oxford University Press，pp.16–17.

② Das，R.（2003）. Virtue Ethics and Right Action.*Australasian Journal of Philosophy*，81（3），324–339.

以外的标准，而这种做法却偏离了"基于行动者的美德伦理学"完全建基于行动者本身的初衷。如果这一推断是合理的，那么，"基于行动者的美德伦理学"就是一种自败的（self-defeat）理论。

为了避免来自义务论道德哲学的上述批评，另一位美德伦理学家也做出了新的探索。克里斯汀·斯万顿在其论文《正当行动的一种美德伦理学解释》及其专著《以目标为中心的美德伦理学》中系统阐述了"以目标为中心的美德伦理学"（Target-centered Virtue Ethics）这一思想。斯万顿认为，美德伦理学的一个普遍的观点是强调对行动者的评价，忽略对行动本身的评价，尤其是不以"正当"或"不正当"这样的概念来评价它们。但是，正如我们在分析赫斯特豪斯和斯洛特的美德伦理学理论时所揭示的那样，在他们的理论结构中始终无法完全抛弃"正当""义务""实践理性"等概念。因此，一方面，与赫斯特豪斯一样，斯万顿试图对"正当行动"提供一种美德伦理学的解释，但又与赫斯特豪斯的"规范美德伦理学"不同，她的解释不是"出于美德而行动"；另一方面，与斯洛特一样，斯万顿试图将义务论道德哲学的某些概念（如实践理性、正当）相容于美德伦理学的理论框架之内，但又与斯洛特"基于行动者的美德伦理学"不同，她试图将行动者之外的某些因素纳入她的解释框架之中。这些行动者之外的因素被她称之为"美德目标"（targets of virtues）。那么，"美德目标"究竟指的是什么呢？在其新著《以目标为中心的美德伦理学》中，斯万顿给出了更为详细的解释：

> "塑造品格美德的特质的是由它们的目标、目的或要点（points）决定的，而不是美德拥有者的繁荣（当然，这可能也是某些美德的目标）。因此，品格美德的特质是根据其作为好人生活中的品格美德的要点或功能直接得到评估的。有些美德是以道德主体的福祉为目标的，但这绝不是美德的目标的全部内容。美德的目标还包括环境利益、社会结构、他人的利益、抚养孩子、保护和欣赏有价值的美学和文化物品、生产力等。使这些特征成为

美德的因素是直接由这些美德的要点和功能决定的，不是那些至少部分地构成或特征性地促进了道德主体的繁荣所决定的。"①

　　不同于亚里士多德的伦理学，也不同于当代的新亚里士多德主义者，斯万顿区分了美德的两种目标，即作为使人兴旺发达的美德概念和作为拥有其他客观目标的美德概念。② 其中，作为使人兴旺发达的美德概念是亚里士多德的伦理学和当代新亚里士多德主义者所共同持有的概念，即美德的目标是促进人的幸福或兴旺发达。但是，这在斯万顿看来，道德主体的幸福或兴旺发达这样的目标主观性太强，以至于对这一目标很难评估，因为构成一个人的幸福或兴旺发达的东西在不同时间、不同地方可能是很不相同的。因此，把"美德使人兴旺发达"作为美德的目标容易招致理论对手的批评，只要我们回忆一下赫斯特豪斯所受的批评，我们就会拒绝把它作为美德的目标。但是斯万顿并未完全拒绝这一目标，而是有策略地声称，"美德使人兴旺发达"可以作为美德的目标，但并非美德的目标的全部内容，甚至不是美德的主要目标。斯万顿列出了美德的目标的其他内容，如环境利益、社会结构、他人的利益、抚养孩子、保护和欣赏有价值的美学和文化物品、生产力等。与"美德使人兴旺发达"这一主观目标相比，这些目标显然具有相对的客观性。因而，在斯万顿看来，她提出的"以目标为中心的美德伦理学"不仅可以满足对美德评价的客观性，而且可以避免来自义务论道德哲学对她提出的类似于"不好评价""不易把握"的理论缺陷。乍看起来，斯万顿对美德伦理学的解释具有两个吸引力：第一，这一解释避免了赫斯特豪斯"规范美德伦理学"所受到的批评，因为"规范美德伦理学"对正当行动的解释需要借助于行动者的"出于美德而行动"的

---

① Swanton，C.（2021）. *Target Centred Virtue Ethics*. Oxford：Oxford University Press，pp.133-134.

② Swanton，C.（2018）. Eudaimonistic versus Target Centred Virtue Ethics. *Teoria. Rivista di filosofia*，38（2），43-53.

方式，而如果"出于美德而行动"就是为了促进人的兴旺发达而行动，那么，究竟什么是人的兴旺发达又面临进一步解释的难题。斯万顿的"以目标为中心的美德伦理学"所提出的美德的其他目标即便不需要进一步的解释，也可以得到恰当的和准确的理解；第二，斯万顿的解释避免了斯洛特"基于行动者的美德伦理学"所受到的批评，由于"基于行动者的美德伦理学"坚持正当行动完全派生于行动者的内在动机，而如果对这一动机没有一个合理的和客观的解释，那么，"基于行动者的美德伦理学"的"正当行动"的概念就无法得到理解。然而，斯万顿的"以目标为中心的美德伦理学"所提出的美德的其他目标都是客观存在的，因而可以作为一个评价行动正当与否的客观标准。但是，"以目标为中心的美德伦理学"却不可避免地滑向了美德伦理学所批判的后果主义伦理学，正如斯万顿自己所坦率承认的那样，她在《正当行动的一种美德伦理学解释》一文中这样写道：

> 我特别想表明，美德伦理学可以提供一种与行为后果主义具有某些结构相似性的正当的标准（criterion of rightness），包括：（1）正当的标准提供了行动成功的解释，这一解释不能完全还原为有美德的道德主体的内在属性；（2）这样的标准使美德伦理能够区分行为的正当性（rightness of acts）、行为的可嘉性（praiseworthiness of acts）、行为的不正当性（wrongness of acts）和行为的可指责性（blameworthiness of acts）；（3）这样的标准并不等同于决策程序或指导行动的方法。[①]

斯万顿显然已经意识到"以目标为中心的美德伦理学"和后果主义的关系问题。斯万顿认为，能够将"以目标为中心的美德伦理学"和后果主

---

① Swanton, C. (2001). A Virtue Ethical Account of Right Action. Echics, 112 (1), 32-52.

义区分开来的是她的"以目标为中心的美德伦理学"不是一种决策程序或者指导行为的方法。这一辩护能够将二者区分开来吗？在斯万顿看来，一个行动者对外部世界做出反应时，也就是要对他者采取行动时，由于是这个行动者的行动恰好与美德的某个或某些目标相符合，而不是这个行动者首先考虑到了要实现某个或某些美德的目标再去采取行动，那么，这个行动者的行动就可以成功地避免后果主义的推理。但是，行动者的行动符合美德的目标与行动者出于美德的目标而行动能够进行合理的区分吗？正如我们在第二章所揭示的那样，美德发挥作用的机制，要么在行动者的内部就好像存在一个"美德司令官"一样对行动者发号施令，要么行动者就需要借助于对后果的考量，即便这些后果都是适宜的、恰当的和善的后果。也就是说，即便在某些人那里，行动者的行动符合美德的目标与行动者出于美德的目标而行动可以得到有效区分，能够拒斥出于美德的目标而行动，然而对于更多的人来说，他们的行动也将不可避免地滑向了后果主义的道德推理。

因此，如果斯万顿的"以目标为中心的美德伦理学"无法阻止这一解释滑向后果主义，那么她就无法从她所批判的后果主义等理论中确立自己的美德伦理学身份。

3.4　美德伦理学是一个完整的道德理论吗？

通过前面对亚里士多德伦理学和现代美德伦理学较为详细的批判性的考察，美德伦理学似乎留给我们一个问题：美德伦理学是一个完整的道德理论吗？

美德伦理学内部流派对此回应纷繁复杂。例如，有的理论声称要彻底抛弃来自义务论道德哲学的核心概念，但是正如我们前面分析的那样，如果这一目标能够被安斯库姆成功地实现，她就需要完成两个转换：第一个是道德判断的转换，即将义务论道德哲学中判断行动是"道德上对与错"

转换为判断一个人是"好与坏";第二个是由"标准"（法则）向"功能"的转换，即由义务论道德哲学中规定的一个人行动所依据的标准（法则）转换为一个人行动的"功能"。正如我们给出的批判性分析，这两个转换都是不可能完成的。也有的理论声称要把构建一种纯粹的美德伦理学作为目标，只有当斯洛特对内在动机做出更加令人信服的解释的前提下，这一目标才能够实现。但遗憾的是，"基于行动者的美德伦理学"这种完全建基于内在动机上的解释，要么会导致其理论内部无法自洽，要么是回到循环论证的问题上。在美德伦理学内部，更多的理论家诉诸将义务论道德哲学所提供的解释框架和核心概念来为正当行动提供一种美德伦理学的独特解释。但同样遗憾的是，这些新的解释要么可能会导致不可避免地滑向后果主义，要么这一解释会消融在义务论、功利主义的解释框架之中，而最终失去美德伦理学的理论特色。雷切尔斯在评论美德伦理学时，对"为什么美德伦理学不是一个完整的道德理论"给出了三个理由：第一，美德伦理学无法为自身理论体系提供所必需的所有事情，包括美德及其关系和运行机制等；第二，美德伦理学不能解释美德的性质，尤其不能解释在什么时候该运用何种美德；第三，美德伦理学无法帮助我们处理道德冲突。[1]雷切尔斯在《道德哲学原理》一书更早期的一个版本中，还提出了如下洞见：

> "假定你是一个立法者，必须决定如何分配医学研究基金，但没有足够的钱用于所有的医学研究项目，你必须决定是将资源投入艾滋病研究还是其他值得的研究项目中。并且假设，在这种情况下，你的决定最好能使大多数人从中受益。那么，是否存在与做这件事的倾向相匹配的美德呢？如果有，也许它应该被叫作像功利主义者那样行动。或者回到（前述）道德冲突的例子，有没

---

① Rachels, J., & Rachels, S.（2018）. *The Elements of Moral Philosophy*（Nineth Edition）. McGraw-Hill Education，pp.182-184.

有一种美德与能被援引用来解决美德之间的冲突的原则相关联？如果有，也许它是"智慧"这一美德——这种美德是一种能计算出并且做总体上最好的事的能力。但这就葬送了这场较量，如果我们只是为了使所有道德决定的做出都适合于我们认为的更可取的框架而提出这样的"美德"，那么，我们虽然挽救了激进的美德伦理学，却以放弃其关键思想为代价。"①

由此看来，美德伦理学想要通过为自身辩护而成为一种可以与义务论、功利主义互竞的理论类型，在今天看来，仍然是一条坎坷之路，且充满争议。②但是，美德伦理学所提供的关于"善"的解释——例如关于美德、幸福、兴旺发达以及实践智慧等概念的解释——仍然是其最大的理论贡献。一种合理的道德理论应当同时包含对关于"正当"与"善"的合理解释，如果美德伦理学努力将"正当"的解释合理融入"善"的理论框架的尝试并不成功，我们就有理由去尝试另外一个相反的思路，即把美德伦理学关于"善"的合理解释引入"正当"的理论框架之中。③如果这种认识是合理的，那么，我们就不可避免地被引向了美德伦理学的一个主要的批评者，即义务论道德哲学。

我们将在接下来的讨论中考察义务论道德哲学的两种进路，一种是以康德为代表的先验论进路，另一种是以罗尔斯和斯坎伦为代表的契约论进路。鉴于我们在第二章和第三章已经或多或少地论及了义务论与亚里士多德伦理学和现代美德伦理学之间的辩驳，我们在第四章和第五章中将集

---

① Rachels, J. (2003) *The Elements of Moral Philosophy* (Fourth Edition). McGraw-Hill Education, p.190.

② Nussbaum, M. C. (1999). Virtue Ethics: A Misleading Category? *The Journal of Ethics*, 3 (3), 163–201.

③ Rachels, J. (2003) *The Elements of Moral Philosophy* (Fourth Edition). McGraw-Hill Education, pp.187–188.

中考察两种义务论进路分别对"自我对他者行动的根据"提供了何种解释以及行动的根据与行动的必然性的关联，义务论的两种进路分别是如何将"善"的理论合理纳入义务论解释框架中的，并分析契约论的义务论是如何修正了先验论的义务论关于"正当行动稳定性"的解释。基于第二章至第五章的论证，我们将提出一种包容性的道德理论和道德教育理论。

第 4 章

道德教育的正当之维：先验论

前面的论证我们旨在阐明，道德教育的美德进路无法基于善的理论为处理自我与他者的伦理关系提供确定不移的根据，也无力解释人们凭借此根据而行动的动力何在。不仅如此，现代美德伦理的辩护者和支持者对古典美德伦理所做的修正，至少目前来看，仍不能做到这一点。但是，我们认为，这些辩护者和支持者所努力的方向，即试图为正当行动相容于美德伦理提供合理的辩护，恰恰说明这样一个重要的道理：处理自我与他者的伦理关系需要对"行动"本身、而不是对"行动者"本身提供合理的解释。对行动进行解释的恰当维度，正如他们已经所做的那样，是"正当"的维度，而不是"善"的维度。在本章中，我们将详细讨论为"行动"本身是否合乎道德做出经典辩护的义务论道德哲学。在义务论道德哲学的支持者和辩护者看来，"自我对他者的行动是否正当"这一问题是不依赖于"善"的概念便可得到合理解释和有效说明的。然而，这一说法并不意味着"善"在义务论道德哲学中是无足轻重的。恰恰相反，如果在一个解释框架中可以同时包容"善"的概念和"正当"的概念，这样的解释框架才是一个好的、包容性的解释框架。那么，在义务论道德哲学中，"善"和"正当"的关系究竟是怎样的？让我们从义务论道德哲学的逻辑起点——什么是道德的至上原则（supreme principles of morality）——开始谈起。

4.1　由理性产生的道德

道德究竟从何而来？自我对他者（尤其是陌生他者）行动的根据是什么？当人们已经清楚了这些根据，人们为什么一定会做出这样的行动？这些问题是我们在本研究中要回答的几个主要的理论问题。通过前面两章对亚里士多德伦理学和现代美德伦理学的考察，我们已经清楚，他们对第一个问题的回答是一致的，即"道德来源于美德"或"道德即美德"。①在此，我将忽略这一答案与亚里士多德伦理学和现代美德伦理学之间可能存在的差异，粗略地将"道德来源于美德"视为亚里士多德伦理学提供的答案，而将"道德即美德"视为"由动机产生的道德"所提供的答案。

这两种答案是有区别的。"道德来源于美德"表达的是，一个行动是否是道德的要求取决于这一行动本身是否符合美德的要求，也就是说只有合乎美德的行动（actions according to virtues）才是道德的。那么，要看一个行动是否合乎美德，就必然不会从"行动"的内部、而是从"行动"的外部来寻找判断行动的根据。而从"行动"的外部来看根据或标准的话，根据亚里士多德伦理学，在诸善之中，最高的善（the highest good）也就是最高的标准。如前所述，在亚里士多德看来，最高的善也就是幸福或人的

---

①　实际上，这样的说法可能也是充满争议的。对于"美德""道德""伦理"几个术语的使用在道德哲学作品和教育学作品中，经常作为可替换的同义语使用。然而，大多数美德伦理学家不会同意将"古典伦理"说成"古典道德"；康德的作品通常被理解为"道德形而上学"，而非"伦理形而上学"，而在他的《道德形而上学》这部作品中，更是将"美德学说"（doctrine of virtue）视为其道德哲学的"伦理学"部分。因此，对于"美德""道德""伦理"几个术语的使用可能会经常引起读者的误解。我将在本书第6章第一部分详细阐述"美德""道德""伦理"之间的关系。对这几个术语做出有效的区分不仅可以帮助消除对它们的误解或歧义，更为重要的是，对它们之间的区分关系到本研究中"正当"与"善"的区分及其优先性关系。但在对这几个术语做出区分之前，我们仍然会小心地使用它们，主要把它们置于其所属的伦理学文本（text）和语境（context）中来理解和使用。

兴旺发达。也就是说，一个行动是否是道德的，最终要看这一行动是否促进了幸福或人的兴旺发达。这样的话，从对一个行动做出道德判断的程序上来讲，"道德来源于美德"或者"道德的行动是合乎美德的行动"是容易做出判断的，就是因为判断行动的根据可以被视为一个外在的标准。可是，即便我们认同古希腊社会对幸福或人的兴旺发达的看法或许是一致的，但在现代人看来，尤其是在多元文化主义社会中，人们对幸福或人的兴旺发这些概念的理解是众说纷纭、莫衷一是的，毋宁说"诸善的冲突"是普遍存在的。另外，"道德来源于美德"或者"道德的行动是合乎美德的行动"将判断行动是否是道德的根据置于行动之外的某种标准，这样的道德判断很可能会滑向后果主义。而事实上，亚里士多德既没有对此表达过适当的担心，也没有对如何阻止滑向后果主义提供过任何解决思路。但是，即便亚里士多德伦理学事实上是如此，我们却无法声称亚里士多德伦理学是后果主义的伦理学，因为在亚里士多德的《尼各马可伦理学》中不止一次地强调过以下主张：

> "这里的美德，我是指的品格美德（virtue of character），这些美德与情感和行动有关，而情感和行动包含着过度、不及和适度。……而在适宜的时间、关于适宜的事情、在适宜的场景、向适宜的人、出于适宜的目的、以适宜的方式（而行动），这就是适度和最佳状况，也就是美德。"①

一个人如何去把握"在适宜的时间、关于适宜的事情、在适宜的场景、向适宜的人、出于适宜的目的、以适宜的方式（而行动）"，对亚里士多德

---

① Aristotle（author）; Irwin, T.（trans.）（1999）. Nicomachean Ethics（Second Edition）. Hackett Publishing Company, Inc., p.24.

来说是一个综合的问题，这也是亚里士多德引入"实践智慧"（Phronesis）^①这一概念的主要考虑。一个拥有实践智慧的人可以把握什么是"在适宜的时间、关于适宜的事情、在适宜的场景、向适宜的人、出于适宜的目的、以适宜的方式（而行动）"的问题，而这种把握很可能是要诉诸一个人的经验、情感和理性的。因此，对亚里士多德的解读应是多个面向的。这也是亚里士多德的当代支持者和辩护者在阐释亚里士多德伦理学时存在许多根本不同方向的原因。如同斯万顿所做的工作，她在对美德伦理的后果主义解释上做出了贡献，却可能滑向她所批评的后果主义伦理学。

美德伦理学的另一个努力方向是"美德即道德"，也就是前面论述中关于斯洛特的"由动机产生的道德"这一部分。"美德即道德"表达的是，一个行动如果是有美德的就是道德的；而这个行动是否是有美德的，则要看这一行动是否是"出于美德而行动"（action from virtues）的^②。斯洛特的作为动机的美德主要是指的"普遍的仁爱"和"关怀"。也就是说，那些出于"普遍的仁爱"或"关怀"而做出的行动自然而然就是有美德的，因而是道德的。一方面，"普遍的仁爱"和"关怀"是一个行动者的动机，行动者的行动完全是由这些动机派生出来的，而不是由于外在于行动者的某些原因导致的。另一方面，作为动机的"普遍的仁爱"和"关怀"既是情感，又是美德。然而，斯洛特主要是以美德的进路、而不是情感主义的进路为

---

① 根据 Jana Noel 的解释，Phronesis 一词在英语世界被翻译为多个术语，包括实践推理（practical reasoning）、实践智慧（practical wisdom）、道德辨识（moral discernment）、道德洞察（moral insight）和审慎（prudence）等。这些不同的译法反映了不同的道德哲学家对Phronesis 一词所可能包含的不同方面的强调。在本研究中，考虑到 Phronesis 一词内涵的丰富性，我们把它译为"实践智慧"，包含经验、情感和理性等含义。要进一步理解对 Phronesis这一概念的讨论，可参考：Noel，J.（1999）. On the Varieties of Phronesis. *Educational Philosophy and Theory*，31（3），273–289.

② Audi，R.（1995）. Acting from virtue. *Mind*，104（415），449–471.

"普遍的仁爱"和"关怀"进行辩护的。^① 这种辩护的进路有几个明显的优势。第一，把自我对他者行动的根据置于行动者的内部，也就是将行动视为完全是由行动者的内在动机派生的，这样就可以避免亚里士多德伦理学可能存在的后果主义解释；第二，"普遍的仁爱"和"关怀"作为动机可以对行动者行动的必然性给出很好的解释，因为行动者知道该如何行动和这个行动者为什么一定去付诸行动不是一回事；第三，不以情感主义的进路为"普遍的仁爱"和"关怀"进行辩护还可以避免人们对休谟的动机理论的（The Humean Theory of Motivation）^② 类似批评。休谟在《人性论》第二卷"论情感"中给出了如下著名的论断：

> "理性（reason）^③ 是，而且只应该是激情的奴隶，它除了服务和服从激情外，永远不能假装任何其他职务。"^④

如果说，在亚里士多德伦理学中，某种合理的解释仍然可以包容理性，甚至有可能主要借助于理性来解释行动的话，那么在休谟这里"理性"则完全是激情的奴隶，不可能独自在道德主体的行动中发挥作用。在休谟的情感主义动机理论中，理性可以发挥作用的途径是：

> "已经观察到，在严格和哲学意义上，理性只能通过两种方式对我们的行为产生影响：要么通过告知我们存在某种作为它的适

---

① 陈欢，章含舟．为什么关系无法为关怀伦理学奠基？——基于诺丁斯与斯洛特之争而展开的讨论［J］．哲学评论，2019（01）：70-89.

② Smith，M.（1987）. The Humean Theory of Motivation. *Mind*，XCVI（381），36-61.

③ Reason 作为名词有时候翻译为理性，有时候也翻译为理由；作为动词一般译为推理。Reason 作为理性指的是道德主体的一种实践推理能力，也就是说给道德主体提供了行动的理由或原因，理性和理由是一致的。

④ Hume，David（author）；Selby-Bigge，L. A.（eds.）.（1978）. *A Treatise of Human Nature*（Second Edition）. Oxford：Oxford University Press，p.415.

当对象的东西来激发激情；要么当它发现因果关系时，为我们提供施展任何激情的手段。"①

正如大卫·维勒曼（J. David Velleman）所分析的那样，假设某人做某事的理由（reasons）一定是基于这一考量（considerations）：即，如果做这件事可以给他带来理性的愉悦（entertain rationally），便会影响他去做这件事；并且假设能够影响某人采取行动的唯一考量是那些将其表示为实现他想要的东西的方式，或者一旦获知其可实现性（attainability）就会想要的考量。那么，这些假设加在一起似乎意味着，唯一可以作为某人行动理由的考量是对他的已有的倾向或有吸引力的考量，即他的欲望或倾向想要实现这些东西。② 然而，作为动机的激情固然可以引发行动，但是，如果人的理性没有发现激情所欲求的东西，和/或即便发现了激情所欲求的东西，可是没有对激情所欲求的东西进行可实现性的评估，那么作为动机的激情是否仍然存在，或者是都仍然欲求某些东西？斯蒂芬·达沃尔（Stephen L. Darwall）在其《无偏倚的理由》中给出了这样一个例子："对我来说，如果新鲜苹果派的香味飘过我的鼻子，我会被吸引去发现它的来源，也许我会试着弄一块吃。然而，我们并不能根据这一点就得出：在我闻到之前我就想吃它或吃任何东西。"③ 很显然，即便我们认为"有些东西没有可实现性，但有些人仍然对它们有欲望"这种情况是存在的，就如同"我仅有100美元，但我想买一套大别墅"一样；但是，人们想欲求的东西往往是以这个东西的先在为前提的。④ 例如，我不可能在30年前就欲求一个苹果品牌的

---

① Hume, David（author）; Selby-Bigge, L. A.（eds.）.（1978）*A Treatise of Human Nature*（Second Edition）. Oxford：Oxford University Press, p.459.

② Velleman, J. D.（1996）. The Possibility of Practical Reason. *Ethics*, 106（4）, 694–726.

③ Darwall, Stephen L.（1983）*Impartial Reason*. Ithaca, N.Y.：Cornell University Press, p.40.

④ 当然，这里提到的人们所欲求的东西指的是物质方面的东西，而不是指的人的思想和意识形态。

iPad。因此，我可以对休谟动机理论提出以下批评：理性事实上规定了人们欲求的东西；不仅如此，理性对于人们如何实现它也做出了限制。这一批评同样也适合于斯洛特的"由动机产生的道德"这一理论，即便他主要不是以情感主义的进路为它辩护的。例如，前面我们提到的一个例子，即一位女士纯粹出于义务看望对她来说没任何感情、但现在处于孤独状态的姑妈，如果按照休谟或斯洛特的动机理论，如果她对姑妈的情感是真实的，那么这一情感是否会成为一个道德上可以接受的动机？显然，休谟可能会说，不喜欢姑妈确实构成了一个动机。那么，在没有理性约束的情况下，这位女士因为怀有这样的动机就不去看望她的姑妈，这是道德上可以接受的吗？显然不是。也许斯洛特会说，事实上，出于"关怀"或者"普遍的仁爱"这类动机可以使这位女士去看望她的姑妈。我们并不否认斯洛特所讲的动机的作用，但是该如何解释并处理两类不同动机——关怀姑妈的动机与没有情感、不喜欢姑妈的动机——的冲突呢？显然，即便将某些情感视为美德，"出于美德的行动"不但无法化解诸动机的冲突问题，也无法解释为什么有些行动虽然看起来与我们的动机（情感）相冲突，但仍然是正当的行动，如那位女士去看望她不喜欢的姑妈。

由此看来，不管是"合乎美德的行动"还是"出于美德的行动"，这些美德伦理学的不同解释，要么不适应于现代社会的多元文化背景，要么无力化解诸动机之间的冲突，或者无法解释否定性的动机（例如，不喜欢姑妈，没有感情）与正当行动的关系。这使得我们应正视"由理性产生的道德"这一学说。

康德是第一位将"理性"抬高至无上高度的道德哲学家。在康德看来，（实践）理性不仅给出了"自我对他者行动的根据"，还进一步揭示了行动的必然性问题。康德的解释框架不仅可以有效地化解上述矛盾和冲突，更重要的是，它可以为我们提供一种包容性的解释框架，使得"正当""善"以及作为动机的"情感"相容于一个解释框架。那么，我们究竟应该如何理解"由理性产生的道德"呢？这就需要我们回到康德的《道德形而上学奠基》这部道德哲学史上最具影响力的作品。

康德的《道德形而上学奠基》这部作品出版于 1785 年，是康德早期的道德哲学作品。康德后期的道德哲学思想有所变化，但是变化的部分主要是道德哲学的伦理学部分，而非"正当性学说"部分。[1]康德的《道德形而上学奠基》属于康德道德哲学中的"正当性学说"部分。因此，康德的《道德形而上学奠基》永远都是理解康德正当性来源（或者道德的至上原则）的最好材料。他在这部作品的前言中开宗明义地提出，这本小书的主要目的是确立道德的至上原则。[2]那么，道德的至上原则从哪里来呢？为了实现这一目的，与休谟不同的是，康德不打算通过探究整个关于人性的科学来回答，康德的方法是分析性的，也就是说对那些蕴含于人们的日常道德判断中的基本原理进行分析。[3]对此，康德在《道德形而上学奠基》的前言和第一部分中写道：

> "在这里，既然我的目的自然地被引向了道德哲学，我只限于提出这样一个问题：人们是否认为拿出一部纯粹的、完全清除了一切经验的和一切属于人类学的东西的道德哲学是极其必要的？因为必须有这样一部道德哲学，在这样一部道德哲学中，责任和道德法则的概念从普通的观点来看都是自明的。……因此，义务的根据不能在人类的本性中寻找，也不能在一个人所处的外部世界中寻找，而是完全要先天地在纯粹理性的概念中去寻找。同时，任何其他单纯以经验为基础的箴言，哪怕是那些虽然看起来在某些方面是普遍的、但确是由最少经验所支持的箴言，也许它们可

---

[1] 康德道德哲学包括两大部分内容，一部分为"正当性学说"（doctrine of right），另一部分为伦理学，也就是"美德学说"（doctrine of virtue）。

[2] Kant，I.（2018）. *Groundwork for the Metaphysics of Morals*. Trans. by Allen W. Wood. New Haven：Yale University Press, p.7.

[3] Kant，I.（2018）. *Groundwork for the Metaphysics of Morals*. Trans. by Allen W. Wood. New Haven：Yale University Press, pp.7–8.

被称之为实践规则（practical rule），但永远不能被称之为道德法则（moral law）。"①

"人们难免奇怪的是，在普通人的理解中，实践判断能力竟能够远在理论判断能力之上。对于理论判断能力来说，一个普通理性如果敢于无视经验法则和感性知觉，那么它就要陷入不可知论和自相矛盾之中。……对实践判断能力而言，普通理性却只有把一切感性动机排除在实践法则之外，实践判断能力才能表现出其优越性。……值得注意的是，在对行动做公正的规定时，普通理性很有希望像一个经常自诩的哲学家那样。和一个哲学家相比，它甚至更有把握一些，因为二者掌握的法则都是一样的，但哲学家的判断反而纠缠于一大堆不相干的事情，而偏离了正确的方向。"②

罗尔斯在解读康德的这些段落时指出："我在此引用的这些段落（有删节）是为了证明，康德并非意在教导我们什么是正当的，什么是不正当的（他认为那种做法是冒昧无礼的），而是意在使我们注意到道德法则植根于我们的自由的理性之中（rooted in our free reason）。"③这一解读毫无疑问是正确的。但是，罗尔斯并没有详细说明，康德的这一论断为何与以往的道德哲学如此不同，以至于成为道德哲学中的"哥白尼式的革命"。④

首先，康德明确地、果断地拒绝了亚里士多德作为最高的善的概念，

---

① Kant, I.（2018）. *Groundwork for the Metaphysics of Morals*. Trans. by Allen W. Wood. New Haven：Yale University Press，p.5.

② Kant, I.（2018）. *Groundwork for the Metaphysics of Morals*. Trans. by Allen W. Wood. New Haven：Yale University Press，p.19.

③ Rawls, J., & Herman, B.（2000）. *Lectures on the History of Moral Philosophy*. Cambridge：Harvard University Press，p.148.

④ Kant, I.（1998）. *Critique of Pure Reason*. Trans. by Paul Guyer. Cambridge：Cambridge University Press，pp.106–124.

即将幸福或人的兴旺发达，作为道德至上法则的来源。因为在康德看来，追求幸福乃是出于人的本能，并且往往是那些不愿意让理性发挥作用的人们的某种筹划。但是，这种出于本能的、又在后天刻意谋划的意图却往往得不到真正的满足。因此，康德写道：

> "事实上我们发现，一个理性越是刻意的想得到生活上的舒适和幸福，那么这个人就越是得不到真正的满足。由此，很多人——特别是那些精于世故的人，如果他们有可能坦白承认的话，他们就会在一定程度上对理性本身产生憎恨之情。因为经过精心计算，不管他们得到多少好处……事实上他们所得到的始终成为他们的烦恼，而不是幸福。于是他们便会对人产生更多的妒忌，而不是更多的轻视。这是那些宁可服从自然本能的摆布、而不愿意让理性影响自己的行为的人的普遍心理。……在这种意见的背后，实际上包含着这样一种观点，即人们是为了更高的理想而生存，而理性的固有使命便是实现这一理想，而不是实现幸福，这一理想作为更高的条件，当然远在目的（幸福）之上。"①

因此，对康德来说，幸福作为外在的目的，是因人而异、因时因地而异的，把道德的最高原则建基于其上就是靠不住的。这样，那些关于旨在最大化自己幸福的行动的命令，都是假言命令（hypothetical imperatives），行动本身没有道德价值，而仅仅是其他目的的工具。②

人如果想要摆脱这种工具性的自我，就需要发挥人被赋予的理性的应有作用，因为理性是一种能力。康德区分了两种理性，即理论理性

---

① Kant，I.（2018）. *Groundwork for the Metaphysics of Morals*. Trans. by Allen W. Wood. New Haven：Yale University Press，p.11.

② Kant，I.（2018）. *Groundwork for the Metaphysics of Morals*. Trans. by Allen W. Wood. New Haven：Yale University Press，p.30.

（theoretical reason）和实践理性（practical reason）。前者是人的一种对客观实践的认识能力，因此，这种能力如果脱离了对经验世界的考察，要么会陷入不可知论，要么会陷入自相矛盾；实践理性是一种经过反思来解决"人应当如何行动"的能力。实践理性之所以是实践的，一方面是因为它与行动有关，另一方面，是因为它对行动自身的反思会直接导致道德主体去行动。[①] 对康德来说，道德的至上原则就来源于人的实践理性。但是，一个理性存在者的理性能力有可能是纯粹的，也有可能不是纯粹的。纯粹实践理性指的是完全脱离了经验的道德推理能力。因此，严格地说，纯粹实践理性才是道德的至上原则的最终来源。一旦道德的至上原则确立起来，自我对他者行动的根据便确立起来了。

　　但是，道德的至上原则是如何被确立起来的呢？一个人在清楚了这些原则之后，为什么必然会行动？我将在接下来的论述中阐述康德的"可普遍化公式"（Formula of Universalization，简称 FU）、"人性公式"（The Formula of Humanity as End in Itself，简称 FH）和"自主公式"（Formula of Autonomy，简称 FA）来回答上述问题。简言之，可普遍化公式为我们提供了检验一个原则是否可以成为道德法则的途径；人性公式为自我对待他者（即便是陌生他者）提供了合理的解释；自主公式则揭示了一个道德主体之所以会出于道德法则而行动，乃是因为自主公式意味着"自我立法"。

4.2　康德论正当行动

　　什么样的行动才具有道德价值（moral worth）呢？康德对这个问题的回答与以往的伦理学（尤其是经验主义伦理学）截然不同：正当的行动才具有道德价值。因为"一个行动是正当的，则根据可普遍化法则（a universal

---

　　① Wallace，R. Jay.（2020）."Practical Reason"，*The Stanford Encyclopedia of Philosophy*. Edward N. Zalta（ed.），URL=<https://plato. stanford. edu/archives/spr2020/entries/practical-reason/>.

law），当且仅当它相容于所有人的自由，或者个体的选择（choice）相容于所有人的自由"①，所以，正当的行动就是根据可普遍化的法则并出于这个理由而做出的行动。根据康德的这一定义，行动是否正当的判据同时包含以下两个方面：一是行动的根据是可普遍化法则；二是出于对可普遍化法则的敬畏而行动的必然性，亦即职责（duty）。康德将前者称为"道德的至上原则"或者"道德法则"，将后者视为行动的动机。那么，首先，这一道德的至上法则是如何被确立起来的呢？这是康德《道德形而上学奠基》这本书所要致力于回答的问题。②康德完成这一任务的基本思路可分为三个递进的步骤：（1）康德从对日常的道德意识的考察入手，认为日常的道德意识因为无时无刻不受到经验世界的干扰而无法为"最高的道德原则"提供一个可靠的基础；（2）康德诉诸一个先验的理性世界从纯粹形式（抛弃任何质料的）的层面说明"道德的至上原则"是什么，这属于"道德形而上学"的任务；（3）康德论证了那些通过纯粹形式检验的"最高的道德原则"是意志自主（autonomy of will）的主体仅凭理性就可先天地把握到的。这三个步骤构成了《道德形而上学奠基》整部作品和《实践理性批判》第一部分的主要内容。在接下来的论述中，我们详细考察康德这三个论证是否有说服力。

首先，康德在对日常道德意识的考察中，认为无论是品格论者还是经验论者将行动的根据分别交由诸如勇敢、节制等美德和同情等情感，这样的行动都是没有道德价值的。前者所主张的诸美德如果跟邪恶的意志结合起来，就会变成更加邪恶的意志。例如，一个勇敢的士兵疯狂地屠杀平民就不仅没有道德价值反而是邪恶的。后者诉诸同情等情感会使行动由于出于本能而变得偶然和随意，不可能真正为行动提供可靠的根据。因此，康

---

①　Kant.（1996）. "The Metaphysics of Morals". in Mary J.Gregor（Trans. and Ed.）. *Practical Philosophy*. New York：Cambridge University press，pp.386–387.

②　Kant.（1996）. "Groundwork of the Metaphysics of Morals". in Mary J. Gregor（Trans. and Ed.）. *Practical Philosophy*. New York：Cambridge University press，p.47.

德断言，只有善良意志（good will）才是无条件的善的。善良意志之下的行动才具有道德价值。那么，什么是善良意志呢？善良意志就是（一个具有正常理性的主体）按照道德法则而行动的能力。①换言之，意志就是这样一种能力，如果它的决定根据是道德法则，则它就是一种善良意志的能力；如果它的决定根据是道德法则以外的东西，这种意志的能力就不再是善良意志的能力。所以，现在问题的关键便是，如何确定道德法则。康德承认，在现实世界中个体的行动要受到多方面因素的诱惑，比如人的偏好或者外在的物质利益，因此人在具体道德困境下的行动就面临着多种可能性。这样，行动的稳定性和持续性就会遭受破坏。然而，依据道德法则的善良意志之下的行动却总是稳定的和持续的。这样，康德合理地声称，对日常道德意识的分析无助于为我们的意志提供一个可靠的根据（道德法则），从而无法使仅凭道德法则所决定的正当行动的稳定性成为可能，而要完成这个任务必须由通俗的道德哲学过渡到道德形而上学。②

为什么道德形而上学可以完成这一任务呢？康德受到自然科学的极大影响，他认为决定人类意志的根据，即道德法则，就是关于人类行动的道德规律。但是，对于这一规律的探索正好与探索自然规律的方式相反：自然规律是经由重复试验并通过归纳法而确立起来的，而关于人类行动的道德规律或法则是与自然世界完全不同的实践领域，实践领域中的各种感性的（或经验的）事物恰恰干扰了人们对于道德规律或道德法则的把握。因此，道德规律或法则的确立恰恰需要剥离实践领域中感性事物的干扰，并将其来源置于人的纯粹理性之下，运用演绎的方法确立起来。因而，康德一再强调：

①　Kant. (1996). "Groundwork of the Metaphysics of Morals". in Mary J. Gregor (Trans. and Ed.). *Practical Philosophy*. New York：Cambridge University press，p.66.

②　康德显然认为，他的道德哲学和他那个时代以及他之前出现过的流行的道德哲学有很大不同，这一不同主要是，康德放弃了经验主义立场，为人类行动的依据提供一个先验的道德基础。

"因此，清楚的是，绝不能将经验作为根据来推导出真正的（道德）规律来。如果这些规律都是有经验的，没有充分先天地在纯粹和实践的理性中确立起来，我们又有什么理由让那些在偶然的条件下只适用于人类的东西，当作对每一个理性存在者都适用的和都恪守的普遍规范呢？"①

这样，从理性中推导道德规律或法则，并从纯粹形式的层面加以表述，以致规定整个理性知识的范围和理性能力的限度，就是道德形而上学的任务了。

就经由理性而推导出的道德法则和一个理性存在者的意志的关系来说，前者对后者具有强制性，这种强制性被康德称为"命令"（Imperative）。康德区分了两种命令：假言命令（hypothetical Imperative）和定言命令（categorical Imperative），前者是一个理性存在者行动的实践可能性，是否行动还要看行动的后果或目的。②一般而言，经由权威、习俗所传递的很多准则（maxims）都是假言命令。例如，"年轻时应该节俭以免老无所依"，这个准则没有规定行动本身，而是指向了行动的后果，如果一个人根本就没有希望活到老或者老来贫困也能接受，那么节俭作为一个准则对行动就没有约束力了；另一方面，如果一个人年轻时节俭是为了老有所依，虽然在行动的表象上符合法则，但并非出于这个职责而行动，因而这一行动不具有道德价值。定言命令则是一个理性存在者行动的实践必然性，直接将客观的道德法则作为意志的决定根据，而不顾及行动本身会带来何种后果，因而定言命令对每个理性存在者都是普遍的、客观的和强制性的，定言命令所决定的行动就是有价值的，这样的行动就是正当行动。由此可见，定

---

① Kant.（1996）."Groundwork of the Metaphysics of Morals". in Mary J. Gregor（Trans. and Ed.）. *Practical Philosophy*. New York：Cambridge University press，pp.62-63.

② Kant.（1996）."Critique of practical reason". in Mary J. Gregor（Trans. and Ed.）. *Practical Philosophy*. New York：Cambridge University press，p.154.

言命令只有一种，可以这样表达：

> "只能按照那个你同时也能将意志作为一个普遍法则的准则来行动。"（act only in accordance with that maxim through which you can at the same time will that it become a universal law）①

这一定言命令的公式事实上没有解释行动所根据的法则的来源问题，但是它强调的是一个法则的纯粹形式问题，即用来决定一个行动的那个准则必须是一个和可普遍化的法则一样的。这样，这条决定善良意志的定言命令就演化出三个具体的公式：

> 可普遍化公式（Formula of Universalization，简称 FU）：这样行动，好像你行动的准则通过你的意志已经成为一条普遍的自然法则一样②。
>
> 人性公式（Formula of Humanity，简称 FH）：这样行动，不管是你自己的人性，还是他人的人性，总是同时被用作目的，而不是仅仅被用作手段。③
>
> 自主公式（Formula of Autonomy，简称 FA）：把每个理性存在者的意志都作为普遍立法者的意志。④

---

① Kant.（1996）. "Groundwork of the Metaphysics of Morals". in Mary J. Gregor（Trans. and Ed.）. *Practical Philosophy*. New York：Cambridge University press，p.73.

② Kant.（1996）. "Groundwork of the Metaphysics of Morals". in Mary J. Gregor（Trans. and Ed.）. *Practical Philosophy*. New York：Cambridge University press，p.73.

③ Kant.（1996）. "Groundwork of the Metaphysics of Morals". in Mary J. Gregor（Trans. and Ed.）. *Practical Philosophy*. New York：Cambridge University press，p.80.

④ Kant.（1996）. "Groundwork of the Metaphysics of Morals". in Mary J. Gregor（Trans. and Ed.）. *Practical Philosophy*. New York：Cambridge University press，p.81.

　　首先，第一个公式，即可普遍化公式，意在说明那个用来决定行动的准则如果可普遍化，则应具备什么形式。显然，康德认为，这个准则就应该像自然法则一样，如牛顿第一定律，但是它仅仅具有这样一个普遍的形式。换言之，如果一个准则可以上升为一个道德法则，那么这个道德法则应该对所有人在任何情况下都适用，否则这一准则就无法变成一个像自然法则一样的法则。例如，作为准则的"不能自杀"要上升为一个道德法则，就必须经过这样一个检验："不能自杀"能否对所有人都适用？显然，如果自杀在道德上是被允许的，则所有人都可以自杀，最后的结果是无人可以自杀，这样，自杀的准则就被消解了。因此，"不能自杀"就是一条道德法则。同样，康德也给出了另外三个例子，即做出虚假承诺、忽视一个人的才能和拒绝帮助他者，经过可普遍化公式检验之后得出，这三个准则都不是道德法则。但需要注意的是，应用可普遍化公式所进行的检验仅仅是从形式上规定何种准则可以成为一条真正的道德法则。

　　但是，仅仅用一个可普遍化公式来说明一个准则是否具有道德法则的形式可能存在缺陷。例如，我们再回到自杀这个例子，如果有人的境遇突然发生改变，使他觉得活着比结束自己的生命还痛苦，他是否可以选择自杀？或者在这样一种情况下，一个长期仅靠呼吸机来维持生命体征的病人是否可以选择自杀以便将用在自己身上的医疗资源拿出来给比自己更需要它的人？显然，很多时候人们都默许这样的做法，因为人们普遍认为这样的生活已经完全失去生命的意义。只是这一做法并不支持所有人都可以自杀，而是在类似上述困境中的人们才可以选择自杀。这个时候，似乎自杀也可以经受某种程度的可普遍化检验，这里就形成一个矛盾。矛盾的根源是，人们对生命价值存在某种实质性理解，正是这一理解构成了伦理学的实质内容。这样，第一个公式所提供的纯粹形式化检验有时会给人们在日常的道德推理中带来困惑。由此可见，可普遍化检验只是确立道德法则的必要条件，也就是说，一个真正的道德法则必定首先应该满足可普遍化检验。但是，它不是确立一个道德法则的充分条件。要确立可靠的道德法则仍需要对这一公式做出必要的补充，康德最终将目光转向了第二个公式，即"人性"以及人的尊严问题。

关于人性公式，康德首先区分了两种不同的意志的决定根据：作为具有正常理性的存在者，如果是仅仅由理性给出意志的客观决定根据，那么这个充当意志的决定根据的东西就是一个目的；相反，如果意志的决定根据仅仅包含了行动的后果，那么它就是一个手段。[①] 因此，前者是定言命令的决定根据，而后者只能是假言命令的决定根据。康德断言，如果确实存在这样一种东西，它能够自为地成为定言命令的决定根据，那么它必定是人性，即通过理性来设定目的的能力：因为"每个理性存在者都自在地作为目的而实存着，它不单纯是这个或那个意志所随意使用的手段。"[②] 换言之，因为人性始终作为每一个理性存在者的目的而不仅仅是手段，所以，每个人始终都应被当作目的本身而不能被仅仅当作手段。因此，人与人之间的关系就应该是平等基础上的相互尊重，这样每个人的尊严就得到维护。这就是第二个公式所揭示的内容，也是对可普遍化公式进行的必要的补充。

经过人性公式的补充之后，我们再来讨论康德所给出的四个例子就不会存在上述检验上的困惑了，也就是说，如果我们使用可普遍化公式检验一个准则是否是一个真正的法则时仍存困惑，那么，再使用人性公式进行检验就可以将这一困惑顺利消除了。例如，上面我们提到，自杀这一行动无论何时、在何种情景下都是自杀者把自己当作手段来对待的，即便那些生活在糟糕境遇中的人们觉得生不如死因而出于自爱原则而自愿结束自己生命的行动，都与人性公式相冲突，所以自杀不可能成为普遍的道德法则。再如，对他人说谎的做法是把他人仅仅当作自己的工具，即便那些出于善意而说谎的做法，也是如此，因而说谎不可能被普遍化为道德法则。但是，这一解释可能遭到来自美德伦理的强有力的反驳，让我们以学校情景中的

---

① Kant.（1996）．"Groundwork of the Metaphysics of Morals"．in Mary J. Gregor（Trans. and Ed.）．*Practical Philosophy*. New York：Cambridge University press，p.78.

② Kant.（1996）．"Groundwork of the Metaphysics of Morals"．in Mary J. Gregor（Trans. and Ed.）．*Practical Philosophy*. New York：Cambridge University press，p.78.

案例来说明康德所提供的解释是否能够经受得起这些反驳意见：

> 设想我有一个学生本学期选修了六门课程，这个学生已经知
> 道其中有五门课程没有及格，他心理本来就脆弱，无法接受这个
> 事实，因而痛不欲生。此时，他请求我告诉他第六门课程是否及
> 格。而我很清楚他没有及格，我该如何回答？

我们按照康德给出的解释，此时正当的行动就是如实相告。而美德伦理的支持者可能反对这一做法，对他们来说，善意的谎言是一个可接受的方案。他们给出善意的谎言可能基于两个理由：第一，如果诚实相告，可能会使这个学生的心理状况更加恶化，从而导致轻生的结果，因此善意的谎言就是美德伦理所寻求的中道；第二，不诚实相告就是帮助这个学生减轻考试成绩带来的痛苦，而帮助他人能够通过康德的可普遍化公式检验和人性公式的检验。然而，这两个理由可以构成对康德的挑战吗？让我们依次考察这两个理由是否成立。首先，美德伦理选择善意的谎言的理由是基于后果的考虑，这一后果只是猜测性的，并不意味着必然要发生；不仅如此，善意的谎言也许暂时缓解了这个学生的心理负担，但也许会出现这样一种结果：这个学生第二天就知道了真实结果，并立即自杀了。因此在康德看来，美德伦理的这一行动的根据是行动的后果，而恰恰不是行动本身的特点，而后果是我们所不能确定地把握的，我们能够把握的仅仅是行动本身。其次，第二个理由是说，如果诚实相告则会使"帮助他人"和"诚实"这两个道德法则产生矛盾。然而，正如我们在第一个回应中所分析的那样，我们事实上不能确定诚实相告和善意的谎言哪个带来的后果更为严重，因此，"善意的谎言是对这个学生的帮助"这一论断就未必可靠。事实上，在康德的解释框架内，我们仍旧能够在诚实相告后对这个学生做出多种方式的帮助行动。所以，诚实和帮助他人这两个道德法则并未发生冲突。最后，如果诚实本身是美德伦理所追求的一种美德，那么，显然美德伦理所支持的行动就与它所追求的美德发生冲突了。因此，我们可以得出这样

一个结论：康德关于道德法则的解释仍然是可以得到有效的辩护的，而美德伦理推理逻辑恰恰暴露了它本身很难为行动提供一个可靠的根据。

　　人性公式的重要性还在于，这一公式为"帮助他人"这一职责提供了一种独特的解释。康德在《道德形而上学奠基》中写道：

> 就帮助他人的职责而言，所有人都寻求的自然目的就是他们各自的幸福。如果在不蓄意去损害他人幸福的前提下任何一个人都不对他人的幸福做出贡献，那么人性无疑是可以延续下去的。但这是一种消极的而不是积极的方式来与人性这个目的本身相和谐，除非每个人都尽量去促进他人目的的实现。我们每个人都是目的本身，假如这个观念对我有充分的影响，那么任何一个人的目的都将尽可能地成为我的目的。①

　　康德认为，仅仅让人性勉强维持下去的生活并不是值得欲求的。每个理性存在者都是目的本身，都有相同的尊严。我促进他人目的的实现仅仅是出于对他人的尊重，而不是为了获得某种回报，也不是出于仁慈，否则就不是对他人人性的尊重。当我需要帮助时，如果被他人拒绝，那么我的人性就没有得到他人的尊重。因此帮助他人，恰恰是出于相互尊重的需要，而相互尊重正是自我把他者当作目的来对待，而不是仅仅当作手段来对待。

　　康德的前两个公式为人们提供了检验一个准则是否是一个道德法则的方法，但我们仍然不清楚的是，这些经过检验而确证的道德法则的来源到底是什么。康德的第三个公式告诉我们这些道德法则来源于理性存在者的自我立法。换言之，任何一个人，当且仅当他是自由之人时，道德法则就是他仅凭理性就可先天地把握到的。在这里康德要证明这一公式，就需要完成两个任务：第一，他必须论证自由乃是认识道德法则的形式条件；第

---

　　① Kant.（1996）."Groundwork of the Metaphysics of Morals". in Mary J. Gregor（Trans. and Ed.）. *Practical Philosophy*. New York：Cambridge University press，p.81.

二，先天的认识是可能的，并且先天的认识只能由理性来完成。如果康德对这两个论证提供了令人信服的解释，我们就认为，他对道德法则的来源的论断就是可信的。

首先，对于第一个论证，康德在《实践理性批判》中在完成对前三个原理的论证之后提出了这样一个任务："设定唯有准则的单纯立法形式是意志的充足决定根据去推导由这个法则所决定的意志的性质"。① 这是一个推论论证，康德认为，法则的纯粹形式只能由理性来表征，它不是感性的对象。这一点与自然科学法则不同，因为自然因果性或者自然必然性的决定根据是现象；而在实践领域，存在这样一个意志的法则，它除了两个普遍的纯粹形式的检验外，没有任何其他意志能够对它发生作用，亦即这个意志是完全独立于感性世界的，不受感性世界的诱惑。意志的这种独立性被康德称为**自由**，这样的意志就成为自由意志（free will）。康德接下来以相反的思路做了反推论证，即"设定一个意志是自由的，那么唯一能够决定这个意志的准则就是道德法则"，② 这个推论仍然是成立的。因此，康德说意志自主（autonomy of the will）乃是一切道德法则的形式条件，而感性世界的质料如果进入道德法则，它只能作为道德法则的可能性条件。③ 由此可见，通过这两个推论论证，康德阐明了一个理性的存在者只有是自由的，即具

---

① Kant.（1996）."Critique of Practical Reason". in Mary J. Gregor（Trans. and Ed.）. *Practical Philosophy*. New York：Cambridge University press，p.162.

② Kant.（1996）."Critique of Practical Reason". in Mary J. Gregor（Trans. and Ed.）. *Practical Philosophy*. New York：Cambridge University press，p.162.

③ Kant.（1996）."Critique of Practical Reason". in Mary J. Gregor（Trans. and Ed.）. *Practical Philosophy*. New York：Cambridge University press，p.166. 在中文译本中，对 autonomy 的翻译和使用存在混乱，多数译者和作者把它作为"自律"一词来使用。在本书中则将 autonomy 一律视为"自主"，原因有两个：一是作为独立于感性世界的"自律"虽然在字面的翻译上与他律（heteronomy）相对应，但仅仅表示一种被动状态，康德称之为消极意义上的自由，积极意义上的自由乃是自我立法，因此只有译为"自主"才能更好地表达出这种积极自由的含义；第二，autonomy 译为自主，能够同时表达感性世界的独立性和自我立法两层含义。因此，自主与他律相对应而存在更加合理。

有自由意志，也就是具有不受感性世界影响的意志，他才能把握到道德法则；反之，如果这个理性的存在者能够把握道德法则，那么他一定具有自由意志。也正是在这个意义上，康德彻底拒绝了经验主义对道德法则的解释，因为"自由的概念是一切经验主义的绊脚石"。① 因此，康德可以得出自由乃是道德法则的形式条件。

对于第二个论证，康德在《实践理性批判》的序言中首先反驳了这样一个观点：先天知识是不存在的。首先，先天的知识是存在的。说先天的知识不存在"就像试图通过理性来证明理性是不存在的一样。因为，我们能够意识到存在这样一些东西，即便它们不以经验的方式呈现出来，我们仍能够理解它们时，我们会说，我们通过理性认识了它们"。② 因此，先天的知识是存在的。其次，先天的知识就是理性的知识，或者只有通过理性才能认识到先天的知识。对这个问题的论证部分地包含在上一个论证之中。康德认为，经验主义者试图通过经验推导出必然性和普遍性是自相矛盾的，因为"用主观必然性，即习惯，来代替只发生在先天判断之中的客观必然性就是否定理性有判断对象的能力，亦即否认理性具有认识对象和属于对象的东西的能力"。③ 先天的知识就是理性的认识能力的对象。

综上所述，康德通过将对道德规律的认识由日常生活的道德意识的分析上升到道德形而上学，成功地揭示了一个理性存在者的行动的根据以及来源问题，并对这两个问题提供了最为精致的论证。他的道德哲学的独特贡献在于，与其他流行的道德哲学截然不同，他的道德哲学为主体的行动本身提供了正当性的说明。正如前面所提到的一样，康德义务论关于正当

---

①　Kant. (1996). "Critique of Practical Reason". in Mary J. Gregor (Trans. and Ed.). *Practical Philosophy*. New York: Cambridge University press, p.143.

②　Kant. (1996). "Critique of Practical Reason". in Mary J. Gregor (Trans. and Ed.). *Practical Philosophy*. New York: Cambridge University press, pp.145–146.

③　Kant. (1996). "Critique of Practical Reason". in Mary J. Gregor (Trans. and Ed.). *Practical Philosophy*. New York: Cambridge University press, pp.145–146.

行动的逻辑结构可以表述如下：

> FD1：一个行动是正当的当且仅当这一行动是与一个道德法则相符合的。
>
> FD2：道德法则是一个理性存在者可以先天地把握到的法则。

与亚里士多德伦理学和现代美德伦理学相比，康德的义务论为人们的行动提供了明确的指南。

4.3 康德论正当行动与善

如前所述，康德的道德哲学对"正当"做出了充分说明。由于"正当"是对行动本身而非行动者或者后果的说明，而善是对行动者或者行动后果的说明，在这一部分我们将详细讨论正当行动与善的关系，意在进一步阐释康德的道德哲学是如何处理正当与善的关系的，康德对这一关系的解释在理论上具有什么优势。

流行的道德理论对康德的道德哲学存在两种普遍的误解。一种误解是，康德的道德哲学彻底拒绝了美德伦理关于善的观念；另一种误解是康德关于正当行动的论证是建基于一个先在的善的观念之上的。很显然，这两种观点都不是对康德道德哲学的正确理解：对于第一种误解，只要简单回顾一下康德的作品，我们就可发现康德经常讨论正当与幸福、正当与美德、正当与至善的关系，甚至康德还在多个地方精妙地点评了亚里士多德关于美德的主张，因此，我们不能说康德的道德哲学彻底拒绝了作为美德伦理全部关注的善观念；对于第二种误解，我们只要提及康德道德哲学的一个流行的批评意见就可以了，康德在《实践理性批判》的序言中明确提到了这样一个反驳，即在康德的道德哲学体系里，善的概念没有先于道德法则

而建立起来 ①。由此看来，这两种流行的意见都没有把握好康德关于正当与善的关系上的主张。如果任何一种可靠的道德哲学都需要对正当与善及其关系提供某种合理的解释，那么我们就有理由重新审视：（1）善的概念在康德的道德哲学中要解决什么问题；（2）善的概念在康德的道德哲学中居于何种地位；（3）康德道德哲学是如何处理这二者的关系的。这一考察的意义还在于，一方面，如果我们要想彻底回应美德伦理学对于道德教育所提供的主张，我们就应该解释康德在何种意义上重建了规范伦理学对善的解释；另一方面，可以让我们进一步澄清上述两种对康德的道德哲学的普遍误解。鉴于此，为了回答上述三个问题，在接下来的讨论中，我们将依次考察康德是如何看待亚里士多德的善观念的，以及如何处理正当行动与美德、幸福和至善的关系的。

康德在《道德形而上学奠基》的第一章的开篇对亚里士多德的善的理念进行了这样的评论：

> "不管是理解、智慧、判断力等被称为心灵上的才智的东西，或者勇敢、果断、坚毅等，还是那些品格方面的特质，无疑都是善的，并且值得欲求。然而，如果那些使用这些自然禀赋的人或者这些禀赋构成了他们品格的人的意志不是善的，那么，这些美德也可能是极大的恶，并且非常有害。"②

列奥·施特劳斯曾就康德的这一段文字做出了精彩的分析："康德贬低了亚里士多德提出的四大古典美德中的三个，即勇敢、节制和智慧，原因

---

　　①　Kant.（1996）. "Critique of Practical Reason". in Mary J. Gregor（Trans. and Ed.）. *Practical Philosophy*. New York：Cambridge University press，p.143.

　　②　Kant.（1996）. "Groundwork of the Metaphysics of Morals". in Mary J. Gregor（Trans. and Ed.）. *Practical Philosophy*. New York：Cambridge University press，p.49.

是，如果这些美德不与善良意志相结合的话，这些美德就是有害的。现在我们可以理解为什么康德没有贬低四大古典美德的第四个，即正义，因为正义与善良意志是一致的。"① 施特劳斯的这段评论一针见血，在康德的道德哲学中，被亚里士多德所珍视的美德中，除了正义之外，其他美德都被康德认为不是绝对的善的。这些美德是否是善的，最重要的是要看使用或拥有这些美德的人的意志如何。在康德的道德哲学中，善良意志的决定根据有且仅有一个，那就是一个理性存在者先天地把握到的道德法则，否则，那些意志就不是善良意志。如果意志是尊重道德法则而行动的能力，那么非善良意志之下的行动是没有道德价值的，甚至是有害的。例如，一个勇敢的士兵可能会疯狂杀害无辜的平民。

那为什么，正如施特劳斯所指出的那样，康德没有贬低正义呢？我们在第一章已经指出，亚里士多德试图将正义概念化为一种具体的美德，但我们的分析指出他并没有取得成功。因此，施特劳斯指出："人们相互关系的领域，即由正义所支配的领域，在古典思想中仅仅是美德领域的一部分，而在康德那里则把正义的领域与美德的领域并列起来。"② 这一论断包含一个重要的发现，它比我们之前对美德与正义之关系的回应更为深刻，因而能够更好地解释美德伦理与康德义务论的差异。在施特劳斯看来，康德同卢梭一样，认为一个正常人不能为激情所奴役；相反，每个人身上都存在着一个纵向的等级系统：在这个等级系统里，理性居于最高的统治地位，人的自然情感、欲望、激情应该无条件地服从理性，一个人的合宜行动是理性调节的结果。事实上，亚里士多德也持这样的看法，不同的是：如果作为中道，道德美德是人在理性指导下、在不及和过度之间的合宜选择，一个人的合宜的行动就是由美德对自然的情感、欲望、激情**纵向地**、直接地

---

① Strauss, Leo and Cropsey, Joseph.（1987）. *History of Political Philosophy*. Chicago：The University of Chicago Press，p.592.

② Strauss, Leo and Cropsey, Joseph.（1987）. *History of Political Philosophy*. Chicago：The University of Chicago Press，p.592.

调节的结果。然而，康德的主张与亚里士多德根本不同：这一调节不是由纵向的调节系统来完成的，恰恰相反，一个人的合宜的行动是横向的，是通过对自由和个体的相互限制和尊重从而实现的结果。这样，理性的作用就是为这些限制和尊重制定法则，这就又回到上一节我们讨论的关于"理性存在者自我立法"这一关键内容上。可见，对康德来说，从法则的纯粹形式上来说，一个道德法则所体现的可普遍化和尊重人性的特征最为关键，当且仅当一个准则的可普遍化检验完成了，并且尊重人性这一目的实现了，上述横向的调节任务就完成了。简而言之，这一任务的实现可以这样来描述：一个**理性**存在者的自我**立法**，确立了**自我对他者**的行动具有**正当性**，因为道德法则是**普遍法则**，并且**尊重每个人的人性**。从根本上说，正义所要完成的任务就是这样一个任务，因此，对康德来说，**一个行动是正当的，就等于说一个行动是正义的**。理解这一点尤其重要，它进一步深化了我们之前的讨论：即正义不可能被概念化为一种美德。原因就在于美德伦理与义务论对行动的调节的不同方式上。因此，正义不但不是康德要贬低的，而且甚至可以说，康德道德哲学的根本任务就是论证何种行动是正义的。

那么，那些被亚里士多德所珍视、但被康德认为难断善恶的美德，对康德的道德哲学而言没有任何意义吗？如果仍旧有意义，这些美德在康德道德哲学体系里居于何种地位？要回答这些问题，首先要看康德是怎样定义美德的。与亚里士多德不同，康德不认为美德是一种中道，即美德不是在不及和过度之间的某一个不确定的点。对康德来说，美德就是：

（1）一个理性存在者反抗一个强大、但不正义的对手时的道德倾向（moral disposition）；[①]

（2）一个理性存在者出于对道德法则的敬畏而履行自己的职

---

① Kant.（1996）."The Metaphysics of Morals". in Mary J. Gregor（Trans. and Ed.）. *Practical Philosophy*. New York：Cambridge University press，p.513.

责时的态度（apititude）；①

  （3）一个理性存在者在履行职责时的道德力量（moral strength）；②

  （4）一个理性存在者的内在自由或者积极自由（Inner freedom）。③

  康德对美德的四种界定有一个共同的特点，那就是他把美德作为一个理性存在者在履行自己的职责时的主观能动性，这种主观能动性为这个理性存在者做出正当行动提供了充分动机（motive）。换言之，在康德看来，美德就是这样一种力量，它能够使一个理性存在者在现实的社会情境中面临多种诱惑时更加容易地做出正当的行动。因此，美德的概念在康德那里与亚里士多德的解释截然不同。亚里士多德主张，因为美德是中道，它为一个人提供了行动的根据，美德就是这样处于自身调节系统的顶端纵向地调节自己的情感和激情。康德则仅仅把美德理解为一种能够促使一个理性存在者的正当行动变得更加容易的力量，它本身并没有为行动提供任何根据。因为，一个有美德的理性存在者就生活在这样一个目的王国里（kingdom of ends）：每一个理性存在者都是平等的，并且相互尊重，他们自我立法，可以彻底拒绝一切外在的诱惑，自身的美德足以使其情愿遵从道德法则的要求。在目的王国里，每个理性存在者都是自由的，并且是一种积极意义上的自由。

  由上述分析可以得出，美德在美德伦理学和康德道德哲学中发挥的功能是不同的，但是美德在两种伦理学体系的不同归根到底还需要从美德与道德法则的关系上来说明。当代关怀伦理学家迈考儿·斯洛特（Michael

---

  ① Kant. (1996). "The Metaphysics of Morals". in Mary J. Gregor（Trans. and Ed.）. *Practical Philosophy*. New York：Cambridge University press，pp.515–516.

  ② Kant. (1996). "The Metaphysics of Morals". in Mary J. Gregor（Trans. and Ed.）. *Practical Philosophy*. New York：Cambridge University press，p.533.

  ③ Kant. (1996). "The Metaphysics of Morals". in Mary J. Gregor（Trans. and Ed.）. *Practical Philosophy*. New York：Cambridge University press，pp.534–535.

Slote）曾经做出这样一个论断："在美德伦理学中，（行动的）根据在于有美德的人和那些称得上有美德的人的内在的特质、意向和动机。（虽然）一些美德伦理学的辩护者承认一般的规则，但这些规则往往被视为美德派生的或次要的概念。"[1] 这一评论揭示了两种伦理学体系关于美德和道德法则的不同，即美德伦理学家认为美德决定了道德原则，而康德的主张却正好与之相反。在康德看来，唯一为一个理性存在者的行动的正当性提供根据的是道德法则，在这一条件下，究竟选取何种美德要取决于道德法则，而所选取的美德的意义仅仅在于使这个理性存在者出于职责而行动时变得更加容易。

在《道德形而上学奠基》《实践理性批判》和《道德形而上学》三部著作中，康德多次提到了幸福这个重要概念。我们知道，在美德伦理学中，幸福被认为是最高的善。然而，康德认为，幸福这个概念虽然重要，但它既不能为一个理性存在者的行动本身提供任何指南，一个善良意志之下的行动又不能以幸福作为目的。康德给出了几个很有说服力的反驳意见，如幸福是一个含混的概念，每个人对幸福的理解是不同的；幸福这一概念不可避免地与感性世界中的质料相联系，把幸福作为意志的决定根据必将意志的决定根据置于低级的欲求能力之中；幸福概念与每个理性存在者的经验有关，因此不可能成为一条普遍法则，它只能是一条主观准则。[2] 因此，幸福不能为意志提供一个可靠的根据。

另外，康德在《实践理性批判》第二卷处理了至善（highest good）这一概念。首先，康德的至善概念和亚里士多德的至善概念（即幸福）不同，它由两部分内容构成：一部分称之为无上的善（supreme good），它不从属

---

① Slote，Michael.（2001）. *Moral from Motives*. Oxford：Oxford University Press，p.4.

② Kant.（1996）. "Critique of Practical Reason". in Mary J. Gregor（Trans. and Ed.）. *Practical Philosophy*. New York：Cambridge University press，pp.155–160；166–173. Or Kant.（1996）. "Groundwork of the Metaphysics of Morals". in Mary J. Gregor（Trans. and Ed.）. *Practical Philosophy*. New York：Cambridge University press，pp.50–51；70–72.

于其他任何条件，它是美德；另一部分可称之为完整的善（complete good），它不是更大的同类整体的一部分，它是幸福。[1]康德指出，至善始终是纯粹意志的整个对象，而不是纯粹意志的决定根据，唯有道德法则被当作是使至善的促进或实现成为客体的根据。原因在于，"倘若我们先于道德法则而在善的名义下确立一个客体作为意志的决定根据，并从中推导出最高的道德原则，那么这个原则就必定是他律的。"[2]

因此，总的来看，康德并没有拒绝善的概念，尤其是康德肯定了作为善观念之一种的美德对于正当行动的积极意义，但是这种积极意义当且仅当在以下关系中才是成立的：是道德法则决定善，而不是相反。如果正当的行动就是一个理性存在者根据道德法则并出于这个理由而做出的行动，那么在这个意义上我们还可以说，是正当行动本身决定了什么是善，而不是相反。

4.4 理性存在者与正当行动的稳定性

一种合理的道德理论需要对以下三个方面提供合理的解释：（1）正当行动的根据及其来源是什么；（2）正当行动与善的关系如何；（3）正当行动的稳定性或者实践必然性如何。在本章的前两部分，我们分别讨论了第一和第二方面的问题。这一部分我们将讨论康德道德哲学的第三个方面的问题，即康德关于正当行动的稳定性或者实践必然性的解释是否令我们信服。

康德在建构起整个理论大厦的时候，将世界区分为理性世界和感性世界，亦即先验世界和经验世界。每个人都是感性世界的存在者，面临感

---

[1] Kant. (1996). "Critique of Practical Reason". in Mary J. Gregor (Trans. and Ed.). *Practical Philosophy*. New York：Cambridge University press，p.228.

[2] Kant. (1996). "Critique of Practical Reason". in Mary J. Gregor (Trans. and Ed.). *Practical Philosophy*. New York：Cambridge University press，pp.227–228.

性世界中的多种诱惑，具有这样那样的偏好和欲望，因此，无时无刻不受到自然必然性的束缚。在感性世界的存在者是不自由的，他无法进行自我立法，并将意志的决定根据置于低级的欲求之中，所有的选择和行动都受到某种特殊目的的支配。然而，正是基于这个原因，康德才彻底拒绝了经验主义的道德哲学。因为，康德相信，经验主义的道德哲学不管论证多么精致，每一个自我作为经验中的客体必定在行动中被作为手段，而不是被作为目的来对待。如果一个人在一次行动中被当作目的而非手段，对康德来说，那仅仅是偶然事件。根本的原因在于，经验主义的道德哲学没有建立在一个可靠的基础之上，这一基础可以被称之为"先验主体"（transcendental subject），即对人的性质的理解。康德认为，人与动物的不同之处在于人是理性的存在者，正是理性赋予了人们合理拒绝自然必然性的可能性，从而摆脱情感、欲望和激情的束缚，成就真正自由之人。于是，康德创设了一个理性世界，对康德来说，如果不存在一个理性的或者先验的世界，感性世界的这一存在者就不可能获得真正的道德法则。因此，划分二元世界的做法，完全是康德为了借此能够推演出真正的道德法则的方便，从而为每一个理性存在者的意志提供决定根据。于是，在康德所建构的这一精致的理论模型中，每一个理性存在者都生活在两个世界中。

两个世界中的自我以及两个世界的划分对于推演出合理的道德理论必不可少。然而，这一做法也产生了棘手的问题：一个理性存在者在先验世界仅凭理性所立之法，当他进入感性世界并面临现实的多种诱惑时，这一道德法则对他的行动如何才具有真正的约束力？换言之，当一个人面临真实的道德困境时，他很清楚怎样行动是正当的，但面临多种诱惑时，他怎样才能做出正当行动？回答这一问题，是至关重要的，因为在真实的道德生活中，人们常常面临这样的窘境：人们明明知道如何做才是正当的，但却似乎缺少某种充分的动机（motive）、动力（incentive）抑或某种（道德）力量去做出这样的正当行动。

康德在《实践理性批判》的"实践理性的动力"一章中处理了这一问题。首先，康德区分了两种行动：一种是合乎道德法则的行动（actions in conformity with the duty），一种是出于道德法则的行动（actions done from the duty）。第一种行动是这样的行动：它表面上符合道德法则的要求，但却仅仅是由于某种外在的刺激、情感、利益、功业（merits）等提供足够的动力而做出的；第二种行动是为了道德法则而做出的行动，道德法则本身提供了充分的动机。① 康德指出，第一种行动虽然符合道德法则，但没有道德价值，因为道德的本质取决于这样一点：道德法则直接地和自为地决定意志。② 康德的这个论断是一个充分重视行动的动机的观点，动机论是判断一个行动是否具有美德的重要标准。例如，一个老师生病了，他的一个学生来看望他，但仅仅是为了给老师留下一个好印象以便得到一个好成绩。显然，这个学生的做法是对老师的失敬之举。但是康德接下来无奈地承认：

> "如同自由意志是如何可能实现的这一问题一样，道德法则如何能够自为地和直接地成为意志的决定根据这一问题，是人类理性所无法解决的。"③

因此康德事实上承认了仅凭一个道德法则为人们的行动提供充分的动机的做法是难以解决的。这一难题也符合我们的经验：当面临道德困境时，人们时常感到作为外在动力的刺激、情感、利益、功业等往往对我们的意志发挥了更大的作用，以至于人们的行动常常受它们的任意支配。康德看到了这一问题的严重性，如果不对该问题做出令人信服的解释，他之前所

---

① Kant.（1996）. "Critique of Practical Reason". in Mary J. Gregor（Trans. and Ed.）. *Practical Philosophy*. New York：Cambridge University press，p.205.

② Kant.（1996）. "Critique of Practical Reason". in Mary J. Gregor（Trans. and Ed.）. *Practical Philosophy*. New York：Cambridge University press，p.198.

③ Kant.（1996）. "Critique of Practical Reason". in Mary J. Gregor（Trans. and Ed.）. *Practical Philosophy*. New York：Cambridge University press，p.198.

建构的整个道德理论体系就没有吸引力了。

　　既然刺激、情感、利益、功业等东西往往为我们的行动提供了更大的动力和吸引力，那么，除非康德能够证明事实上道德法则比刺激、情感、利益、功业等东西所提供的外在动力更大，从而更具吸引力，否则，我们不能认为康德的道德法则对人类的行动具有更大的约束力。但是，康德拒绝了这一做法，因为，如果道德法则能够给出一些像上述刺激、情感、利益和功业一样的东西作为动力，或者任由上述外在动力与道德法则一起发挥作用，那么人类的意志必将被置于主观的决定根据之下，从而使人类的行动终究丧失道德价值，这样康德前面所做的一切努力就功亏一篑了。因此，康德固执地和自信地声称：

　　　　"人类意志的动力绝不能是与道德法则不同的东西，因此，如果行动不仅能够实现法则的条款，而且能够实现法则的精神，那么，行动的客观决定根据必将始终同时成为它的唯一充分的主观决定根据。"①

　　然而，这一主张如何可能实现呢？按照上述这一令人困惑的表述，人类意志的动力就是道德法则本身，那么客观的道德法则既提供了行动的恰当动机，同时又提供了行动的足够动力，以便实现"行动的客观决定根据必将始终同时成为它的唯一充分的主观决定根据"。但是应该考虑到，出于道德法则的正当行动往往与自身的利益相冲突，如"诚实会使自身利益受损，而说谎则能得到好处"，因此，除非道德法则本身就是极具吸引力的动力，否则，我们就没有理由出于道德法则而行动。康德因此坦言，解决的办法不是"道德法则自身提供了一个动力，而是道德法则本身作为一个动

---

① Kant.（1996）. "Critique of Practical Reason". in Mary J. Gregor（Trans. and Ed.）. *Practical Philosophy*. New York：Cambridge University press，p.198.

力"。① 可是，"道德法则本身作为一个动力"如何得到解释呢？正如前面所提到的，很多时候一个人出于道德法则而行动常常给自己带来损失，乃至做出巨大牺牲，道德法则如何能够成为一个动力呢？康德承认，从经验层面的确如此。因此，要证明道德法则本身是一个动力，仍然必须回到理性世界，以使人们凭借理性先天地认识到道德法则本身对人类的心灵产生了何种影响。

康德认为，道德法则在人类心灵上产生的这种影响就是对它的敬畏的情感。它是一种情感，是因为道德法则决定意志的本质是，自由意志可以合理拒绝并瓦解一切感性世界中与道德法则相冲突的冲动、偏好，从而使出于职责的行动成为可能。而这些冲动和偏好都是建立在情感基础上的，可以给人带来快乐，持久的或短暂的，因此履行职责很多时候就是一件痛苦的事。此时，若要使出于职责的行动仍旧成为可能，就需要一种对道德法则敬畏的情感，这种敬畏的情感是在与基于冲动和偏好所带来的快乐情感斗争过程中表现出来的力量。但是，康德认为，我们之所以能够认识到在理性存在者的身上存在这样一种情感，乃是我们再次回到理性世界的结果。因为，在感性世界里，基于冲动、偏好和欲望所带来的情感总是先于其他情感而在理性存在者的身上发生作用。因此，这种对法则的敬畏的情感具有以下特征：（1）它只能在理性世界中被理性存在者先天地认识到；（2）它在感性世界中发挥作用；（3）它与任何其他情感，如快乐和痛苦等出于本能的情感，具有根本不同的性质，它是唯一与美德相称的情感，因此是一种真正的道德情感；（4）**这种道德情感不是通过教育或习惯化而获得，而是当每个理性存在者感觉到自己是自由的时候，他便感觉到了这样一种情感**。那么，这样一种情感在感性世界中发挥作用是如何可能实现的呢？为此，康德采取了极为迂回的论证策略，意在表明对道德法则敬畏的这种情感确实能够使道德法则本身成为意志的动力。然而，我将证明这一

---

① Kant.（1996）. "Critique of Practical Reason". in Mary J. Gregor（Trans. and Ed.）. *Practical Philosophy*. New York：Cambridge University press，pp.198–199.

论证并不是很成功。

首先，由于感性世界和理性世界的截然不同，一个理性存在者在理性世界认识到这样一种情感，并不必然意味在它就能被自然地运用到感性世界。而事实上，正如我们一再强调的那样，感性世界中那些基于偏好和冲动所带来的情感总是先于对法则敬畏的这种情感而发生作用，而且时常具有极强的吸引力。这样，如果要使得对道德法则的敬畏这种情感首先发生作用，并且在与偏好和冲动所带来的情感的斗争中能够战胜它，这个理性存在者又必须回到理性世界中，从而使得自由意志成为可能。当且仅当一个理性存在者的自由意志是可能的，对道德法则的敬畏这种情感才能够在现实的诱惑发生作用之前产生，并在斗争中取胜。然而，康德一再强调，自由意志是如何成为可能的这一问题是人类理性所无法解决的。因此，这就进入了一个循环论证。康德显然意识到这一问题，要走出这一循环论证仍需借助其他概念。在《实践理性批判》中，这一能够挽救整个理论努力的概念就是"人格"（personality）。可问题在于，康德对人格的解释，仍然是采用了一种循环论证的方式："人格是超脱了整个自然的机械作用的自由和独立性，这种自由和独立性被看作是理性存在者所遵从的由他自己的理性所给出的道德法则的能力。"① 如果继续这样论证下去，我们有理由相信，康德为了对道德法则本身作为一个动力做出令人信服的解释，不惜进入无穷的概念解释和循环论证中去。康德似乎也认识到这一问题，理由是，在他这一论证的最后部分，最终还是诉诸神圣意志这个概念上来，如上帝的意志，以致很多康德追随者都因此为康德而感到惋惜，因为他们认为康德理性主义的道德理论似乎最终不得不在宗教哲学那里寻求帮助。

其次，康德一直试图在区分对道德法则的敬畏这种情感与经验主义者所推崇的出于本能的情感（如休谟的同情）是完全不同的，但是，即便我们不去质疑这种区分是否能够取得成功，我们也认为，康德事实上承认了

---

① Kant.（1996）."Critique of Practical Reason". in Mary J. Gregor（Trans. and Ed.）. *Practical Philosophy*. New York：Cambridge University press，p.210.

这样一个观点：一个正当行动的实践必然性或者稳定性是需要某种情感驱动的。对经验主义者来说，康德对情感的解释不管多么精致，论证不管多么严密，情感就是情感。虽然，这一批评意见不足以使我们认为，康德事实上承认了他在建构道德理论时需要经验主义的帮助才能成功。但是，对于经验主义者来说，我们似乎已经看到他们在为此欢呼雀跃了。

通过以上对康德道德哲学的分析，我们认为康德以一种完全不同于美德论学的方式为"自我对他者的行动的根据及其来源"做出了最精致的辩护，是令人信服的。然而，他对正当行动的实践必然性或者稳定性的解释并没有像他声称的那样成功。对这一问题的分析，使我们认识到，康德借助于"先验主体"所建构起来的道德哲学可能带来的问题，让我们有理由认为，要想更好地回答本研究所提出的课题，就必须对康德的理性建构主义道德理论做出某种修正，以提供一个更合理的解释和论证。这使我们转向了对正当行动的根据及其来源、正当行动的实践必然性等问题的另一种解释，即契约论的解释。特别需要注意的是，康德基于先验论的义务论和我们即将要讨论的契约论的义务论尽管在具体的论证方法、策略上略有不同，但在理论建构的目标和精神上都是一致的。因此，关于义务论的道德理论所主张的道德教育，我们将在对契约论的道德理论做出分析之后再来处理。

4.5　康德道德哲学的结构和方法

在本章的最后，我们将简要概括一下康德道德哲学的结构与方法。康德道德哲学的结构是极其宏大的，他建构道德哲学的方法也是极深刻的。因此，我们在此不打算、事实上也无力对康德道德哲学的结构和方法做全面的、深入的分析，仅从中选择一些与道德教育关系密切的几个方面做一些简要的梳理。之所以要简要介绍康德道德哲学的结构与方法，一方面是因为，对康德道德哲学的结构的认识可以帮助我们理解道德哲学中"正当"

与"善"的理论及其优先性关系，我们本书的目的就是基于对"正当"与"善"的认识提出一种新的道德理论和道德教育理论；另一方面是因为，康德道德哲学的方法也对道德教育的方法产生了深远影响，并有可能引起未来学校道德教育的变革。

康德一生的道德哲学思想是存在变化的。在早期的道德哲学作品《道德形而上学奠基》的开篇便是从古希腊哲学的学科分类开始谈起的。康德指出，古希腊哲学分为三个部分，分别是物理学、伦理学和逻辑学。其中，理性的知识或者是形式的，如逻辑学；或者是质料的，如物理学和伦理学。物理学是关于自然规律的学问，而伦理学是关于自由规律的学问。物理学和伦理学都有它各自的经验部分和理性部分。其中，伦理学的经验部分被康德称之为实践人类学（practical anthropology），伦理学的理性部分被称之为道德学（morals）。人们可以把基于经验的哲学称之为经验哲学；而把基于先验原则来制定学说的哲学称之为纯粹哲学。康德进一步说，把限制在一定对象上的纯粹哲学称之为形而上学。[①] 那么，按照康德的这一理解，我们可以把限制在"道德"上的纯粹哲学称之为"道德形而上学"。因此，按康德早期的道德哲学思想，他的《道德形而上学奠基》[②] 这本书便是对伦理学的理性部分的研究著作，并将研究的对象限制在"道德"上，因而可以成为"道德形而上学"。换言之，在康德早期的道德哲学思想中，似乎"道

---

① Kant，I.（2018）. *Groundwork for the Metaphysics of Morals*. Trans. by Allen W. Wood. New Haven：Yale University Press，pp.3-4.

② 康德于 1785 年出版的《Grundlegung zur Metaphysik der Sitten》，在英语学术界一般被译为 Groundwork for the Metaphysics of Morals，在中文学术界一般被译为"道德形而上学奠基"。但是有学者指出，书名中的德文 Sitten 有风俗之意，和古希腊哲学中的"伦理学"这一概念更为接近。因此，Grundlegung zur Metaphysik der Sitten 应该被翻译为"伦理形而上学奠基"。要详细了解这一讨论，可参考：邓安庆. 再论康德关于伦理与道德的区分及其意义［J］. 北京大学学报（哲学社会科学版），2019：56（5），24-36. 但在本研究中，我们按照英语学术界和中文学术界的通行译法来处理，这样处理的理由和详细的讨论，请参考本书第 6 章 6.1：道德哲学中的"伦理"和"道德"概念。

德学说"是伦理学的一部分，且是理性部分。

但是，如果我们考察康德晚期的道德哲学思想，可以看到他对这一问题的看法似乎发生了变化。在康德晚期的道德哲学作品《道德形而上学》中，他明确将自己的道德哲学分为两个主要的部分：一部分为"正当性学说"（doctrine of right），另一部分被他称之为伦理学，也就是他的"美德学说"（doctrine of virtue）。与其早期思想相比，这实际上是把"道德"和"伦理"的关系完全颠倒过来了。在晚期的道德哲学思想中，康德把伦理学（ethics）视为道德（morals）的一部分，且是道德的经验部分。道德的理性部分是"正当性学说"。我们认为，如果我们对这一变化的解读是准确的，那么这一转变是合理的，并且能够代表康德成熟时期对其道德哲学思想的看法。之所以说这样的转变是合理的、这样的看法是成熟的，出于以下两个理由：第一，将其道德哲学中的"美德学说"视为"伦理学"部分，这符合古希腊以来的伦理学传统；另外，从词源上来说，"伦理"意为风俗和习惯，和古希腊哲学家对"美德"问题的探讨是一致的。第二，可以将《道德形而上学》《实践理性批判》视为康德道德哲学中的"正当性学说"，也是其道德哲学中最重要、最精华的部分，突出了康德道德哲学中"正当优先于善"这一核心思想。① 根据康德成熟时期的道德哲学思想，我们便可以清楚地看到，康德的道德哲学成功地包容了"正当"理论和"善"的理论，是一种包容性的道德哲学体系。如前所述，一个好的道德哲学应该同时包含正当理论和善的理论，并且在这个哲学体系中应该处理好两种理论的关系。毫无疑问，康德成熟时期的道德哲学抛弃了先前排斥美德的做法，很好地体现了其道德哲学的这种包容性。在一定程度上，我们在本书中提出的包容性的道德理论就需要充分借鉴康德道德哲学的理论结构。

不仅如此，康德道德哲学（do moral philosophy）的方法也是应当引起我们重视的。在康德的三大批判中，即在《纯粹理性批判》《实践理性批

---

① Rawls, J., & Herman, B.（2000）. *Lectures on the History of Moral Philosophy*. Cambridge：Harvard University Press，pp.217-232.

判》和《判断力批判》中，康德的论证的方式可以被称之为"先验论证"（transcendental argument）。先验论证，顾名思义，乃是完全脱离经验的论证。按照徐向东教授对康德先验论证的解读，先验论证是这样一种形式的论证：这种论证开始于考虑某个无可争议的现象 Y 的可能性条件，发现某个有所争议的现象或对象 X 就是使 Y 变得可能的条件，进而断言 X 存在或者 X 是现实的。[①] 例如：

（1）"美德是可教的"只有当"美德即知识"；

（2）美德是可教的；

（3）因此，美德即知识。

按照徐向东教授的解释，假设我们有理由认为倘若没有"美德即知识"，"美德是可教的"就不可能得到。这一关系并非因为我们可以通过诉诸经验来发现、并制约现实世界的某种规律使得"美德是可教的"不可能得到，而是由于某些形而上学的约束使得在每一个可能世界中"美德即知识"都是"美德是可教的"的一个条件，而这种约束并不是通过经验研究来发现的，而只能通过反思确立起来。这种通过反思获得知识的过程就是先验论证的过程。在道德哲学中，先验论证有一个明显的优势，就是它可以排除现实世界中的某些诱惑，从而可以按照道德法则的要求来行动。例如，如果说谎意味着给我自己带来巨大的利益，这种情况下，如果不诉诸先验论证，那么我们很可能因为考虑到现实的诱惑如此之大而去说谎。而如果诉诸先验论证的话，我们可能会有不同的认识：别人对我说谎，就如同我对他说谎一样，那么我将最终得不到任何好处，而且这也不是我想要的；所以，我应该对他诚实，就如同我也期待对方对我也应该诚实一样。因此，先验论证是一种道德推理（moral reasoning）方式，对道德教育实践

---

① 徐向东.先验论证与怀疑论［J］.北京大学学报（哲学社会科学版），2005（02）：139–148.

是很有启发的。

　　不仅如此，在先验论证的过程中，想象力发挥了巨大的作用。海德格尔在其《康德与形而上学问题》一书中特别强调了先验想象力（The Transcendental Power of Imagination）在康德《实践理性批判》中的独特作用。海德格尔认为，实践理性的起源可以从先验的想象中理解，并将责任和行动描述为想象的原始统一，即法律直接给予的自我服从（纯粹自发性）和对自己的自由预先给予（纯粹的接受性）和"道德法则的自由自我强加"（自发性）的统一。[①] 因此，很难想象，没有想象力的参与，康德先验论证将是如何完成的。想象力不仅在哲学论证中发挥其巨大作用，在道德教育过程中，想象力的培养也是不可或缺的。我们在本书中，将充分吸收来自康德的教导，在道德教育实践中对道德推理和想象力的培养给予足够的重视。

　　① Heidegger, M.（1997）. *Kant and the Problem of Metaphysics*. Indiana University Press, pp.109–112.

第 5 章

道德教育的正当之维：契约论

通过前面的分析我们可以看出，康德实际上很清楚，当每个人面临现实的道德困境时都会受到各种诱惑，并且每个人最终怎样行动都是在多种可能性方案中选择一种。这些选择有些是出于现实的诱惑而做出的满足自己（不正当）偏好的行动；然而，也存在一些行动是纯粹出于职责或者出于对道德法则的敬畏而做出的。康德事实上承认这是一个不可置疑的经验事实。然而，对道德的实践必然性的解释仍然必须再次回到先验世界，否则，人们正当行动的稳定性必然受制于现实的各种诱惑。因此，对康德来说，道德的纯粹性就是建立在人类理性发挥作用的一个重要特征的基础之上，即人类可以运用理性先天地把握到道德法则，并在先验世界中对人们的行动发出绝对律令。康德不愿意在道德的纯粹性方面做出任何牺牲，以致可能使理性发出的绝对律令被经验世界中各种关于行动的任意"选择"所代替。因此，善（尤其是经验世界中的善，如作为值得欲求的后果的善）不可能先于道德法则而对人们的行动发生作用。否则，道德的纯粹性便牺牲掉了。正如我们前面的分析，正是康德对道德纯粹性的坚持使他在正当行动的实践必然性（稳定性）问题上举步维艰。可是，如果要在康德所开创的道德哲学传统内部对其理论做出某些修正，必须要以牺牲道德的纯粹性为代价吗？对正当行动稳定性的修正如何重构"正当与善"的关系呢？这是接下来我们即将讨论的重点问题。

5.1　由契约产生的道德

在对契约论的道德理论进行分析之前，让我们先回顾一下康德建构道德理论的特点，以便在接下来的论述中更加清楚契约论的义务论在何种意义上修正了康德的道德哲学，这种修正有何不同之处，其所提供的论证是否令人信服。

康德不同意美德伦理的做法，即把"自我对他者的正当行动"的根据诉诸行动者的内在品质（品格）。原因很清楚，正如我们所分析的那样，一方面，行动者的品格是一个相当含混的概念，以致它给行动者发出的行动指南并不总是稳定的和可持续的，而行动者品格的获得则依赖那些经由权威、习俗或上帝那里传递下来的未经反思的诸美德概念；另一方面，在康德看来，美德伦理所成就的具备好品格的行动者出于品格或习惯化而做出的行动，并不具有道德价值。因此，康德的道德哲学的全部努力意在对"自我对他者的正当行动"提供可靠的根据。他的这一努力包括三个方面：一是从纯粹形式化的层面阐明了行动所依据的法则是什么；二是道德法则的来源如何；三是道德法则的实践必然性如何。我们的分析指出，康德为完成这些任务所采取的道德法则的可普遍化方案是正确的，因为当且仅当这些法则是普遍的，它才能够为处理人与人的关系（包括陌生人的关系）提供行动的指南。另一方面，康德在对道德法则的来源上的解释也是无可辩驳的，虽然这一解释造成了一个严重的后果，即一个理性存在者在先验世界所把握到的道德法则很难运用到经验世界中。换言之，康德道德哲学的困境在于，一个通晓道德法则的理性存在者身处经验世界时面临着多种诱惑，康德没有很好地解释这个理性存在者出于法则而行动的吸引力（动力）。因此，康德的方案或许需要做出某些修正。既然对出于道德法则而行动的动力的解释困境源于对道德法则的来源的解释上，我们就应该从这里入手。康德道德哲学的当代继承者做出了卓有成效的努力，那就是约翰·罗尔斯所致力于对契约论道德建构主义的解释。

那么对契约论解释的优势究竟表现在哪些地方？一般来说，契约论思想可以追溯到古希腊时期，但是成熟的契约论理论则是近代以来才出现的，经典的契约论理论家包括霍布斯、洛克、卢梭、康德和密尔。契约论最早被用来解释国家的起源问题和政治正当性问题。在论证策略上，它往往首先假设一个自然状态，[①] 生活在自然状态中的人们运用自身的正常理性，经由全体成员讨论同意并订立契约。由此可以看出，所谓的自然状态和契约未必是实存过的，自然状态的设置和契约的形式仅仅是被用来作为一种推演出政治制度或道德原则的方法或策略。既然经由契约达成的协议是内部成员讨论并一致同意的结果，那么内部所有成员就有承认和履行这一协议的职责和动力。这是契约论理论的一个吸引力。在接下来的讨论中，我们将详细考察罗尔斯是如何运用契约论来解释道德法则的起源及其实践必然性问题的。

在当代道德理论的复兴和辩论中，罗尔斯绝对是不能绕过的人物，这与他在道德理论建构中复兴契约论话语是分不开的。罗尔斯在《正义论》中对其使用的契约论及其目的做出了这样的说明：

> "我的目的就是给出一种正义观，这种正义观在更高的抽象水平上总结和承载了人们所熟悉的一种社会契约理论，如在洛克、卢梭和康德的理论中发现的那种契约论。"[②]

显然，能否推演出合理的道德原则是与罗尔斯对"原初状态"（original position）的设置分不开的。让我们首先来看看罗尔斯对原初状态的设置究竟与其他理论家对自然状态的设置有何不同。罗尔斯对原初状态的设置分为客观和主观两个方面的规定。从客观方面来看，首先，社会生活中存在

---

① 也有理论家主张历史上确实存在这样一个自然状态，如洛克就这样认为。

② Rawls, John.（1971）. *A Theory of Justice*. Cambridge：The Belknap Press of Harvard University Press，p.11.

中等程度的资源匮乏，[①] 罗尔斯认为，中等程度的匮乏是一个合适的状态，因为如果资源极大丰富，人们的自然需求也就很容易得到满足，因而人们也许不愿意脱离这一状态；另一方面，资源也不能过于匮乏，以便引起人与人之间为争夺资源而展开激烈的战争。其次，由于资源方面的适度匮乏，使得人们之间的合作成为可能，人们为了实现各自的优良生活这一目的，从而认识到只有相互协作才能发挥资源的使用效率，并在对资源诉求的冲突方面达成合理的解决方案。从主观方面来看，首先，罗尔斯将人的自然禀赋和社会禀赋做出了一种特殊设置，一方面，人们不清楚自己在智力、体力、想象力等方面的境况；另一方面，人们也不清楚自己在社会地位、阶级以及财富方面的信息，尽管如此，他们都拥有正常的理性和生活计划，并且清楚为了实现这一生活计划他们需要依赖个人的自然禀赋和社会禀赋以及足够的资源。罗尔斯将这一主观方面的设置称为"无知之幕"（the veil of ignorance）[②]，其目的是为了实现"（从道德的观点看）人人平等"这一理想状态，将那些自然禀赋和社会禀赋在人们实现各自优良生活的过程中可能造成的偶然的和任意的影响排除在外，从而使人们在原初状态这一设置之下能够平等协商并达成公平合作的原则或条款，例如，它限制了那些仅仅因为自己身体更加强壮或地位更加显赫而追求效用最大化的功利主义者。其次，无知之幕下的人们之间相互冷淡，只关心自己的生活计划和利益，并想方设法去实现自己的生活计划和利益。主观方面的两种设置分别对应原初状态的合理性（reasonable）层面和理性（rational）层

---

① 和康德不同，罗尔斯在此对社会上的资源匮乏状况做出设定，意在说明我们每个人若想实现自己的优良生活需要依赖必要的资源，罗尔斯称之为"善物"，"社会基本善"（the social primary goods）主要是指自尊、自由、平等和社会财富。

② Rawls, John. (1971). *A Theory of Justice*. Cambridge: The Belknap Press of Harvard University Press, pp.136–141.

面，① 前者是说那些从道德的观点看是偶然的和任意的因素（如自然禀赋和社会禀赋）不能影响原初状态下的人们对于合理的正义原则的选择，例如，一个人不能因为拥有更强壮的身体或者更多的财富仅仅追求自身效益的最大化而牺牲公平的正义原则；后者是说，每个人拥有正常的理性并尽可能地去促进自己的利益的实现，而没有无条件的利他主义。罗尔斯深信，这一设置可以推导出公平合作的正义原则，并且由于无知之幕的设置使人们具备了达成公平合作的原则或条款的条件。因此，罗尔斯将他这一由原初状态推导出来的正义原则称为"作为公平的正义"（Justice as fairness）。

　　罗尔斯坦言他对道德理论的建构方式和康德的道德建构主义存在很大不同。② 事实上确实如此。在康德那里，实践理性这一概念本身就是一个对自然状态的描述，只不过对一个理性存在者为了经由理性且仅凭理性而获得道德法则，康德设置了两个完全不同的世界，在先验世界里，康德剥离了来自经验世界的任何质料对理性存在者的影响，否则，一个理性存在者所获得的道德法则就不是纯粹的，更不可能通过可普遍化公式和人性公式的检验。然而，罗尔斯对原初状态的设置保留了更多的经验成分，原初状态下的每一个人不但具有正常的理性，而且他们都拥有各自的生活计划和对实现这一计划的正常认识水平。这一设置的好处是，它不会导致像康德的实践理性这个概念一样使理性存在者来回穿越于两个世界，而是能够使拥有正常理性的人们可以把原初状态设想为日常生活中的一个小小的实

---

　　① 罗尔斯在《政治自由主义中》区分了合理性和理性两个重要概念：当人们明智地追求他们独特的利益和目的时，他们的行动是理性的；当人们在关涉到他人利益而行动时愿意运用利益相关者共同推导出来的合作条款（或原则）来主导自己的行为，则他们的行动是合理的。可参考：Rawls, John.(1999). *Political Liberalism*. New York：Columbia University Press, p.49. 中文译本中对这两个概念的翻译可能有待商榷，如，在何怀宏主译的《正义论》（1988 年版）中将"rationality"更多地译成了"理性"，将"reasonableness"译成了"合理性"，而万俊人在《政治自由主义》（2000 年版）中的译法正好相反。

　　② Rawls, John.（1996）. *Political Liberalism*. New York：Columbia University Press, pp.107–124.

验，[①] 试想在这一实验条件下会得出何种结论。不过，这种设置对康德来说可能面临一个疑惑，那就是这个由经验因素干扰而得出的道德法则未必是可靠的，甚至完全是非理性的。但是，罗尔斯的这一契约论设置完全可以回应这一质疑：如果康德的道德法则可以通过纯粹形式化的检验，那么罗尔斯的契约论同样可以实现这一目的。因为原初状态下的人们的普遍同意本身就是一种形式化的检验，并且这一检验可以无限扩展下去。事实上，康德也想到了这一思路，他在《实践理性批判》的序言中就提到"我在这里并不是说，普遍同意不能证明一个判断的客观有效性"[②]，只是康德选择了一条在他看来更加纯粹的方式。因此，康德和罗尔斯之间的不同可以得到解释。另一方面，罗尔斯和康德的理论目标是一致的，作为义务论伦理学的支持者和辩护者他们都认为：判断行动本身是否正当的根据是独立于行动者的内在特质和行动的后果的，正当（正义）原则决定善，而不是相反。那么我们要想知道罗尔斯通过契约论这一方法是否实现了与康德一样的理论目标，我们就要考察罗尔斯对原初状态的设置是否能够推导出合理的道德原则。

罗尔斯认为，借用契约论的方法推导出道德法则的过程可以这样来解释："契约论术语的价值在于它传递了这样的概念：正义的原则能够被理解为理性的人愿意选择的原则。通过这种方式，正义的概念能够得到解释和辩护。正义理论是理性选择理论的一部分，甚至是最重要的一部分。"[③] 既然合理的正义原则是由原初状态下的人们经由个体选择、并经由协商而达致

① 罗尔斯称之为"思想实验"（Thought Experiment），可参考：Rawls, John.（2001）. *Justice as fairness: a restatement*. Edited by Erin Kelly. Cambridge, MA.: Harvard University Press, p.17; p.83. 在其他地方，罗尔斯还提到了其他说法，如"代表设置"（Device of Representation），可参考：Rawls, John.（1996）. *Political Liberalism*. New York: Columbia University Press, pp.24–25; 再如"代表模式"（Model of Representation），可参考：Rawls, John.（1999）. *The Law of Peoples*. Cambridge, Mass.: Harvard University Press, pp.30–32; p63.

② Kant.（1996）. "Critique of Practical Reason". in Mary J. Gregor（Trans. and Ed.）. *Practical Philosophy*. New York: Cambridge University press, p.146.

③ Rawls, John.（1971）. *A Theory of Justice*. Cambridge: The Belknap Press of Harvard University Press, pp.14–15.

同意的，那么罗尔斯声称，人们选择的正义原则按照词典式排列依次是："每个人都有平等的权利享有相容于其他人的相似自由的最广泛的基本自由，社会和经济的安排应该满足：（1）以职位向所有人平等开放为前提条件；（2）他们可以被合理地期待为有利于所有人的利益。"[①] 关于罗尔斯的由契约论推导出的三个正义原则并非处于并列的地位，而是具有优先性关系：平等的基本自由原则优先于公平的机会平等原则，而后者优先于差异原则。[②] 其中，自由的优先性最为重要，这一优先性是说社会上每一个人都应该根据自己的意志选择适合自己的生活，实现自己的优良生活观，并免受来自国家的可能施加的总体福利的宰制。换言之，人的自由是独立于社会基本善的。在罗尔斯的道德理论中，其明确主张的"正当优先于善"（The right is prior to the good）正是通过这三个原则的优先性关系体现出来，也正是在这个意义上，罗尔斯的道德理论才与功利主义和完善论区分开来。[③] 在这里，

---

① Rawls, John.（1971）. *A Theory of Justice*. Cambridge：The Belknap Press of Harvard University Press，pp.18-21. 对这一原则修正后的原则可以分解为三个具体的原则，它们分别是：平等的基本自由原则，公平的机会平等原则和差异原则。其中，平等的基本自由原则主要是指那些在自由主义民主国家里的普遍承认的公民权利和政治权利，如投票、选举、正当审判程序、言论自由以及迁徙自由等。可参考：Rawls, John.（1971）. *A Theory of Justice*. Cambridge：The Belknap Press of Harvard University Press，p.61. 差异原则是指社会基本善的分配方面如果允许某种不平等，这种不平等应该有利于劣势群体。

② Rawls, John.（1971）. *A Theory of Justice*. Cambridge：The Belknap Press of Harvard University Press，p.28，p.214.

③ 一般而言，作为占统治地位的理论形态功利主义理论发展到今天，有着其复杂的理论体系，但在罗尔斯的正义理论中，作为罗尔斯论辩对手的功利主义理论是指以边沁和密尔为代表的古典功利主义理论（The Classical Utilitarianism），其主张是，一个行动是正当的当且仅当这一行动促进了最大多数人的目的善（或幸福），因此行动的正当性判据是基于作为目的或后果的善的。而完善论则有较为确定的含义，在罗尔斯正义理论中，它主要是指一种致力于实现人类卓越的目的论学说，其主张是，一个行动是正当的当且仅当这一行动与一个卓越的目的的要求相符合，如这一卓越的目的可能是像美德伦理学所主张的某种卓越的品格，或者它可能是某个信奉完善论的国家所要致力于实现的社会和政治上的卓越理想。要进一步了解罗尔斯在何种意义上使用这两个概念，可参考 Rawls, John.（1971）*A Theory of Justice*. Cambridge，MA：Harvard University Press，pp.19-24.

值得一提的是，自由原则及其优先性可以为解决康德关于"自由意志的可能性"这一难题提供支持，因为按照契约论的解释，自由是人们经由深思熟虑之后做出的明智选择，这样自由意志不必经过道德形而上学的论证便具有了可能性。

罗尔斯对推导出这一原则的论证极为复杂和迂回，我们不可能全部展开，只指出其中推导过程中的主要逻辑。简要地说，罗尔斯推导出这一正义原则主要基于三种思路。第一种思路是，如果人们认为合理的正义原则是在特定条件下选出来的，那么我们只要能够说明对原初状态的设置是人们所广泛认同的条件，由此推导出的正义原则就是不偏不倚的。对于这一思路，罗尔斯认为他对原初状态关于合理性和理性两个层面的说明解决了这一问题。第二种思路是借助于反思的平衡（reflective equilibrium）这种推理方式：如果原初状态的设置能够推导出某些特定的正义原则，而对这些原则的运用及其结果吻合我们关于正义的深思熟虑的确信，即吻合我们的道德直觉，我们就有理由认为这是合理的正义原则；反之，对这些正义原则经过不断修正，最终实现合理的正义原则。这显然是一种逻辑推理和直觉论证相结合的方式，这一辩护思路是重要的，因为"任何正义理论都需要面临这样的最终检验，即正义理论不仅与我们对于正义的深思熟虑的信念相容，而且应阐明这些直觉信念"。[①]事实上，罗尔斯在《正义论》中不断借助于反思平衡的方法对其正义理论做出了多次修正。第三种思路是，通过与流行的道德理论进行对比从而为他的理论提供一种辩护，如通过与他的两个理论对手（即功利主义和完善论）的不断辩论，从而说明为什么古典功利主义和完善论的正义原则是不能被合理接受的。总之，通过这三种方式，罗尔斯完成了他的论证。

不过，这一论证从一开始就面临着诸多责难。第一种责难是说罗尔斯的理论中只存在一个虚构的契约，真正的契约从来没有存在过，因此由假

---

① Kymlicka, Will. (2002) *Contemporary Political Philosophy: An Introduction* (Second Edition). Oxford: Oxford University Press, pp.6–7.

设的自然状态推导出的正义原则就未必是可靠的。这一批评广泛流行，可以说从契约理论产生以来就伴随着这一批评。但是，回应这一批评也没有那么困难。事实上每一种理论的提出都是建立在某种假设的基础之上的，如德育应该对学生进行启发诱导而不是规训，这一德育理论就是建立在人性善的基础之上。因此，批评一个理论建立在假设基础上就批评了几乎所有理论。事实上，正如德沃金（Ronald Dworkin）所指出的那样，契约论证方式的要义是把契约仅仅作为一种推导正义理论的策略，作为一种达成协议的纯粹程序，用它来说明"人是平等的"这一前提，就如同一个理性存在者只有在先验世界中才是平等的一样，在这个基础上我们来观察他们的平等协商以及可能会达成什么样的协议。[①] 因此，不管契约是否真的存在并不重要。然而，契约论的意义还不仅仅限于此，事实上契约论向我们提供了一种道德推理的方式：当我们面临真实的道德困境时，我们不妨假设我们身处在罗尔斯所设置的原初状态下，看我们自己会选择什么样的原则，以及这种原则是不是契约各方都能接受的。这种思想实验是一种经验层面的道德推理，因而更加贴近我们的道德生活。另外，美德伦理学家桑戴尔（Michael Sandel）提出了一个类似的批评，他也认为罗尔斯的理论中不存在一个真正的契约，理由是原初状态下的人们的处境完全一样，在这种情况下就不会存在选择以及协商的问题，因为他们的选择是一样的。[②] 但是，这几乎不构成一个真正的批评意见，因为原初状态下的很多境遇相同的人仍然是很多个人，他们都具有正常的理性和各自的生活计划，因而同样会存在诉求上的冲突，因此，契约各方讨价还价并达成一致这契约形成的过程仍然存在。[③]

---

① Dworkin, Ronald. (1978). *Taking Rights Seriously*. Cambridge：Harvard University Press, pp.151–155.

② Sandel, Michael. (1998). *Liberalism and the Limits of Justice*. Cambridge：Cambridge University Press, pp.122–132.

③ 迈克尔·莱斯诺夫等著，刘训练等译. 社会契约论 [M]. 南京：江苏人民出版社，2005：186.

　　第二种责难是指向罗尔斯契约理论的循环论证问题。石元康在《洛尔斯》一书中提出，罗尔斯对原初状态设置的目的是想借此推导出合理的道德原则，然而，罗尔斯对原初状态的设置本身依据了某些道德原则，就如同如果要推导出作为公平的正义原则就必须将原初状态首先要设置为公平的状态一样。[①]我们认为这一批评确实切中了要害，如果无法对这一质疑进行有力的反驳，罗尔斯的努力就是毫无意义的，因为在对原初状态进行设置时我们就已经很清楚什么是公平的原则了。我将给出两种回应：第一，在任何理想的道德理论不管以何种方式被提出来之前，人们并不是完全在前道德或无道德水平中生活。事实上，我们在对原初状态设置时我们都具有一定的道德认识或者道德直觉，如什么样子才算是公平的，我们甚至可以对罗尔斯的这种对原初状态的设置做出各种各样的道德评论，这说明我们本身就具有某种程度的道德认识或者道德直觉。另一方面，即便我们不清楚什么是道德上的公平，我们的逻辑推理能力仍然可以完成对原初状态的客观分析。比如，原初状态下的人们如果清楚自己的社会地位，这将对他的选择以及协议的达成会产生什么样的影响。第二，如果石元康先生的论断是成立的，那么道德理论上的进步和完善就是不可能的。因为我们在基于现有的道德认识对原初状态进行设置、并通过严密的论证之后，我们就不应该获得一种原则上和直觉上都更加令人信服的规范道德理论吗？事实上，任何道德理论的再完善都是在现有道德认识的基础上展开的，所以循环论证的批评也不能构成对契约论道德理论的真正威胁。

　　然而还有一类批评确实是罗尔斯很难应对的。这类批评基于以下两点：第一种情况是，如果原初状态下的人们处于各种理由铤而走险，例如，如果我赌自己是一个统治者，那么我就不在乎别人是否是自由的；或者，如果我赌自己是富有的，那么我就拒绝向他者提供任何帮助。如果是这样，罗尔斯的契约论该如何应对？第二种情况是，如果我不关心最终将达成何

[①]　石元康.洛尔斯［M］.台北：东大图书公司，1989：132-133.

种正义原则，我在契约达成的过程中不积极乃至选择弃权，从而也不承认最终达成的正义原则对我具有真正的约束力。如果是这样，罗尔斯的契约论该如何应对？这两类批评使我们认识到，必须对罗尔斯的契约论做出某种改进，以便使参加契约的成员认为经过平等协商而达成的协议对他们的生活是重要的，并且愿意遵守它。

斯坎伦（Thomas M. Scanlon）做出了这样的努力。他看到了罗尔斯论证中的问题，但他同时认为用契约论来解释现实世界的道德是一个极具吸引力的做法。斯坎伦将他的契约论思想阐述如下："在一定情况下，当一个行动不能够被一套旨在规范人们的行为、并且在信息充分和不被强迫的情况下没有人能够合理拒绝的原则所允许，那么，这个行动就是不正当的。"[①] 换言之，斯坎伦将人们的正当行动的判据基于人们都无法拒斥的原则上，是一种否定性的道德推理。具体来说，斯坎伦对罗尔斯契约论论证方式所做出的值得重视的修正主要表现在以下几个方面：

首先，斯坎伦放弃了罗尔斯将整个契约论论证建立在虚构的原初状态的基础上进行讨论的方式，提出了一种实质性的契约主义（contractualism），这种契约论论证策略可以直接讨论日常生活中人与人之间的道德问题以及如何向他者证明正当性或不正当性，正如他的书名所显示的那样"我们彼此负有什么义务"。这样，他也从罗尔斯主要致力于制度伦理的做法上退回到证成日常道德生活的伦理问题上来。

其次，斯坎伦区分了两种契约主义方法，即自利的契约主义（Contractarianism）和非自利的契约主义（contractualism）。[②] 前者是指罗尔

---

① Scanlon, Thomas.（1998）. *What We Owe to Each Other*. Cambridge：Harvard University Press，p.153.

② Scanlon, Thomas.（1982）. "Contractualism and Utilitarianism". In Amartya Sen and Bernard Williams ed. *Utilitarianism and Beyond*. Cambridge：Cambridge University Press，pp.103–128. "自利 –"和"非自利 –"这一名称仅仅是基于斯坎伦对 Contractarianism 和 contractualism 所作的解释而添加上去的，有待商榷。

斯对原初状态的人们理性层面的假设，即这些人拥有正常的理性并在契约达成过程中尽可能多地实现自己的利益；后者是指契约的达成是基于某种道德的理想或他人无法反驳的理由。他放弃了自利的契约主义。

再次，斯坎伦放弃了罗尔斯关于道德动机的说明，即社会基本善的存在及其对实现个人生活计划的意义；他提出了更加合理的道德动机，即"我们不得不与他人友好地生活下去，这是他们没有理由拒绝的"。[①]

最后，他为道德（原则）的优先性提供了新解释。首先，当某个事态有理由追求并具有重要性时，关于正当不正当的道德原则为这一事态留出余地；其次，当这一余地达到一定限度时，关于正当不正当的道德原则具有优先性。[②]

鉴于这些修正意见将在接下来关于"契约论与正当行动的稳定性"中进行更为详细的讨论，在此仅列出纲要。这些修正无疑是很重要的，一方面，这些修正合理地回应了人们对契约论的某些重要批评，如对罗尔斯虚构原初状态的批评；另一方面，为契约各方为达成协议提供了更好和更强的动机。正如斯坎伦所言："我的契约主义的与众不同之处在于，它以两种方式完成了正当性辩护：它为道德上的正当和不正当提供了规范论基础，并为它（道德上的正当和不正当）的内容提供了最为普遍的特征。"因此，契约论的道德建构主义可被视为康德道德哲学的继承者，它仅以如下方式修正了先验义务论的理论结构：

FCD1：一个行动是正当的当且仅当这一行动是与一个正义原则相符合的。

FCD2：正义原则是社会成员理性地同意和接受（或不能被合

---

① Scanlon, Thomas.（1998）. *What We Owe to Each Other*. Cambridge：Harvard University Press，p.154.

② Scanlon, Thomas.（1998）. *What We Owe to Each Other*. Cambridge：Harvard University Press，p.166.

理拒斥）的原则。

与康德证成"道德法则根源于人的理性"这一命题相对应，罗尔斯和斯坎伦证成了"道德法则来源于参与契约各方达成的协议"这一命题，我们将后者称之为"由契约产生的道德"。如果"由契约产生的道德"对正当行动的稳定性或实践必然性持有更具吸引力的解释，那么，它一定会对重新反思道德教育的理论和实践产生深远的影响。接下来，就让我们考察这一问题。

5.2 契约论与正当行动的稳定性

正如我们已经指出的，如果一个人很清楚怎样行动对他者才算是正当的，并不意味着这个人必然会做出这样的行动。康德给出的解释是，正当行动的稳定性或实践必然性需要某种动力来驱动，但他拒绝了把经验世界的各种诱惑作为正当行动的动力，如将自我利益作为正当行动的动力会将意志的决定根据不可避免地置于低级的欲求能力之下。因此，即便做出的行动符合道德法则的要求，这一行动仍然是没有道德价值的。康德断言，正当行动的道德价值仅仅在于这样一个事实，即道德法则本身能够作为一个动力，而不是给出一个动力。道德法则必然地和自为地决定了意志是康德心中的唯一道德律，康德在《实践理性批判》的最后一部分做了最精彩的独白，今日读来依然让人振聋发聩：

> "有这样两件东西，当我们愈加经常地和持久地对其加以反思，它们就愈使心灵充满历久弥新、持续增长的景仰和敬畏，它们就是我头上的星空和我心中的道德法则。"①

---

① Kant.（1996）. "Critique of Practical Reason". in Mary J. Gregor（Trans. and Ed.）. *Practical Philosophy*. New York：Cambridge University press，p.269.

　　康德的道德理想是崇高的，方向是正确的。遗憾的是，康德给出的关于正当行动的稳定性的解释并不理想。康德之后，数不清的康德的支持者和辩护者在康德所开创的事业上继续奋斗。罗尔斯和斯坎伦就为实现这一道德理想而探索出一条不同的进路。如果由契约产生的道德可以合理地解释道德法则的普遍化问题，那么康德的这一道德理想能否实现就要看他们是否对道德法则的稳定性做出了更加合理的解释。在接下来的讨论中我将证明，契约论的义务论对正当行动的动机问题做出了更具吸引力的解释，这一解释也定将对当前道德教育的理论和实践产生积极的影响。

　　首先，契约论的道德理论为我们提供了一种独特的道德推理方式：当我们面对他者思考如何行动时，可以设想自己在一个谈判当中，自己仅是参与谈判的一方或是一方的代表，经过与其他代表平等协商，试想可以达成何种合作的条款或原则。这一条款或原则就是处理自我与他者关系的原则。另一方面，由于这些条款都是参与谈判各方经协商共同同意的结果，各方便拥有遵守这一原则或条款的理由和动力。因此，契约论提供的道德解释更加贴近人们的日常生活经验，整个道德推理的过程就如同想象自己参加一个真实的谈判。这个时候，人们就可以自如地使用自己关于现实中谈判的经验。又由于契约的形式可以实现康德意义上的普遍化形式检验，因此经由谈判达成的条款和原则就具有普遍化的特征。这种道德推理的好处是，一个理性存在者不必借助一个先验世界并来回穿越于两个世界。但是，康德提供的这种方式无疑离人们的经验较远，既不方便操作，也很难对人们的行动产生真正的约束力。

　　其次，道德理论的契约论解释提供了一种对道德的独特理解：道德原则是为了维系公共生活的可能性和持续性所必需的原则，也是维系好的公共生活所必需的原则。道德理论的契约论主张，人类的生存需要与他人合作，因此社会生活的可能性和持续性建立在人们相互协作及其实现这一基础之上。由于这种合作对各方是互惠共赢的，因此，经由平等协商所达成的合作的原则或条款就是人们所愿意接受的。显然，这种对道德的解释能够为康德的命题，即道德法则本身作为动力，提供一个强有力的辩护。契

约论对道德的这种解释还有另外一个优点，它将道德是一种客观事实还是
一种主观观念的问题搁置起来。一方面，主张道德是一种客观事实的人，
必须向人们证明如何认识到这一客观事实以及它对人们行动上的真实约束
力如何，康德就是采取了这一进路探索道德问题。另一方面，主张道德是
一种主观观念的人很难为道德法则的普遍性与恒常性提供有说服力的证明，
因为它缺少一个客观的基础而变得具有随意性。道德理论的契约论解释从
这一争论中巧妙地逃了出来，并为道德法则的来源及其对人们的吸引力提
供了令人信服的说明。

　　但是，可能反对意见会说，事实上有很多人在协议达成以后很快就变
卦了，并恶意违反达成的这些协议，也有一些人故意不遵守协议。这样的
话，公共道德生活如何可能实现呢？这一反驳意见确实是不争的经验事实，
但是它却不能经受理性的审查。如果协议是在参与者在不被强迫且不能被
合理地拒绝的情况下经由平等协商而达成的，亦即协议本身是合理的，上
述两种人即便偶尔从违反协议中获得更大的利益，也无法长期这样维持下
去。他们是无法独立生存下去的，他们如果想重新回到社会合作的机制中
来，就需要得到契约各方的原谅，并承诺自愿遵守协议。

　　最后，道德动机是道德理论中一个重要的概念。因为，如果一种道德
理论能够对道德动机做出合理的解释，我们就相信它很好地处理了正当行
动的稳定性问题。因此，对道德动机通过有说服力的说明是每一种道德理
论所致力的目标，但是它们在这方面所做的努力并不是都很成功。契约论
的道德理论修正和完善了对道德动机的解释，并且这一解释具有明显的优
势。正如斯坎伦所言："我接受契约主义的主要原因是，它就道德动机所提
供的说明从现象学上来说比我已知的其他任何说明都更准确。"[①] 那么，契约
论对道德动机做了何种解释呢？

　　我们首先来看罗尔斯的解释。罗尔斯对道德动机的解释包含在他对

---

① Scanlon, Thomas.（1998）. *What We Owe to Each Other*. Cambridge：Harvard University Press，p.187.

"正当与善"之关系的融合性论证之中，我们从两个方面来了解这样一种融合性论证。一方面，罗尔斯提出："不管一种正义观念在其他方面多么吸引人，但是如果道德心理学原则使它不能在人们身上产生出必要的按照它去行动的愿望（desire），这一正义观念的吸引力就得不到解释。"[①] 显而易见，罗尔斯在此所使用了"愿望"一词，并没有使用"动机"（motive）一词。这一点表明了他和康德之间的差异：对康德来说，如果一个行动是正当的，当且仅当行动者是出于对道德法则的敬畏而做出的行动，也就是说道德法则是正当行动的唯一动机，也是唯一的动力；对罗尔斯而言，正当原则和社会基本善共同构成了正当行动的动机（或动力）。但是考虑到道德动机应该是纯粹的，不掺杂任何经验世界中的诸多诱惑的，因此，罗尔斯认为直接使用"动机"一词可能就是不恰当的。"愿望"一词本身包含了多种内容和多种可能性，对罗尔斯而言，"愿望"一词能够表达道德法则和社会基本善两者同时作为正当行动的驱动力量，而这正是斯坎伦所要反驳的。另一方面，正当原则和善各自发挥着不同的作用，正当原则规范着人们对社会基本善的选择，而由正当原则所决定的社会基本善对人们出于正当原则而行动提供了恰当的（外在）动力。因此，罗尔斯特别强调，在一个社会制度已经实现了普遍正义的社会里，由社会基本制度所规范的内部社会成员共同协作所产生的社会基本善，对人们的正当行动起到了强化作用，久而久之，经过不断的反思平衡，真正的道德动机便在人们心灵中产生。此时，先前的"愿望"就被普遍的"动机"所取代。因此，对罗尔斯来说，当契约达成以后，人们遵守正义原则的动力一开始很可能是由社会基本制度的正义所规范的社会基本善所提供的，之后真正的道德动机才会在正义的社会里生长起来。这是罗尔斯一再强调应用于社会基本制度的正义原则最为重要的原因，社会基本制度的正义从一开始就深刻地影响着人们的行为模

---

① Rawls, John. (1971). *A Theory of Justice*. Cambridge, MA: Harvard University Press, p.455.

式。①由此可以看出，从罗尔斯对正当与善之关系的融合性论证和对道德动机的形成过程论证中，也可以进一步看出罗尔斯正义理论与康德道德理论的不同之处：正义之善（Goods of Justice，即由正义原则所决定的善）是可以被当作正当行动的动机的，至少在道德动机形成的初期是这样。这表明，罗尔斯致力于一种比康德先验道德哲学更为包容性的解释框架，正当与善的融合性论证以下面的方式使合理的功利主义相容于正当理论：当目的善与正当原则相冲突时，正当原则具有绝对优先性；当目的善与正当原则相一致时，即目的善就是正义之善，正当原则允许人们对目的善的追求，此时即可达到"正当且有用"。

让我们再来看斯坎伦对罗尔斯正义理论关于道德动机的解释所做的修正。斯坎伦明确拒绝了将"愿望"作为合理的道德动机的可能性，②他根据其"非自利的契约主义"对道德动机做出了这样的解释：

> "我们不得不与他人友好地生活下去，这是他们没有理由拒绝
> 的，只要他们也受到这一理想的激发的话。"③

这是一个诉诸"一体性"（unity）概念或者"共同生活"理念对道德动机的解释。斯坎伦认为，一个人注定要和其他人一起生活，而且要过好生活也只有生活在群体中。这一点既是一个经验观察，也可以得到原则性的辩护。既然这样，在人们的相互关系中，一个人总免不了向他人就自己的行动提供正当性的说明，说明行动的正当性来源于一个能被人们无法合理拒绝的理由。但是，如果一个人所提供的关于行动的理由不是人们普遍

---

① Rawls, John. (1971). *A Theory of Justice*. Cambridge, MA: Harvard University Press, p.7.

② Scanlon, Thomas. (1998). *What We Owe to Each Other*. Cambridge: Harvard University Press, pp.40–41.

③ Scanlon, Thomas. (1998). *What We Owe to Each Other*. Cambridge: Harvard University Press, p.153.

接受的理由或者是人们合理拒绝的理由，那么这个人的行动显然不能够被他人所接受，他想过上好生活的目标也就不能实现。因此，在斯坎伦看来，对行动的正当性和不正当性的证明就自然地和行动的动机结合在一起。这样看来，社会合作对一个人过上好生活而言就是必需的。同时，如果一个人是自私的，他就很难真正参与到社会合作的事业中来，即便这个人能够偶尔参与几次，最终也会被其他成员所抛弃。斯坎伦认为，他对道德动机所做的这一解释并非意在将参与契约各方描述为无条件的利他主义者，他仅仅反对的是自利的契约主义者对契约各方所做的纯粹理性人的描述和约翰·S·密尔（J. S. Mill）在论证功利原则的最终约束力时将人描述为无条件的利他主义者和自我牺牲者。对于前者，斯坎伦坚持认为对自利的契约主义的理性人描述不能够为他们达成协议提供正确的动机；如果动机的力量足够强大，这一动机也是来源于社会基本善的吸引，而非来自道德法则本身。对于后者，斯坎伦认为，良心能够为人的行动提供足够强大的动机力量，但是当一个人仅仅为了集体的目的善而做出毫无合理理由的完全自我牺牲，这就是正义原则所不允许的。因为，在契约论的正义理论看来，一个集体仅仅为了大多数人的目的善牺牲少数人的利益乃至生命这一做法是不正当的。因此，斯坎伦选择了对契约各方的一种较为中性的描述，这一描述既不像罗尔斯一样诉诸正义之善，也不像密尔一样诉诸良心本身，而是将契约各方的描述诉诸他们的好的生活的可能性本身，因而是比较合理的。在提到他为什么能够接受这一对道德动机的说明时，斯坎伦这样说："一个行为的不正当性提供了理由让人不去做此行为时，我对这种理由能够提出的最好的描述与和他人的关系有关，这样的行为会把我置于这样的关系中，即那种感觉：其他人可以有理由反对我所做的事。[①]"实际上，我们可以把斯坎伦接受他自己对道德动机的描述的这一理由看作是一种非自利契约主义道德理论的一种有效的道德推理模式：当我面临一种道德情

---

① Scanlon, Thomas.（1998）. *What We Owe to Each Other*. Cambridge：Harvard University Press，p.155.

境，我实际上想这样做，但是有一个明显的理由告诉我这样做是不正当的，显然，当我意识到这一问题时，我已经将自己置于与他人的关系中，而他人就可以基于我们都无法拒绝的理由反对我这种做法，从而，我不让自己这样做，并转而寻求正当的做法。可以说，斯坎伦对契约论的合理运用实现了对正当性证明和道德动机两者的有机结合，从而能够更好地解释正当行动的稳定性问题。这一修正是罗尔斯正义理论的主要发展，它表明：在不依赖社会基本善的前提下，道德动机仍可以被有效地说明。

　　但是，契约论的道德理论，无论是罗尔斯的还是斯坎伦的，他们对正当行动稳定性的解释是在对康德致力于实现的道德目标上做出了一定牺牲后的结果。例如，罗尔斯在对正当与善之关系的融合性论证中试图将正义之善作为正当行动的动力，斯坎伦对罗尔斯的修正尽管已经较为完美，但我们仍然怀疑其在行动的理由的来源上是否也难以避免社会基本善的内容。不过，当考虑到在一个正义的社会中，人们行动的正当性是我们所追求的最大目标，我们适度放弃康德意义上的道德动机论也许是可以接受的。例如，如果我是一个老师，我生病了，我的几个学生来看望我，虽然个别学生来看望我仅仅是出于给我留下好印象这个动机，难道我还要一一追问他们的动机吗？显然，没有人愿意事事都追问动机，没有人愿意做一个彻底的诛心论者。因此，契约论的道德理论满足了我们对正当行动本身的要求，因此仍然是值得欲求的。另一方面，这一牺牲和妥协，绝不意味着康德所致力追求的最纯粹的道德这一终极目标对我们已经失去吸引力了。事实上，就像前面的论证所显示的那样，我们的理论和实践正在慢慢接近这一目标。

5.3　罗尔斯论正义感

　　在前一部分，我们论证了罗尔斯和斯坎伦在正当行动的稳定性问题上给出了比康德更有说服力的解释。但是，如果确实是这样，我们应该如何解释后者的说服力呢？

　　我们受密尔的启发，如果我们将正当行动的稳定性解释为道德法则对行动的约束力（sanctions）问题，那么这一约束力可以分为内在约束力（又可称为"动机"）和外在约束力（又可称为"动力"）。那么，康德提供的解决方式是，虽然一般认为经验世界中的外在诱惑常常去使人们做出一个行动，如显见的利益常常是一个人行动的动力，但康德认为这样的行动即便与道德法则相一致也不会有任何道德价值。因此，如果道德法则也能给出像外在诱惑一样的驱动力量，那么正当行动的稳定性问题就解决了。所以，康德给出的答案是，道德法则本身作为一个动力，而不是给出一个动力，这一命题的可能性在于道德法则对人类情感产生了某种深刻的影响。康德的解决方式是将行动的外在约束力和内在约束力合二为一，且都由道德法则所产生的情感来对人们的行动产生驱动力。但康德同时指出，这一知识只能通过理性先天地来把握，换言之，从经验的角度是没法解决的。罗尔斯和斯坎伦看到了这一先验进路的缺陷，即更加普遍的情况是道德法则并不能像外在疑惑那样有行动力，从而使人们经常面临这样的尴尬：我明明知道怎样行动是正当的，但是由于别的原因我没有这样做。罗尔斯的解决方案是借助于正当与善的融合性论证，指出正当行动的吸引力即在于正当原则本身，因为如果人们不按照正当原则来行动就会产生内疚感，同时正当行动的吸引力也在于对社会基本善的追求。并且，如果在一个其社会基本制度已经普遍实现正义的社会里，社会基本善本身已经受到正当原则的约束，因此，当人们由于受到正义之善的吸引而行动时，这一行动本身就是符合正当原则的，这是稳定性的第一个层次；但是这样还不够，当人们在这样的环境中反复练习和实践之后，决定善的正义原则得到强化和促进，人们的正义感油然而生，而此时正当行动的内在约束力就实现了，这是稳定性的第二个层次。[①] 斯坎伦对正当行动的约束力问题，也诉诸正义感，他

---

　　① 罗尔斯把由正义感促进和产生的行动称为"出于正当理由的稳定性"（stability of right reasons），要详细了解罗尔斯对这一问题的论述，可参考：Rawls, John.（1996）. *Political Liberalism*. New York：Columbia University Press，p.390；p.392.

与罗尔斯的不同之处仅仅是：他用人们对美好生活的可能性作为行动的理由取代了罗尔斯将社会基本善作为使人们所产生正当行动"愿望"的做法。因此，罗尔斯和斯坎伦与康德相比，他们对正当行动的吸引力的解释几乎完全借助于人们在经验层面的认识和理解，并且他们所提供的道德推理的方式也更加贴近人们的真实生活情景。罗尔斯明确声称，正义感是一种真实的道德情感，不需要借助于先验世界便可为人们所把握，而正义感对维系正当行动的稳定性尤其关键。在接下来的讨论中，我们简要论述罗尔斯是怎样看待正义感的形成这一问题的，对这一问题的讨论有两个意义：一方面，这一讨论可以被看作是对前一部分契约论道德理论关于正当行动稳定性的解释的补充；另一方面，它将为我们讨论学校道德教育的理论和实践奠定理论基础。

可以这样说，没有哪一个伦理学家像罗尔斯一样重视正当行动的稳定性问题，《正义论》的最后一部分以及后来出版的《政治自由主义》都是处理正当行动的稳定性问题的。他在后一本书中指出，正当行动的稳定性有赖两个条件的实现：一是道德心理学意义上的正义感的形成；二是以正义的政治观念为中心的交叠共识（overlapping consensus）的形成。[①] 按照罗尔斯的解释，正义感是正义的共同体的成员按照一定的正义原则而行动的强烈的和有效的愿望。[②] 在一个社会基本制度已经普遍实现了正义理想的社会中，正义感是一个成熟公民的基本情感，正如同一个正常人拥有爱、同情和友谊这些自然情感一样，[③] 没有正义感意味着人性中缺少某些基本的东西[④]。那么，正义感是否像某些自然情感一样是与生俱来的呢，还是经过培养而产生的？在罗尔斯看来，正义感虽然不必经由康德那样的先验世界而

[①]　Rawls，John.（1996）. *Political Liberalism*. New York：Columbia University Press，p.142.

[②]　Rawls，John.（1971）. *A Theory of Justice*. Cambridge，MA：Harvard University Press，p.454.

[③]　Rawls，John.（1971）. *A Theory of Justice*. Cambridge，MA：Harvard University Press，p.491.

[④]　Rawls，John.（1999）. "The Sense of Justice". in Samuel Freeman eds. *Collected Papers*. Cambridge，MA：Harvard University Press，p.96.

被认识到，但是它确实与其他自然情感不同。自然情感，如同情，它的产生主要有两种解释：一种是休谟所主张的本能论，即同情是人之为人的一种本能情感；另一种解释是玛莎·纳斯鲍姆给出的，同情乃是由于人类所共有的某些弱点所导致的，[①] 如死亡是人类共有的弱点，看到别人死亡，我会联想到自己的死亡，因而我会产生同情。然而，这两种解释都难以说明同情所具有的道德价值。首先，同情出于本能的解释，暗含了它具有这样一个发挥作用的秩序，即同情亲人胜于同情邻居，同情邻居胜于同情陌生人。这样的话，伦理意义上的同情存不存在，如何解释？其次，同情出于人类所共有的弱点的解释则面临这样一个困境：如果我事实上或者我自以为我在某些方面没有弱点，那么我就没有必要产生同情。例如，我是一个富人，当我路过一个真实的、境遇极其悲惨的乞讨者时，如果我考虑到我绝不会沦落到那么一天时，我就不会同情他们，更不会对他们产生救助的行动。这样的话，对处于劣势境遇中的他者的同情如何实现呢？罗尔斯在《论正义感》这篇论文中提到，卢梭在《爱弥儿》中指出正义感不仅是一个知性的道德概念，它更是一个由理性在人类心灵上所激发的一种真实情感，也是人类原始之爱的自然结果。[②] 罗尔斯接受了这一看法，因为一方面正义感不同于纯粹的本能，也不是仅仅由人类共有的弱点所导致的；另一方面，正义感是人们普遍认识到人与人之间的互利互惠的结果，人们认识到他者对自我生存和发展的积极意义，他者的利益很可能就是我自己的利益，没有人愿意过离群索居的生活，这种情感被罗尔斯称为"原始之爱"或者"人类之爱"。因此，在罗尔斯看来，同样作为一种道德情感的正义感则与上述发生机制不同，因为正义感的产生始终有两种东西在起着调节作用，它们是人们之间的相互性（reciprocity）和正义原则；另外，正义感的产生始终会受到一个相反情感的制约，即内疚感（feelings of guilt）。

---

① Dubber, Marcus Dirk. (2005). Making Sense of the Sense of Justice. *Buffalo Law Review*, 53 (3).

② Rawls, John. (1999). "The Sense of Justice". in Samuel Freeman eds. *Collected Papers*. Cambridge, MA: Harvard University Press, p.96.

　　首先，让我们来看何为相互性。相互性不能简单地理解为物质利益上的互惠互利，它实际上是一个人对待他人的方式，可以是物质利益方面的，也可以是指人的尊严，而且后者更为重要。因此，相互性可以这样来理解：如果有人愿意以公正的方式对待我，我也愿意以公正的方式来对待他；如果我以公正的方式对待了他们，那么我也期待他们能够以同样的方式对待我。因此，对待他人，即便是陌生人，我也会像对待自己的亲人朋友一样公正地对待他们，而这正是令他们感到受尊重的方式，这样，我也不会因为对方是一个陌生人就会听从其他情感的任意支配从而不公正地对待他，并希望获得对方的尊重。因此，罗尔斯认为，相互性是在自我与他者交往中的一种以德报德的倾向，而这一倾向是一种不争的心理学事实。①其次，正义原则的调节作用在于，在一个其社会基本制度实现了普遍正义的社会里，一方面，制度的正义性规范着人们的行为，经由契约而达成的公民之间的社会合作协议也规范着人们的行为；另一方面，人们在这一制度环境中总能感觉到被平等地尊重，自我尊严的实现使我更倾向于去维护和促进制度的正义性，自觉地接受正义原则的规范。这一过程导致了人们对正义原则的反思，加深了对正义原则的认识。这一对正义原则的认识起着不断调整其他情感的作用，其中最重要的是内疚感。罗尔斯在讨论人的道德发展的阶段时将这三者有机结合起来，共同促进了正义感的产生。

　　罗尔斯将人的道德发展分为三个阶段，即权威的道德（The Morality of Authority）、社团的道德（The Morality of Association）和原则的道德（The Morality principle）。②在权威的道德阶段，在一个家庭之中，父母疼爱他们的孩子，孩子也慢慢地信任和爱他们的父母，他们之间的相互性是以爱和信任的方式呈现出来。孩子一般还不具备对正义原则的认识，但是经由父母以命令和惩罚等方式传递给孩子的准则应多为正义原则所支持的那些准

---

①　Rawls, John.（1971）. *A Theory of Justice*. Cambridge, MA: Harvard University Press, p.495.

②　Rawls, John.（1971）. *A Theory of Justice*. Cambridge, MA: Harvard University Press, pp.462–479.

则。孩子遵守准则可能仅仅因为信任父母或者他们想使自己的举止像他们所尊敬的人的那种样子。因此，如果孩子因没有遵守这些规则而表现出的内疚感并非由于认识到正义原则而产生的。在社团的道德阶段，孩子活动的范围逐渐扩大，可能会加入各种各样的正式的和非正式的社团中去，这时他们开始承担不同的角色。孩子逐渐认识到自己在与社团中的人进行合作时需要处理不同的动机、态度、观点和意图等问题以及自己在社团中的责任和义务等问题，他们开始意识到合作者坚持公正这一规则很重要。当他们没有尽到职责时就会表现出内疚感，此时的内疚感就与正义的原则连在一起了。另一方面，孩子们在社团合作中与他人的交流以及合作带来的成果和欢乐，会发展出友谊或者其他依恋关系。这时他们开始体会到虚伪与真诚、忠诚与欺骗、正直与偏袒等价值。进入原则的道德阶段后，孩子们参与社团的范围逐渐扩展，他们会发现在前两个阶段认识到的爱与信任、友谊与互信这些价值，已经远不足以支持他们作为公民这一角色了。因为公民团体不可能普遍地通过友情，而是通过公共正义原则联系在一起。① 他们甚至会在面对不正义的制度时产生愤怒，并有强烈的按照正义原则改进政治制度的愿望，这样正义制度的规范力会扩展到公民行动的方方面面。这时候他们由于各种原因产生的内疚感则牢牢地与正义原则联系在一起。此时，正义感也就形成了。罗尔斯最后用道德心理学的三条法则来总结正义感的形成过程：

"第一法则：如果家庭制度通过关心孩子的善以显示出它们对孩子的爱，孩子只要体会到这种明显的爱，这些孩子便会逐渐地爱上它们；

第二法则：如果一个人以和上述法则相符合的方式获得了依恋关系，他就实现了一种友好情感能力，如果一个社会的安排是

---

① Rawls, John.（1971）. *A Theory of Justice*. Cambridge, MA: Harvard University Press, p.474.

正义的并且所有的人都知道它是正义的，当他人怀着明显的意图履行他们的职责时，此人便会在交往关系中发展同他人的友谊和信任关系；

　　第三法则：如果一个人以与上述两个法则相符合的方式发展了依恋关系，也获得了一种友好情感能力，而此时一个社会的制度是正义的并且所有的人都清楚它是正义的，那么，当此人和他所关心的那些人都是这个正义的社会制度的受惠者时，他便会获得相应的正义感。"①

我们相信，如果正义感的形成能够得到合理的解释，那么，在公民社会中，自我对他者的正当行动就能得到维系。而这正是我们在前面详细讨论两种道德理论的目的。

---

① Rawls，John.（1971）. *A Theory of Justice*. Cambridge，MA：Harvard University Press，pp.490–491.

第6章

一种包容性的道德理论

在前面几章中，我们重点讨论了关于"善"的两种理论，即亚里士多德伦理学和现代美德伦理学，和关于"正当"的两种理论，即先验论义务论和契约论义务论，并较为详细地解读和评估了它们各自的论证和相互之间的辩驳。这为我们提出一个包容性的解释框架奠定了基础。如前所述，一个好的道德理论应该是可以同时包容"善"的理论和"正当"的理论，并且能够为两种理论如何相容其中提供一个令人信服的解释。我们在本章中的一个主要目标就是尝试提出这样的一个令人信服的、包容性的解释框架。

从前面几章的解读和评估来看，尤其是对康德先验义务论的框架的解读，使我们认识到，要提出一个令人信服的、包容性的解释框架，就需要正确处理一对与之相关的核心概念，即"伦理"与"道德"。这两个概念与"善"和"正当"这一对概念既相互区别，又相互联系。这是在我们对"正当与善相分离"（divorcing the right and the good）①这一问题进行分析之前必须要处理的问题。从而，在此基础上，我们提出一种包容性的解释框架。

---

① Schroeder, S. A. (2009). *Divorcing the Good and the Right*. Harvard University.

6.1 道德哲学中的"伦理"和"道德"概念

内尔·诺丁斯（Nel Noddings，1929 年— ）在其极具影响力的《教育哲学》一书第八章"伦理与道德教育"中，对"伦理"（ethics）与"道德"（morality）两个概念做了区分。诺丁斯指出，在日常生活中，我们常常将"道德"与私人生活（personal life）相联系（尤其是性习惯和规则）；然而，哲学家们则是在更加宽泛意义上使用"道德"一词的，哲学家将"道德"理解为我们应当如何做事和我们应当如何生活，尤其是指我们和他者（others）是如何相互影响的，故而将"伦理（学）"理解为对"道德"的哲学研究。[①] 尽管诺丁斯对"伦理"与"道德"两个概念做出了区分，但她在"伦理与道德教育"一章中对这两个概念是作为同义词使用的。所以，这样的行文总是令人困惑：既然"伦理"与"道德"同义，这一章的题目为何不干脆称为"道德教育"或者"伦理教育"？还有，与"伦理教育"相比，学者们为何使用"道德教育"更频繁？在讨论古典道德哲学时，"古典伦理"为何不被人们称为"古典道德"？这仅仅是由于学者们所使用哲学术语的偏好不同所致，还是有什么别的原因？这一直是困扰道德哲学、道德教育的一个主要问题。在教育领域中，尤其是在讨论道德教育问题时，"做有美德的人"或"做一个（道德上的）好人"与"按照道德法则去做正当的事"之间经常发生冲突（例如，对"善意的谎言"问题的讨论），而这种冲突的背后则与"伦理"和"道德"两个概念的区分密切相关。在此，我们主要借助于概念分析法和文本分析法对"伦理"与"道德"两个概念尝试做出三种重要的区分，并基于这一区分重新思考什么是好的道德理论。

一、历史与词源

对道德哲学感兴趣的人都清楚，亚里士多德（Aristotle，公元前 384

---

① Noddings，N.（2016）. *Philosophy of Education*. Boulder：Westview Press，pp.145.

年—公元前 322 年）的两部道德哲学著作题为《尼各马可伦理学》（古希腊文：ηθικων νικομαχειων，英译：Nicomachean Ethics）和《优台谟伦理学》（古希腊文：ηθικων ευδημιων，英译：Eudemian Ethics）；而康德（Immanuel Kant，1724 年—1804 年）的三部重要道德哲学著作中有两部名为《道德形而上学奠基》（德文：Grundlegung zur Metaphysik der Sitten，英译：Groundwork for the Metaphysics of Morals）和《道德形而上学》（德文：Metaphysik der Sitten，英译：The Metaphysics of Morals）。在道德哲学史上，两位最重要的哲学家的道德哲学著作使用了两个完全不同的术语。要理解这两种截然不同的道德哲学传统，我们就先要从对"伦理"与"道德"两个概念的理解上入手。

西方道德哲学的源头是古希腊。"伦理"概念的出现先于"道德"的概念，源于古希腊时代。在古希腊文中，英文 Ethics 一词对应的是 ῆθος，有处所、风俗、习性、习惯之意。因此，在古希腊文献中，伦理 ῆθος 指向人们"过某种生活"。按照海德格尔的解释，ῆθος 意为居住之地，居住之地可让达到人的本质的东西呈现出来，也就是说，居住之地蕴含和保存着人在其本质中所从属东西的到达。[①] 古希腊人生活在城邦中，城邦生活赋予了古希腊人应有的风俗人情、生活习性和行为习惯，唯其如此，他们方可称之为古希腊人。古希腊哲学家亚里士多德的两部著作《尼各马可伦理学》和《优台谟伦理学》之所以被理解为或被翻译为伦理学，而不是道德（哲）学，便与"伦理"的词源 ῆθος 有关。这两部伟大作品所探讨的主要问题便是美德（virtue）的获得、品格（character）的养成以及城邦生活的可能性。按照亚里士多德的理论，伦理的中心问题便是伦理品格的养成问题，而伦理品格的养成则依靠美德的获得；一个人要获得美德或成为一个有美德的

---

① MacIntyre, A. C.（1987）. *Der Verlust der Tugend：Zur moralischen Krise der Gegenwart.* Frankfurt：Campus Verlag，s.60. 转引自：邓安庆. 再论康德关于伦理与道德的区分及其意义 [J]. 北京大学学报（哲学社会科学版），2019：56（5），24-36.

人，就需要去做有美德之事，并将做有美德之事成为他／她的习惯。^①换言
之，古典"伦理"概念重在品格的养成。古典"伦理"概念虽与美德或德
行紧密相关，但在古希腊时代，仍然没有出现"道德"（morality）或"道
德的"（moral）概念。因此，"美德"并不是一个和后世出现的"道德"的
概念相对位的一个概念。后世的道德哲学家所探讨的是美德伦理学（Virtue
Ethics），而不是"美德道德学"，其源头一般也可追溯至亚里士多德的伦理
学思想。

　　学者们普遍认为，"道德"一词首先出现在拉丁文中。在古罗马时代，
西塞罗（Marcus Tullius Cicero，公元前 106 年—公元前 43 年）在翻译古希腊
典籍时，最早将 ἦθος 翻译为 mores（其形容词为 moralis）。^②尽管现代"道
德"概念的词源可以追溯至拉丁文的 mores，但 mores 的含义在古罗马时代
实则延续了古希腊文的含义，即风俗或习惯。根据麦金泰尔对"道德"概
念的学术史考察，"道德"一词作为一个与伦理相区分的、独立的概念来使
用始于十七世纪晚期，主要指向与性行为相关的事情上：在当时，"不道德
的"往往是指性行为上的不检点。^③从那个时期开始，道德就成为与神学、
法学、美学相区分的一个独立的领域，一套独立的学说，"道德"的现代概
念由此确立：道德不同于古希腊文的 ἦθος，也不同于拉丁文的 mores，主
要指向道德主体（moral agents）的行动规范或行动原则。康德是第一位从
哲学上区分"伦理"和"道德"两个概念的哲学家。在《道德形而上学奠
基》这部经典著作中，康德通过考察古希腊以来的物理学、伦理学和逻辑
学发展，提出了历史上的伦理学分为两个独立的领域：一个是经验的领域，

　　① Aristotle.（2004）. *Nicomachean Ethics*. Trans. and Ed. by Roger Crisp. Cambridge：
Cambridge University press，pp.23–36.

　　② Gordon, J. S.（2013）. Ancient Ethics and Modern Morality［EB/OL］. *Internet
Encyclopedia of Philosophy*（IEP）.

　　③ MacIntyre, A. C.（1987）. Der Verlust der Tugend：Zur moralischen Krise der Gegenwart.
Frankfurt：Campus Verlag, s.60. 转引自：邓安庆. 再论康德关于伦理与道德的区分及其意义
［J］. 北京大学学报（哲学社会科学版），2019：56（5），24–36.

称之为实践人类学（practical anthropology）；一个是理性的领域，称之为道德（学）（morals）。[①] 然而，有人可能会提出质疑，Sitten 在德语中意为风俗、习惯，和伦理这一概念更为相近，为何在对 Grundlegung zur Metaphysik der Sitten 翻译时将书名译为"道德形而上学奠基"，而非"伦理形而上学奠基"？在十八世纪，如果道德（学）仍可以被视为伦理学的理性领域，而康德在 Grundlegung zur Metaphysik der Sitten 中处理的主要问题就是伦理的理性领域，即道德，那么，康德这部作品的众多译者都将书名译为了"道德形而上学奠基"（Groundwork for the Metaphysics of Morals）就不难理解了。[②] 康德以来，在哲学讨论中，"道德"作为道德主体行动的准则、原则或法则的概念就逐渐明晰起来。

由此看来，"道德"完全是一个现代概念。当有些学者提及古典伦理或者美德伦理学时，我们已经意识到他们所要讨论的内容与康德所讲的"道德"至少在很大程度上是不一样的。这就是"伦理"话语和"道德"话语给人们的道德直觉上带来的"冲突"。然而，这样一种差别是如何造成的呢？我国学者邓安庆教授给出了一种令人信服的历史学解读。[③] 按照邓安

---

① Kant，I.（2018）. *Groundwork for the Metaphysics of Morals*. Trans. by Allen W. Wood. New Haven：Yale University Press，p.4.

② 在道德学说发展的初期，道德和伦理的关系并不清晰。此处对康德文本的解读有可能存在争议。如果将"道德是伦理的理性领域"（也就是说，道德是伦理的一部分内容）这种观点视为康德本人的观点，而不是当时伦理与道德关系的实存，那么根据这种假设，就可以得出：康德在其成熟时期的道德哲学发生了变化。这一变化主要体现在其《道德形而上学》这部作品中，康德明确提出道德包含两部分内容，其中一部分为"正当性学说"（dodrino of right），另一部分为伦理学，也即是美德学说（doctrine of virtue）。也就是说，在康德成熟时期的道德哲学思想中，将伦理学视为了道德（学）的一部分内容。但即便我们认可这一主张的合理性，也不会影响一个事实，即在《道德形而上学奠基》中，康德处理的是道德问题，而不是伦理问题。因此，后世译者普遍将康德的两部作品分别意为《道德形而上学奠基》和《道德形而上学》，仍然是可以得到理解的。

③ 邓安庆.再论康德关于伦理与道德的区分及其意义［J］.北京大学学报（哲学社会科学版），2019：56（5），pp24-36.

庆教授的解释，古代伦理关注的是人类的共存或者说共同体（城邦）的共存问题，以实现幸福（生活）或人类的兴旺发达①为最高目的，而要实现这一目的，人们就应该成为有美德的人，并将做有美德之事成为他们的习惯，而社会风俗对道德品格的形成就是至关重要的。然而，古希腊、古罗马以来，特别是进入中世纪后，随着"基督教道德"的兴起，法律和风俗逐渐降低到了神圣道德之下，"道德"便与各种宗教戒律联系起来，成为指导人们行为的规范或原则。因此，"道德"作为道德主体行动的规范或原则由此确立，现代"道德"概念从古希腊的 ἦθος 和古罗马的 mores 概念中独立出来。欧洲宗教改革之后，个体与上帝之间的沟通发生了根本性的变化：宗教改革前，个体与上帝之间的沟通必须经由牧师；而宗教改革后，个体可以与上帝进行直接沟通。宗教改革所确保的个体自由为后世义务论的兴起奠定了基础。这一重要的历史转变促成了道德哲学上由"伦理"向"道德"、由"风俗习惯"向"行动规范"、由"美德"向"义务"的根本性转变。康德整个的道德哲学大厦便是建基于这一根本性转变的基础之上。

以上对"伦理"和"道德"概念的词源和学术史考察，可能会使读者产生新的疑惑："道德"究竟是一个和"伦理"相对位的概念，还是"伦理"的一个下位概念？把"伦理"看成是对"道德"的哲学研究的主张是否仍然成立呢？在接下来的两部分论证中，笔者将对两个概念进一步做出区分，以便对这些问题做出一种探索式的回答。并在这一基础上，进一步探讨这些区分所可能带来的理论价值和实践价值。

二、以主体为中心和以行动为中心

阿皮亚（Kwame Anthony Appiah，1954 年—　　）在其《伦理学实验》

---

①　Eudaimonia（古希腊文：εὐδαιμονία）通常译为"幸福"（hapiness）或"福利"（welfare），但更准确的理解可能是"人类的兴旺发达"（human flourishing，prosperity）。

（Experiments in Ethics）一书第二章"反对品格的例子"中对"伦理"和"道德"做出了如下区分：

> "在此，我将遵循亚里士多德对'伦理'的用法，把'伦理'理解为对人类何以兴旺发达问题的探讨，这意味着（人类）如何过得更好（well lived）。我将在更加窄的意义上使用'道德'一词，主要是指我们应该和不应该如何对待他者。"①

这一区分实际上把"伦理"理解为对"一个人（我们）应当如何生活"（How should one（we）live？）这一问题的回答；而把"道德"理解为对"我们彼此负有什么义务"（what do we owe to each other？）这一不同问题的回答。我们把前者称之为以主体为中心的（agent-centered）的理论，把后者称之为以行动为中心（action-centered）的理论。

阿皮亚对"伦理"和"道德"概念的理解建基于其对道德哲学史的理解。如前所述，自中世纪以后、文艺复兴以来，特别是自康德之后，道德哲学发生了根本之变化：古典道德哲学的中心任务是发展出一种对道德生活性质的恰当理解，主要回答人们应该过什么样的生活，这种生活的性质决定了生活其中的人们的行为模式；但是现代道德哲学的中心任务却试图对人们行动的道德根据提出某种合理的解释，主要回答我们应该如何对待他者以及行动的最终根据是什么。不管是对当代美德理论学的辩护者还是对亚里士多德来说，他们都不否认这样一种对"伦理"的解释。尽管"美德伦理学"是一个彻底的现代概念，但当代美德伦理学的辩护者直接将其源头追溯至亚里士多德。他们认为，古典时代的亚里士多德主要关心的是城邦生活的可能性以及如何兴旺发达的问题，而美德对古典城邦生活的维系是至关重要的。如果城邦的维系乃至兴旺发达需要美德，那么城邦公民的美德培养问题便是头等大事。美德的养成需要两个步骤：第一，一个人要

---

① Appiah, K. A.（2008）. *Experiments in Ethics*. Cambridge：Harvard University Press, p.37.

成为有美德的人，需要这个人将做有美德之事成为他 / 她的习惯，这个过程被亚里士多德称之为美德的"习惯化"（habituation）；第二，一旦这个人的习惯业已养成，她 / 他再做有美德之事便是自然而然的了。久而久之，这个人便养成了较为稳定的行为模式，这个时候她 / 他的品格便形成了。施特劳斯（Leo Strauss，1899 年—1973 年）将美德在一个人身上发挥作用的机制描述为一个"垂直的等级系统"。[①] 这个垂直的等级系统意味着，一个人拥有美德之后，她 / 他再运用美德时就如同一个美德"司令官"在发号施令，使她 / 他的身体做出相应的行动来。换言之，一个人做出有美德之行动，不是因为这个人在行动时做出了（好的）选择，而仅仅是因为做出这个行动的人是有美德的；相反，如果一个坏人恰巧做了一个有美德的行动，这个行动也是没有道德价值的，因为它不是由有美德的好人做出的。因此，对亚里士多德来说，一个行动是好还是坏，要取决于做出这个行动的人是好还是坏。这样的话，对一个人是不是好人的评价就要看这个人的品格特质了。[②] 由此看来，城邦生活需要美德，而美德的形成和运用事关道德主体本身。我们把美德伦理学的这一特点称之为"以主体为中心"。以主体为中心的理论还有另外一个特点，即"自我关涉"（self-regarding），是指一个人可以不去和任何人发生任何联系便可以成为具有某种美德的人。以"勇敢"这一美德为例，一个勇敢的人不需要去战场上杀敌也可以是勇敢的人，甚至有些人生性勇敢，而有些人则生性怯懦。这也说明，美德的形成乃至运用可由道德主体独立完成。可以说，在亚里士多德所重视的诸美德之中，除"正义"之外的绝大多数美德（如"勇敢""节制""理智"等）都具有

---

① Strauss, L. & Cropsey, J. (Eds.). (1987). *History of Political Philosophy*. Chicago: The University of Chicago Press, p.592.

② Slote, M. (1995). Agent-based virtue ethics. *Midwest studies in philosophy*, 20, pp.83-101.

"以主体为中心""自我关涉"这两个特点。①

但是，以"主体为中心"的美德伦理学面临着这样的理论困境：②

（1）一个人获得美德之前总是始于首次运用美德，即首次去做有美德的行动，而在此时这个人还并没有美德。如果这是合理的事实，它就与"一个行动是有美德的是因为它是由有美德的人做出的"这一主张相冲突。

（2）"以主体为中心"的美德伦理学认为，如果一个坏人（碰巧）做出了一个有美德的行动，这个行动也是没有道德价值的，因为它不是由有美德的好人做出的。如果这一主张是令人信服的，那么坏人就没有任何机会改过从善。因为坏人改过从善，总是从初次做有美德之行动开始的，但这个时候他还不是好人。

这样，从对"主体"的评价转向对"行动"的评价（evaluation）就成为道德哲学面临的紧迫任务。如果说，美德伦理学是根据道德主体来评价行动的，那么现代道德理论则是根据行动来评价道德主体。一个行动是正当的还是不正当的，取决于这一行动所依据的最终原则是什么。对康德来说，"一个行动是正当（right）的，当且仅当这一行动所依据的规则

---

① 在《尼各马可伦理学》中，亚里士多德将"正义"与其他美德区分出来进行单独讨论。亚里士多德认为，"正义"和其他美德的不同之处在于，正义是关乎两个人以及多个人之间的美德，并不像除"正义"之外的其他美德一样，是在自己身上运用美德。因为在其他人身上运用美德比在自己身上运用美德更难，因此，"正义比天上的星辰更加让人崇敬"。要进一步了解亚里士多德对这一问题的讨论，可参考：Aristotle.（2004）. Nicomachean Ethics. Trans. and Ed. by Roger Crisp. Cambridge：Cambridge University press，pp.81–83.

② 对美德伦理学理论困境的讨论可以进一步参考：Elias, J. L.（1995）. *Philosophy of Education：Classical and Contemporary*. Krieger Publishing Company，p.45；Peters. R. S.（1963）. Reason and Habit：The Paradox of Moral Education. In W. R. Niblett eds. *Moral Education in a Changing Society*. Faber and Faber Limited，pp.46–65. Kristjánsson，K.（2006）. Habituated Reason：Aristotle and the "Paradox of Moral Education". *Theory and Research in Education*，4（1），101–122.

（maxim）是可普遍化的（universalized）"。① 如果这一规则是可普遍化的，那么它就是一个"道德法则"（moral law）。也就是说，如果一个行动所依据的最终规则是一个可普遍化的道德法则，那么，这一行动就一定是正当的，而不取决于做出这一行动的人是否拥有美德或者是否是一个好人。例如，"诚实"既是一个亚里士多德意义上的美德，也是一个康德意义上的可普遍化的道德法则。如果一个人做出诚实的行动，对亚里士多德来说，当且仅当做出这个行动的人是一个诚实的人，这一行动才有道德价值；否则，即便是诚实的行动也毫无意义。但对康德来说，如果诚实原则是可以得到普遍化检验的，那么这一行动便是正当的行动。因此，对康德来说，既然行动所依据的规则至关重要，去看一个规则是否是能够通过可普遍化检验就至关重要了。在《道德形而上学奠基》这部作品中，康德的主要任务便是为道德奠定这样一个基础：为人们的行动所依据的规则提供某种形式化检验，以便使人们能够确信自己行动所依据的规则是可普遍化的道德法则，因而做出的行动是正当的行动。康德所提供的形式化检验并非源自经验，我们不能仅仅因为自己曾经对他者说谎从而为自己带来好处，就可以说"说谎"是一个可普遍化的道德法则。因而，对康德来说，形式化检验是通过先验的方式完成的，即一个拥有正常理性的人通过纯粹的形式化推理完成的。康德在书中以"诚实"为例，当且仅当任何人之间、在任何情况下都不说谎时，我们的社会生活方可维系；否则人人说谎的社会就是不可维系的；并且一个人如果对他者说谎，这个人因为把别人当作为自己谋利的工具，就违反了"人是目的"这一原则。因此，诚实是一个可普遍化的道德法则，诚实的行动总是正当的，说谎总是不正当的。康德的道德理论和功利主义道德理论等都属于以"行动为中心"的理论，这些理论道德推理的特点是"他者关涉"（other regarding），即，当我们考虑到行动所依据的规则是否可普遍化时，我们将这种考量放入人与人之间的关系之中进行推

---

① Kant, I. (2018). *Groundwork for the Metaphysics of Morals*. Trans. by Allen W. Wood. New Haven: Yale University Press, p.34.

理，而不是像美德的自我完善一样，可以不与任何人发生联系也可以成为一个有美德的人。换句话说，我不能这样设想：我曾经在与他者的无数次交往中说了无数次谎言而没有被他们发现，从而可以使我确信说谎是正当的。如果考虑到他者向我说一次谎给我带来的伤害，从而使我确信我不应该向他者说谎，他者也不应该向我说谎，因此，诚实（不说谎）的行动才是正当的。每个人对他者诚实是应尽的义务（obligation），是人之为人的职责（duty）所在。正是在这个意义上，康德将自我对他者的这种义务，即自我出于道德法则而对他者的行动（act from moral law），称之为"绝对律令"（categorical imperative）。① 因此，我们可以将现代道德理论的中心任务概括为"我们彼此负有什么义务"。我们彼此负有的义务是通过自我对他者的正当行动来实现的。

通过以上的讨论，"伦理"与"道德"之间的区分更加清晰。但我们不宜以武断的方式理解他们之间的界限。事实上，无论是亚里士多德还是当代美德伦理学家并非对"行动"问题绝对置之不理。对亚里士多德来说，他讨论的重心是善的概念（the conception of good）、品格、诸美德、习惯和实践智慧（phronesis），对"行动"的处理则失之模糊。亚里士多德也讨论了关系中的美德，如正义（justice）。问题可能是，正义究竟是一种美德还是一种可普遍化的原则，历来存在争议。② 康德则直接贬低"勇敢""节制"

---

① 康德区分了两种依据道德法则而做出的行动：一种是出于道德法则而行动（act from moral law）；另一种是遵守道德法则而行动（act in accordance to moral law）。前者是指一个拥有正常理性的道德主体出于对道德法则的敬畏（respect）而做出的行动；后者是指一个拥有正常理性的道德主体被动地遵守道德法则而做出的行动。虽然单纯从外显的行动来看，两类行动可能完全一致，但却具有不同的道德含义：前者具有道德价值（moral value），而后者没有道德价值。因为，如果后者仅仅因为对不遵守道德法则可能带来的惩罚性后果而产生畏惧，这样的行动便没有道德价值。正是在这一意义上，康德的义务论的（deontological）道德理论与功利主义和美德伦理学区分开来：前者抛弃了对"后果"的考量，认为行动的正当与否完全取决于"行动"本身。

② 贾玉超. 正义是一种美德吗？——亚里士多德论正义与美德的关系及其道德教育意义［J］. 教育学术月刊，2017：（8），18-28.

和"理智"三大传统美德，唯独抬高"正义"的地位。[1] 因为在康德看来，没有善良意志（good will）的引导，有美德的人也会做错事。[2] 而"正义"则不会，因为"正义"构成了康德道德哲学中正当性（德文：Recht，英文：Right）理论的主要内容，正当性理论是康德道德哲学两部分内容之一。康德道德哲学的另一部分内容为伦理学（德文：Ethik，英译：Ethics），即美德学说（doctrine of virtue）。[3] 康德道德哲学倚重一些与美德伦理学完全不同的概念，如道德法则，善良意志、绝对律令、职责、义务、实践理性等。从两者所倚重的不同概念可以较为清晰地看出一个是对"行动者（道德主体）"的伦理要求，一个是对"行动"的道德要求。

三、评价性解释与规范性解释

"伦理"概念与"道德"概念还存在第三种重要的区分，即伦理理论是对伦理生活、行动主体及其行动的评价性解释（evaluative account），它要回答："什么样的生活是好（善）的（good）"，以及"什么样的人是高贵的（noble）或者好的"等评价性要求的问题；而道德理论则是对道德主体及其行动的规范性解释（normative account），它要回答："我们应该如何对待他者"，以及"共同体生活中行为的规范和标准是什么"等规范性要求的问题。

善的概念很早就被古典伦理学家提了出来。亚里士多德在《尼各马可伦理学》中，运用类比的方法提出了属人的善的概念。如果说一把剪刀的功能（function）是用来剪东西，那么一把好的剪刀的功能则是剪得好；同

---

① Kant，I.（2018）. *Groundwork for the Metaphysics of Morals*. Trans. by Allen W. Wood. New Haven：Yale University Press，p.9.

② Kant，I.（2018）. *Groundwork for the Metaphysics of Morals*. Trans. by Allen W. Wood. New Haven：Yale University Press，pp.9–15.

③ Kant，I.（1991）. *The Metaphysics of Morals*. Trans. By M. Gregor. Cambridge：Cambridge University Press，pp.181–264.

样地，如果说人的功能（相对于动物的功能）是去过理性的生活，那么，好的人的功能便是去过沉思的生活。一个人要过好沉思的生活还需要很多善，亚里士多德将属人的善进一步分为三类：身体的善（包括：健康、强壮、健美、敏锐）、外在的善（包括：财富、出身、友爱、好运）以及灵魂的善（包括：节制、勇敢、公正、理智）。① 既然属人的善如此之多，该如何协调呢？亚里士多德进一步提出"最高的善"（the highest good）的概念，即兴旺发达（Eudaimonia，又译为"幸福"），没有人愿意生活在不兴旺发达的城邦之中，更没有人愿意过不幸福的生活。因此，兴旺发达或幸福便是人们生活的最高目的，也是最高的善，由它来统设其他具体的善。人不同于动物，注定是要过城邦生活的，因此，好的生活便是兴旺发达或幸福的城邦生活。另外，根据亚里士多德的这一"伦理"概念，一个高贵的人便是指一个拥有灵魂上的善的人，也就是一个拥有勇敢、节制、正义以及理智等美德的人。但亚里士多德意识到这一论证可能存在问题：如果与"好的剪刀的功能是剪得好""好的医术的功能是健康"一样，一个高贵的人的功能便是做事勇敢、节制、公正和理智；但这一诉诸功能的论证（functional argument）无法使一个好人与坏人区分开来，因为好人与坏人在睡眠的时候的功能是一样的！因此，为了进一步区分好人与坏人，亚里士多德引入了"性情"（disposition）的概念，它是指一个高贵的人或好人每时每刻都拥有做事勇敢、节制、公正和理智的性情，这样的人即便在睡眠时也是和坏人不同的。

根据亚里士多德的"伦理"概念，他所推崇的四个主要美德，即勇敢、节制、正义和理智，都是一种具体的善的概念。一种事物是不是"善"，本身就是评价性的。但是"美德"的概念似乎与善的概念有别，至少在评价性的维度上意义较弱。这种差别是怎么产生的呢？这要回到"美德"概念本身。首先，"美德"概念是一个现代概念，是一种对亚里士多德古希腊文"αρετή"的现代翻译。在亚里士多德的《尼各马可伦理学》和《优台谟伦理

---

① Aristotle.（2004）. *Nicomachean Ethics*. Trans. and Ed. by Roger Crisp. Cambridge：Cambridge University press，pp.13–14.

学》中，αρετή 是指一种选择的品质，存在于相对于我们的适度之间的、两种恶（即过度和不及）的中间，是灵魂中符合罗格斯的一种实践活动。① 从亚里士多德对这一概念的界定就可以看出 αρετή 在灵魂中的高贵之处。在当代，有不少学者指出，用 virtue 来翻译亚里士多德的 αρετή 是不正确的，至少是不准确的。② Αρετή 的概念实际上意指"卓越"（excellence），是指一个人成为好人所必备的一些伦理上"卓越"或"极好"的特质（quality 或 state）。正是出于这个原因，当代伦理学家在亚里士多德伦理学著作的译本上做出了调整：之前的译本都普遍将 αρετή 译为 virtue，在最近由普林斯顿大学出版社基于牛津经典译本重译的《亚里士多德全集》中，编译者巴恩斯（J. Barnes）将原著中的 αρετή 全部改译为 excellence。③ 至少，从对 αρετή 概念的译法的变化来看，我们也能够进一步明确，今天学术文献中使用的 virtue 一词在表达伦理评价性要求方面一点也不弱。

相对于"伦理"概念的评价性解释，现代"道德"概念则强调对道德主体及其行动的规范性解释。与"伦理"概念中对伦理生活、行动主体的很好/好/不好、很高贵/高贵/不高贵、很卓越/卓越/不卓越这种等级性评价不同，现代"道德"概念所强调的规范性要求（normative requirements）则对道德主体及其行动的对/错、正当/不正当、应该/不应该之间有着明确要求和界线。这一规范性要求意味着，自我应该总是对他者做出正当行动，而行动是否正当的最终标准是看这一行动是否符合道德法则的要求。那么，道德法则都是什么呢？根据前述我们提到的两种经典

---

① Aristotle.（2004）. *Nicomachean Ethics*. Trans. and Ed. by Roger Crisp. Cambridge：Cambridge University press，pp.29–31.

② Annas，J.（1992）. Ancient Ethics and Modern Morality. *Philosophical Perspectives*，6，pp.119–136.

③ 目前这一译法并不受美德伦理学家的欢迎，因为他们发现在美德伦理学理论源头亚里士多德的著作中再也找不到有关"美德"的论述了。但也有一些伦理学家支持这种符合亚里士多德原意的译法，可参考：Urmson，J. O.（1988）. *Aristotle's Ethics*. Oxford：Blackwell，pp.25–27.

的规范性道德理论：对康德的义务论来说，这些道德法则是拥有正常理性的人们通过先验的道德推理所把握的，并且可以通过可普遍化检验的那些法则，如不可自杀以及不可杀人，不可盗窃，不可说谎等；对功利主义来说，这些道德法则是那些"能够最大程度上实现最大多数人的幸福"的法则。当然，这两种规范性的道德理论也有不同，如：如果说谎符合"能够最大程度上实现最大多数人的幸福"的法则，那么功利主义者可以支持说谎；然而，对义务论来说，不可说谎适用于任何时间、任何情景，因为人人说谎的社会是不可维系的社会，所以说谎不可能通过可普遍化检验，因而支持说谎的理论就是自败（self-defeat）的理论。仍以"说谎"为例来看，作为规范性理论的义务论与作为评价性理论的美德伦理也极为不同。对义务论来说，善意的谎言仍是谎言，而说谎是永远不应该做的事情，因此，义务论反对善意的谎言；而对美德伦理来说，善意的谎言是否可以被接受则取决于具体的情景，如果是在适宜的情景下（例如对病重的亲友是否说出实情）善意的谎言是可以被接受的。不仅如此，对美德伦理来说，诚实或说谎的行动都是可以被给予等级性的评价的。例如，一个人在适宜的情景下、以适宜的理由做出诚实的行动则是很好的行动；如果这个人仅仅因为诚实可以获得更大的利益而做出诚实的行动，也可以被认为是好的行动。这种评价性的解释由于在人们面临道德困境时，为人们究竟如何行动留下了巨大空间，以至于无法为人们的行动提供具体的指导。当然，在亚里士多德的伦理理论中也提出了一些具有义务论意味的、较为明确的伦理要求，如不可杀人（尤其是不可杀父母）、不可通奸以及不可盗窃等。然而这些伦理要求仍然不属于规范性要求，而是评价性要求，因为这些伦理要求是"高贵的人"或"好人"才能够做到的。

　　与评价性的伦理要求不同，对规范性道德要求而言，一个人知道什么是应该做的，这一事实并不必然意味着这个人一定会去这样做。如果说谎可以给我带来巨大的利益，我为什么还要保持诚实呢？美德伦理提供的解释是，品格的运行机制如同一个垂直的等级系统，一个人一旦品格形成，大脑就会发出指令，身体从而做出某种行动。然而，规范性道德要求的运行机制则是诉诸横向推理，如果我不希望任何人对我说谎，那么，我也不应该对任何人说谎；因此，不可说谎，是自我对他者应尽的义务。但是，当我面临"说谎可以给我带来巨大的利益"这样的外在诱惑时，我为什么必须保持诚实呢？康德的义务论给出了两种解释：一种解释是说，人们应该时刻保持着对道德法则的敬畏之心，以至于把这些道德法则当作自己的绝对律令，甚至是神圣律令（divine command）；另一种解释诉诸康德成熟时期的道德哲学思想，即康德的伦理学，也就是美德学说（doctrine of virtue），康德把美德视为一种道德力量（moral strength），这种道德力量有利于为人们做出正当行动而提供必要的动力。[①]可以说康德的道德哲学并没有拒斥美德伦理，反而将其视为实现其规范性道德要求的重要动力。

由以上讨论可以得出，古典"伦理"的评价性要求可以引导人们不断地向高尚、高贵、极好的标准看齐，见贤思齐就是这个道理。但是它的代价也不可忽视：一方面，评价性要求中的高标准常常是圣人或典型榜样（例如雷锋）等极少数人能够达到的标准，对于普通人来说，常常难以企及；另一方面，评价等级的多个维度，使得人们在面临具体的道德情景时缺乏有效的指导，以至于面临相同道德情景的人们却可能做出极为不同乃至相互冲突的行动来。现代"道德"的规范性要求可以为人们的行动提供具体的指导原则，为社会确立一套行之有效的行为规范，有助于守住道德的底线。但是，它也伴随一些经常为人诟病的薄弱点。例如，人们在遭遇困境时，明明清楚怎么做才是正当的，但是没有足够的动机（motive）、动力（incentive）做出这样的正当行动。可见，深入探索"什么是好的道德理论"一直是亘古以来面临的重大问题。

---

① Kant，I.（1991）. *The Metaphysics of Morals*. Trans. By M. Gregor. Cambridge：Cambridge University Press，pp.199–200；p.206.

四、道德哲学传统与"好的道德理论"

通过以上对道德哲学传统的考察，我们认为，在人类历史进入现代社会之前，"伦理"和"道德"区分并不明显，也不重要。至少在古罗马时代以来至中世纪后期，人们普遍认为 mores 是对 ἦθος 的误译，mores 仍然被理解为希腊文中关于品格、风俗和习惯等方面的含义。但自进入现代社会以来，特别是康德之后，随着黑格尔（Georg W.F. Hegel，1770 年—1831 年）对康德的经典批评，以往人们将"伦理"与"道德"作为同义词的做法被彻底推翻了。① 黑格尔在《法哲学原理》一书中，这样写道：

> "'道德'和'伦理'经常被人们当作同义词来使用，在本书中我将这两个词区分开来使用。一些有代表性的看法似乎也将它们区分开来。然而，当考虑到康德在其哲学中，将各项实践原则完全限于道德这一概念之中进行讨论，他确实更喜欢使用道德一词，致使关于伦理的观点完全不可能，甚至事实上将伦理观点完全毁掉。尽管从语源学上看来道德和伦理是同义词，但这仍然不妨把这两个业已成为不同术语的词区分开来使用。"②

值得注意的是，黑格尔在《法哲学原理》一书中，是在个体的意义上讨论道德问题、在国家和社会层面讨论伦理问题的。黑格尔对"伦理"一

---

① 事实上，在黑格尔一生的学术生涯中，曾对"伦理"和"道德"这两个概念做出了截然相反的区分。在其早期的作品《精神现象学》一书中，将人类精神演进的历史分为伦理、教化、道德三个阶段，道德是比伦理更高的阶段；而在其晚期作品《法哲学原理》中，由于反感康德道德哲学的"为义务而义务"的观念，将"伦理"和"道德"关系彻底逆转，将法律（抽象法）、道德、伦理置于一个螺旋式上升的逻辑体系之中，伦理是比道德更高的阶段。

② Hegel, G. W. F.（1991）. *Hegel: Elements of the Philosophy of Right*. Cambridge: Cambridge University Press, p.63.

词的用法符合伦理的本义，即风俗和习惯；然而对"道德"一词的使用却是基于对康德道德哲学的误读：在黑格尔看来，康德的道德哲学不仅不包含伦理学，他的道德概念也仅仅适用于作为道德主体的个人层面，不适用于国家和社会层面，而伦理则涉及一个社会或一个国家的风俗、人情和习惯等方面。① 因此，在黑格尔看来，从现代国家建构的角度来说，伦理应该处于比道德更高的地位。这种流行的误读或许是导致"伦理"和"道德"的关系在黑格尔的《精神现象学》和《法哲学原理》前后两部作品中发生逆转的主要原因。然而，当黑格尔把康德的道德概念误读为仅仅适用于个体时，他完全忘记了康德的道德概念是诉诸普遍化的道德推理的，康德的"道德"不仅是对个体提出的道德要求，也是对所有人提出的道德要求，即对人类提出的道德要求。因此，康德的"道德"概念完全超越了黑格尔

---

① 如前所述，康德在其早期的道德哲学作品《道德形而上学奠基》一书中通过梳理古希腊以来的物理学、伦理学和逻辑学的发展脉络，指出伦理学（Ethik）由它的经验部分和理性部分组成。其中，其经验部分称之为实践人类学（practische Anthropologie），理性部分称之为道德科学（moral）。在《道德形而上学奠基》这本书中主要处理伦理的理性部分，也就是道德科学。按照著名的康德哲学研究专家 Allen W. Wood 看来，在康德成熟时期的道德哲学作品《道德形而上学》一书中明确提出，康德的道德学说由"正当性学说"（doctrine of Rechtslehre）和伦理学（康德的伦理学指的是"美德学说"，即 doctrine of Tugendlehre）两部分组成。康德在其道德哲学中贬低了除"正义"之外的其他美德，并认为没有善良意志的引导，有美德的人也会做坏事；而"正义"则是诉诸普遍化的道德推理，因而与其正当性学说相容。因此，在康德的道德哲学中，伦理学，也就是美德学说，相对于正当性学说来说，仅处于次要地位。这是黑格尔批评康德的道德哲学中没有伦理学的原因。要详细了解这一内容，可参考：Kant，I.（1785）. Grundlegung zur metaphysik der sitten &（1797）. Metaphysik der Sitten. 但是有的学者认为，黑格尔对康德的批评是没有道理的，因为康德的《Grundlegung zur Metaphysik der Sitten》和《Metaphysik der Sitten》实际上应该分别译为《伦理形而上学奠基》和《伦理形而上学》，也就是说，Sitten 一词本身就是"伦理学"。要详细了解对这一问题的讨论，可参考：邓安庆. 再论康德关于伦理与道德的区分及其意义［J］. 北京大学学报（哲学社会科学版），2019：56（5），24-36. 但是，尽管这一看法可以很好地规避黑格尔的批评，却可能会形成对康德道德哲学的另一种误解。

的现代国家框架，具有普世主义或世界主义的特质。① 不幸的是，黑格尔以来，他这种对"伦理"和"道德"的区分不仅对后世哲学产生了主导性的影响，也对普通大众的日常语言都带来了不可低估的影响。例如，在当代的哲学研究乃至大众语言中，伦理似乎是比道德更加包罗万象的领域，甚至认为道德属于"私德"的范畴，伦理则属于"公德"的范畴。这样的看法其实与"伦理"和"道德"两个概念的哲学传统并不相容。在现代学科建制中，伦理学在哲学学科中占有一席之地，并被普遍认为是对"道德"的哲学探究。这一看法似乎可以理解为，伦理学仅是道德的一部分内容。因此，现代学科建制在"伦理"和"道德"的从属关系方面和康德的主张一致，只是在康德看来，伦理学不是道德的理性部分（或者哲学研究部分）。

时至今日，"伦理"和"道德"两个概念的区分不仅困扰着教育学家，也同样困扰着很多哲学家。在哲学研究领域，大部分美德伦理学家和古典学者，以及一些研究规范伦理学的学者（如新康德主义者和功利主义者），他们在讨论涉及古典伦理议题时往往会十分介意"伦理"和"道德"两个概念的使用问题。在这些领域，几乎没有学者在处理涉及古典伦理议题时会使用"古典道德"这样奇怪的术语，正是基于我们以上部分对两个概念进行区分的正确认识。除了以上领域的人，其他哲学学者在讨论伦理或道德议题时往往不会介意将它们作为同义词使用，这往往会给不熟悉古典文献的读者带来困惑。在教育领域，教育学者们将两个概念作为可以相互替换的同义词来使用的情况则更为普遍。例如，我们在文章开篇提出的问题，便是基于著名教育学者诺丁斯在对这两个概念所做出的令人困惑的说明。因此，无论是对研究者还是对读者来说，在学术语言和日常语言中区分"伦理"和"道德"仍然是十分必要的。而且，我们有理由相信道德哲学家的工作应该更加细致，并且应该将致力于提出更好的道德理论作为自己的

---

① 《法哲学原理》一书于 1821 年初版时书名为《自然法与国家学大纲》，旨在提供一套可应用于民族 - 国家内部的法律 - 道德 - 伦理体系。

主要工作。

那么，什么才是好的道德理论呢？一个好的道德理论不是以一种道德哲学传统去打败另一种道德哲学传统，也不是以一个或一组核心概念去打败另一个或一组核心概念，而是基于对不同道德哲学传统的正确理解去证成一个更加包容性的道德理论。在这样一个包容性的道德理论结构之中，来自不同道德哲学传统的核心概念或许有优先性排序，但绝不应该是水火不容的情况。正如诺丁斯在《正义与关怀》中所言：一个好的道德理论应该是包含正义与关怀的包容性的道德理论。[①] 当代一些重要学者，如罗尔斯（John Rawls，1921 年—2002 年）、奥尼尔（Onora O'Neill，1941 年—　）、诺丁斯等，正在为建构更加包容性的道德理论而做出自己的努力。[②] 这些工作都十分有助于当代人进一步理解古典伦理与现代道德，并在此基础上进一步去追问："什么是一个好的 / 高贵的人？"（what is a good/noble person？）和"什么是做正当的事？"（what is the right thing to do？）。可以说，理解了这些不同道德哲学传统及其背后的话语体系，才能更好地理解"伦理"与"道德"之间的关系与区分，也才能更好地理解这一对概念与"善"和"正当"之间的紧密联系。

6.2　正当与善相分离

在理解了整个道德哲学传统，特别是理解了"伦理"与"道德"之间

---

① Katz，M. S.，Noddings，N. & Strike，K. A.（Eds.）.（1999）.*Justice and Caring：The Search for Common Ground in Education*. New York：Teachers College Press，pp.1–20.

② 要进一步了解这个领域的研究，可参考：Rawls，J.（1971，1999）.*A Theory of Justice*. Cambridge：The Belknap Press of Harvard University Press；O'neill，O.（1996）. Towards Justice and Virtue：A Constructive Account of Practical Reasoning. New York：Cambridge University Press；Katz，M.S.，Noddings，N.，& Strike，K.A.（Eds.）.（1999）. Justice and Caring：The Search for Common Ground in Education. New York：Teachers College Press.

的关系与区分，我们对"善"和"正当"这两个概念及其关系的理解也就慢慢清晰起来了。

我们已经提到，对"什么是善"和"什么是正当"是伦理学研究中的两种基本的追问。例如，古典伦理追问的是"什么是善"，而现代道德哲学追问的则是"什么是正当"。一般而言，基于这两种不同追问发展出的不同的道德哲学的理论结构（例如，有些道德哲学流派是以"善"来规定"正当"，另外一些道德哲学流派则是以"正当"来规定"善"），被认为是区分不同道德哲学流派的重要标志。西季威克在其《伦理学方法》一书中这样来表达这两种追问的不同：

> 古典伦理争论区别于现代伦理争论的一个主要特征可以追溯至二者所使用的概念的不同上，古代人在表达行为的一般道德判断时使用的是"善"这一通用性的概念，而不是像"正当"这样的具体概念。美德的和正当的行动通常被（希腊人）认为仅仅是"善"概念之下的具体类别之一，因此，当我们试图规范我们的行为并使其有秩序时，首要的问题便是如何确定一种类别的善与属下的其他类别的善的关系问题。[①]

西季威克的这段评论是颇有洞见的，在亚里士多德伦理学和现代美德

---

① Sidgwick，Henry.（1901）*Methods of Ethics*. New York：The Macmillan Company，pp.105–106. 在很多道德哲学家那里，对"伦理"和"道德"两个词的区分是不明显的。在此引用的西季威克的这段话里，他在表达古典的和现代的两种道德哲学时，使用的都是"ethics"。正如我们在前一节对"伦理"和"道德"所做的区分表明的那样，我们在本书中的表述，尽量在较弱的意义上对二者做出区分。这样处理，有两个明显的优点：第一，坚持这一区分有利于我们对"正当"与"善"这一对概念的理解，并进一步把握"正当与善相分离"的含义；第二，始终在较弱的意义上坚持这一区分有利于我们理解不同的道德哲学传统所提出的"伦理要求"或"道德要求"，从而能够理解当下的道德教育实践。在本书中，"道德哲学"一词则是在对两者总括的意义上使用的。

伦理学的概念体系中的确没有"正当"的概念，至少"正当"在美德论者那里不是一个主要的概念，更不是一个重要的概念。"正当"这一概念是现代规范论道德哲学的核心概念。

从词源分析来看，在古希腊时代的伦理学著作中找不到一个与"正当"（right）这一概念相对应的词。在希腊文中，καλόν 包含有"正当"之意。但是这个词还有多种含义，它的本意是"美好"，由这一含义引申而来的其他含义如善的、正当的、高尚的或高贵的等。因此，"正当"甚至不是 καλόν 一词的主要含义。正如我们在第 2 章中所做的分析那样，古典美德论者确实是以"善"（对应的希腊文为 καλóσ）为基础构建整个美德伦理学大厦的。"善"这个概念在古典美德伦理学中的重要意义在于以下两个方面：第一，"善"作为目的本身而值得欲求，正如亚里士多德在《尼各马可伦理学》的开篇所谈到的那样，"所有事物都是以'善'为目的的"，作为目的的"善"为共同体的道德生活提供了可能性；第二，"善"（尤其是美德，其对应的希腊文为 αρετή）作为人的品格的特质而值得欲求，亚里士多德伦理学意在说明"善"的或美德的品格为个人选择"中道"提供了可能性，从而造就了美德伦理学所称之为的"合宜行动"。正是这两个意义将美德伦理和义务论道德哲学区分开来：前者判断一个行动是否是道德上可接受的，主要是以它所预设的一个关于"善"的目的或者完善的品格作为根据，因而，亚里士多德伦理学和现代美德伦理学是一种"目的论"（teleology）伦理学；而后者则以行动本身的某些特征或者它所遵守的某些法则来作为根据，因而，它常被称为义务论。但是一些现代美德伦理学家也认为，现代美德伦理学事实上没有放弃对行动的"正当"维度的考量.例如，有现代美德伦理学家断言"正当内在于善"就是很重要的一个观点。①

但是，当历史进入近代以来，人类生活发生了重大变化。在这些变化

---

① 但这一观点事实上否认"正当"可以脱离"善"的概念而独立存在。要进一步了解这一论证，可参考：Sandel，Michael.（1998）*Liberalism and the Limits of Justice*. New York：Cambridge University Press，pp.15–59.

中，至少有两个值得一提：

首先，共同体的形式完成了由城邦向现代民族国家的转型。类似于古希腊雅典的传统城邦主要是基于血缘、地缘关系而结成的共同体，这样的共同体有以下几个特点：第一，人口数量较小，如雅典的自由人规模仅为四万人左右，而成年男性自由公民仅两万余人；第二，民族及其文化类型较为单一，如古雅典人大多都是希伦人（Hellenes）；第三，由于人口规模不大以及民族、文化类型上的单一，共同体的成员能够分享较为一致的善观念。例如，何种生活是值得欲求的，什么是勇敢以及节制等；第四，共同体的成员之间都属熟人关系，即便他们相互之间不都是朋友关系，他们也相互熟识，能够就城邦事务开展有效的辩论、选举等公共活动；第五，共同体的团结依靠的是人与人之间的情感维系，而这也变得相对容易。显而易见，古典美德伦理正好适应了古代城邦的道德生活。但是，这样的城邦生活到了近代之后，便遭到瓦解，继之而起的是现代民族国家。一般而言，现代民族国家的人口规模较大，民族和文化类型较为多元化。在民族国家框架内部，来自不同地区、不同民族的人们对"什么是值得欲求的生活"持有不同的乃至相互冲突的观念，人们之间的关系更主要地表现为陌生人之间的关系，维系共同体生活的不再是朋友或熟人之间的情感，而是某种政治认同。当古代美德伦理面对这一现代民族国家内部的道德生活时，就不再像过去指导城邦生活那样从容了。如果现代民族国家内部的成员对作为目的的善的看法不一致，那么，基于某种特定善的道德生活就是很难想象的了；如果善的多元化导致了美德品格的多元化，那么，拥有善的或美德的品格的人对怎样行动才是"中道"，就变得不再那么确定了。现代社会生活的合理多元的事实，使得古典美德伦理在"如何对待持不同善观念的人们"这一问题上陷入困境。因此，为了适应现代社会的公共道德生活，特别是应对陌生人社会中的道德议题，要么古典美德伦理可以证明它能够为解决这一问题提供合理的解释，要么我们不再将道德理论仅仅建基于"善"这一概念的基础之上，进而寻找可以包容合理多元的事实的替代性概念。

　　其次，十六至十七世纪欧洲的宗教改革直接导致了宗教多元化。马克斯·韦伯（Max Weber）在《新教伦理与资本主义精神》一书中详细分析了宗教改革所带来的宗教生活方面的变化：人们不再借助某个宗教权威而是直接与上帝沟通，而这种沟通是个体的选择和自由。这一变化所带来的道德后果是任何宗教所始料不及的：一般认为，西方自由主义思想是宗教改革的直接结果。道德观念的多元化和个人主义始于宗教改革。另一方面，宗教改革后，由于新教教派林立，新教派之间以及新教与天主教之间的固有冲突使得信奉不同宗教观的人们互相怀有敌意，相互攻击，宗教战争一触即发。这个时候，政治（道德）哲学家不得不重新思考共同体的生活何以可能实现这一古老问题。约翰·洛克的名篇《论宗教宽容》就是在这一时期诞生的。然而，宽容的基础何在？如果宗教也是诸善观念之一种，那么以某种善观念为基础的宽容理论显然不能解决宗教纷争所带来的问题。因此，宗教改革的后果也不得不使人们寻找一个新的基础性概念，以使建基于这一概念之上的道德学说能够处理不同教派之间的纷争，并进而使他们在共同体内部和平共处成为可能。

　　在上述两种背景下，现代美德伦理学的批评者、美德伦理学支持者和辩护者都洞察到美德伦理不能为现代公共道德生活和陌生人之间的关系提供合理的解释，他们都开始寻找用来规范人的行动本身的独立的约束维度。这时，"正当"就从美德伦理学"善"概念中分离出来了。它作为一个独立的道德概念几乎是从康德的义务论道德哲学的诞生开始的。在康德的道德哲学著作中，"正当"一词对应的德文是 Recht，康德以 Recht 为基础建构的义务论道德哲学在处理人与人的关系时，不再追问"怎样做是善的"或者"什么是有美德的人"，而是追问"何种行动是正当的"以及"什么才是我们的职责（duty）"。康德的义务论不仅对上述"为什么持不同善观念的人们能够生活在一起"提供了合理的解释，更重要的是，康德对"自我对他者正当行动"的根据及其来源问题都做出了清晰的说明和有说服力的辩护，也在某种程度上解释了"出于道德法则而行动"的稳定性问题。简言之，从古典伦理到现代道德，"正当"的概念实现了从"善"的概念中脱离出来,并且成为现代规范伦理学的基础性的和核心的概念。

基于以上讨论,特别是关于"伦理"与"道德"、"正当"与"善"这两对概念的理解以及康德义务论道德哲学的筹划,我们可以尝试提出一种包容性的道德理论了。

6.3 一种包容性的道德理论

前面我们对亚里士多德伦理学和现代美德伦理学以及两种义务论伦理做了深入的分析,并对一些重要的观点做了对比,也对不少观点给出了有力的回应,所有这些工作旨在证明:"正当优先于善"这一观点是可以得到辩护的。我们在本书中提出的一种包容性的道德理论就是一种"正当优先于善的道德理论"。

在阐明"正当优先于善的道德理论"之前,我们需要对善、正当和正义三个主要概念做必要的说明。我们已经指出每一种道德哲学,尤其是近代以来的道德哲学,都或多或少提供了对"善"和"正当"两个概念的解释,他们对这两个概念及其关系的解释如此不同,以至于用他们来区分不同的伦理学流派再合适不过了,事实上也是如此。但其实"善"和"正当"两个概念的内涵十分丰富,我们对这两个概念有着多种不同的解释,或者说,不同的道德哲学流派对核心概念的"善"和"正当"的倚重有所不同。首先我们来看"善"这一概念。亚里士多德提供了关于善的最完整的解释,不同的道德哲学流派对善的解释有不同的侧重。例如,亚里士多德强调的是灵魂之善,即"美德"或最高的善"幸福";功利主义者则可能更多地强调"快乐";情感主义者则可能钟爱关怀、同情或者同理心等;后果主义者更看重人们现实需求和目的的满足,更多地涉及罗尔斯称之为的"基本社会善物"（primary social goods）。① 虽然在更多的时候，我们讨论的善的概念是指的灵魂上的善，即亚里士多德所称的美德，也是康德道德哲学中的"道德力量"，但这并不意味着其他类型的善（特别是外在的善）不重要，因为这些对善的不同理解在个体的道德推理过程中都或多或少地发挥着作用。就我们所论及的范围内，亚里士多德、康德、罗尔斯和斯坎伦都很重视这些不同的善，几位哲学家都将它们视为善的行动或正当行动的内在动机或者外在动力。另外，我们追求优良生活时都将外在的善和身体的善作为重要的手段，并且当我们对这些善的诉求发生冲突时，仍然希望通过某种道德上可接受的方式来化解他/她们之间的冲突。我们再来看"正当"这一概念。我们已经指出，"正当"这一概念是近代以来才从"善"的概念中分离出来的，因为正当与否的问题到了近代才变得如此重要。在亚里士多德时代，人们并不单独使用这一概念。但是，他们的确在讨论正义问题。在古典时代，似乎哲学家们都是将"正义"作为"善"的一部分而讨论的。当然，亚里士多德在《尼格马可伦理学》第五章也曾含糊地讨论了"关系中的正义"问题。在这些方面，亚里士多德是最典型的。到了康德那里，显然他的道德哲学已经和古典伦理学分道扬镳了，标志是康德明确地使用了"正当"这一概念，并且提出"正当"是独立于"善"而得到界定的。康德的道德哲学，从学理上论证了亚里士多德一个犹豫不决的问题，即"正义"属于"善"还是"正义"不同于"善"，"正义"在康德的道德哲学中就是"正当"。在这一点上，罗尔斯和斯坎伦都是在康德所开创的义务论道德哲学道路上继续前进的。

关于"正当与善之关系"的理论有多种，其中重要的有"善即正当""正当内在于善""正当决定善"等理论。在接下来的论述中，我们将在这几种不同的理论的对比说明中，阐明本书所要提出的一种包容性的道德理论，即"正当优先于善的道德理论"。首先来看"善即正当"，其含义

---

① Rawls, J.（1999）*A Theory of Justice.* Cambridge, MA: Harvard University Press, pp.78-81.

是"善的就是正当的"，这种观点隐藏在亚里士多德的伦理学中。换句话说，判断一个行动在道德上是否可以接受，可以不考虑正当这一维度，只考虑它是否是善的就可以了。它可以是目的善，也可以是手段善。即便它属于本身就是善的，也只是表达了某种人们希望实现的"理想类型"，比如好的品格。因此，"善即正当"是一种典型的目的论学说。第二种理论，"正当内在于善"是一个当代美德伦理学家的主张，正如我们前面提到的当代著名政治哲学家桑戴尔就支持这一理论。它是对古典伦理学的修正：如果在考察一个事态时，正当的维度必不可少的话，正当是内在于善的，或者说只要是善的就足以说明了它必然也是正当的。我们认为这只是一个古典伦理思想的翻版，毫无创新。一方面，这一理论的支持者承认了正当的维度，另一方面，他们又将自己的理论建立在某种善的概念之上，他们没有找到一种既能够合理地包容两个概念又能为美德伦理学提供辩护的方式。也许在他们看来，只要能提出一种理论来表示对康德的反对态度就足够了。第三种理论，康德的"正当决定善"的思想完全颠覆了他们的主张。在康德看来，无论何种善，即便是亚里士多德所提出的灵魂上的善，如果不是跟善良意志相结合的话，所谓的善就不会必然成为无条件的善，而且很可能是伪善。而善良意志的决定根据就是一个理性存在者通过理性先天地把握到的道德法则。在康德看来，自我对他者的行动是否是合宜的要看行动本身的某些特质，而不是看行动者的内在品质。而行动本身的特质必须经普遍化检验和人性公式的检验，这一通过检验的特质就是道德法则。一个行动当且仅当出于道德法则而行动时才可被称为正当的。正当行动的动力有一个，那就是道德法则本身作为动力，这一点没有任何讨论的空间。然而我们所提出的"正当优先于善的道德理论"却与康德的"正当决定善"之道德含义大相径庭。"正当优先于善的道德理论"是指这样一种理论：

（1）"正当"是指一个正当的行动是出于道德法则而行动，或者这一行动是为了达成公平的社会合作而做出的"理性的"

（rational）和"合理的"（reasonable）选择。道德法则或为达成公平社会合作的条款（正义原则）是行动的最终根据。道德法则或正义原则既可以来源于理性的概念，也可以来源于契约的概念。

（2）"善"是指美德伦理学的美德、功利主义的快乐、幸福、情感主义的关怀和同情、罗尔斯的"基本社会善物"以及信仰等，善作为行动者的目的既是可欲的，又是可以合理实现的。

（3）"正当优先于善"意味着，一个行动在道德上是正当的当且仅当这一行动合乎道德法则的要求或者遵守了为达成公平的社会合作的条款。如果行动者的目的善及其实现的条件可以相容于正当原则或公平合作的条款，这些目的善就是值得欲求的；反之，则应该放弃这些目的善，从而使行动符合正当原则或公平合作的条款的要求。

因此，"正当优先于善的道德理论"在解释力方面有以下几个优势。第一，"正当优先于善的道德理论"与"正当决定善"相比，它放弃了对每一个行动的纯粹道德动机（康德意义上的道德法则作为唯一的动机和动力）的追问，它要确保的是：如果行动者对善的追求恰好与正义原则相符合，则正义原则和善都为行动提供了动力，不再像康德一样去追问这一行动是否是仅仅出于正义原则而做出的，这一行动在道德上就是可以接受的；另一方面，如果行动者所追求的善与正义原则相冲突，则"正当优先于善"要求放弃对善的追求，从而做出符合正义原则的行动。第二，由于第一个优势，"正当优先于善的道德理论"是一种包容性的解释框架，因为这一解释框架可以使那些合理的功利主义道德理论，如斯马特（J. J. C. Smart）的规则功利主义和情感主义道德理论，如休谟的经验主义情感理论和罗斯的直觉主义道德理论，以及某些合理的后果主义道德理论和美德伦理，都可以相容于其中。后者是否能够相容于"正当优先于善的道德理论"这一包容性的解释框架要取决于行动者这样行动的同时是否符合道德法则或者公平的合作条款（也就是正义原则）的要求。例如，人们经常遇到的道德困境是，如果说谎可以带来利益，一个人就去说谎，也许可以实现作为目的的善，但是这样的行动不符合道德法则或者正义原则的要求；相反，如果诚实实际上会带来某些利益，一个人选择不说谎，这样的行动可以相容于"正当优先于善的道德理论"这一包容性的解释框架。再如，我们前面提到的阿米什人的例子，他们作为一类持有独特善观念（或信仰）的族群，如果他们对他们子女在选择何种生活方式的问题上，不对他们的子女施加有违正义原则的限制，那么，他们的生活方式便相容于一个秩序良好的社会的基本要求。第三，由于第二个优势，即"正当优先于善的道德理论"可以包容那些合理的目的善，这一理论可以应用于多元文化主义社会中的道德议题，尤其是道德教育议题。生活在多元文化主义社会中的人们，由于持有许多不同的乃至相互冲突的善观念，这样的人们在一个共同体（国家）内生活，这种差异带来的可能的冲突只有在正义原则的框架内才能有望缓和和化解。

罗尔斯也曾经提出过"正当优先于善"的论断，但是本书中所提的"正当优先于善的道德理论"与之不同。罗尔斯提出的"正当优先于善"是一种政治哲学思想，他曾明确指出：

> "我先阐明此讨论中需要做出的一个区分，即，一种政治正义的概念和一种整体性的宗教、哲学或道德学说之间的区分。首先，政治正义概念的显著性特征是为某一特定主题而制定出来的道德概念，也就是为民主政体的基本结构所制定出来的一种道德概念；其次，接受此政治观念并不把接受任何特殊的整体性的宗教、哲学或道德学说作为前提，恰恰相反，该政治概念本身作为一种仅仅适用于基本结构的合理的概念。……因此，政治性正义概念与其他道德概念之间的区分是一个应用范围的问题，即，一个概念所应用到各种主题的范围问题，范围越广

则要求的内容也越广。"①

　　因此，罗尔斯提出的"正当优先于善"这一论断是适用于社会基本结构的政治哲学概念。而我们在此提出的"正当优先于善的道德理论"是一种适用于个人之间的解释框架，即这一理论是对"自我对他者行动的约束力"的解释，也是对个体道德推理的规范性要求的解释。另外，罗尔斯在其"正当优先于善"的解释框架中，对诸善观念的阐释主要集中在与社会基本框架相关的方面，而"正当优先于善的道德理论"中提出的五类善的概念（美德伦理学的美德、功利主义的快乐和幸福、情感主义的关怀和同情、罗尔斯的基本社会善物以及信仰）都是个体可以欲求的和可获得性的目的善的概念。因此，"正当优先于善的道德理论"可以为"自我对他者行动的根据"提供更加恰当的和有说服力的解释。而提出这样的包容性的解释框架，正是本书的一个主要目标。如果这一理论对陌生人社会中的道德议题提供的解释是令人信服的，那么我们的目标就基本上实现了。

　　在接下来的讨论中，我们将过渡到教育议题。我们将根据在这一章提出的一种包容性的道德理论，即"正当优先于善的道德理论"，来为陌生人社会中的道德教育提供一种解释，并在此基础上将这一理论应用于公共学校道德教育议题。希望这些讨论和反思能够对我国公共学校的道德教育产生积极的影响。

---

　　① 　Rawls，J.（1988）. The Priority of Right and Ideas of the Good. *Philosophy & Public Affairs*，17（4），78–81.

第 7 章

陌生人社会中的道德教育

如果我们认为在上一章中所提出的一种包容性的道德理论——即"正当优先于善的道德理论",是合理的话,那么我们这一章将进入教育议题,进一步解释"多元主义社会中道德教育的合理性"以及"正当优先于善所支持的道德教育"两个主要问题。

在本章的最后,我们将对"正当优先于善的道德理论"的一种可能的替代——共同善及其教育——进行详细评估,并且解释共同善及其教育为什么既无法替代我们所给出的包容性的解释框架,也无法替代正当优先于善所支持的道德教育。不仅如此,我们将论证,共同善及其教育为什么可以相容于正当优先于善所支持的道德教育。

7.1 多元主义社会中道德教育合理性的论证

在这一部分,我们将对"正当优先于善的道德理论"所要求的道德教育做出合理的解释,通过这些解释从而说明为什么在一个多元主义的社会中"正当优先于善"这一观点所要求的道德教育能够为"自我对他者的正当行动"提供可靠的根据,从而说明这样的道德教育才是合理的。

第一,"正当优先于善"所要求的道德教育建立在公共性、合理性和文化多元性的基础上。

公共性要求道德教育在私人领域和公共领域之间做出明确区分。我们认为，自由社会中的每个个体在自己的家庭、朋友以及熟识的邻里等私人领域里更容易运用自己的美德，而这些美德最易得的来源便是家庭和社区里经由习俗和权威所传递的美德。当一个人进入公共领域之后，他对于陌生他者的行动主要取决于合理的正义原则，这些正义原则很多也是从习俗和权威那里得来的，比如不能说谎、尊重他人等，但这绝不是合理正义原则的全部来源，并且合理的正义原则最终都是通过康德和罗尔斯所提供的形式检验的那些原则。但是这种区分并不意味着在私人领域不运用正义原则，在公共领域不运用美德。事实上，"正当优先于善的道德理论"首先要求我们追问自我对他者的行动怎样才是正当的，如果一个人恰好具有正义原则所要求的美德，那么自我对他者的正当行动就更加容易做出。道德教育的公共性基础要求公共学校更加重视作为原则的道德的教学。

合理性要求道德教育把自由社会中的每个个体都视作追求不同目的和利益的主体，他们行动的动力来自多个方面，既有正当原则的要求也有现实中各种诱惑的吸引。"正当优先于善的道德理论"要求道德教育把来自正当原则的要求放在优先性的位置上，但同时并不完全拒绝个体对合理的目的善的考虑，仅仅拒绝那些与正当原则相背离的目的善。

文化多元性要求道德教育承认民族国家框架内各种类型的文化具有平等的道德价值，反对公共学校借某种共同善之名强迫生活在这些不同的亚文化中的人们接受这些共同善。"正当优先于善的道德理论"要求生活在不同亚文化中的人们以及恪守不同亚文化的族群之间仍以合理的正义原则作为相处的根本原则。

第二，"正当优先于善的道德理论"所要求的道德教育将自由社会中的每一个个体作为一个纯粹的自由人。个体自由分为两个层面：一个层面是个人就作为一个理性存在者而言的先验自由，它是指当一个人可以脱离现实社会中的各种诱惑和各种束缚，并自由运用自己的理性时，理性便可直接决定他的行动的意志。这实际上是一种道德推理的方式，但是这种方式对许多人来说并不容易做到。因此，个体自由还必须从另一种层面解释，那就是个人就作为公民而言的基本自由，国家通过对社会基本制度的安排确保个体的各项自由权利，如言论自由、出版自由和结社自由等，实现法律面前人人平等的理想等。所以，合理的道德教育应当反对国家对公民生活的粗暴干涉，反对各种限制公民自由和平等权利的制度、法律和政策。道德教育要在公民身上真正起到积极的作用，需要自由的公民，需要公民在自由状态下的道德推理，从而对他者的行动做出自由的选择，因为真正的道德是始于自由的。害怕自由的人们始终会担心，自由恰恰会使个体对他者的行动丧失合理的伦理根据。在这些人看来，恰恰道德上的专制能够为行动提供根据。但是，这样的看法无论从逻辑层面还是经验层面都经不起推敲。康德就曾颇有洞见地指出，谎言在自由社会里没有市场，反而会在不自由的社会中盛行。因此，自由不仅是道德的始点，而且是道德教育的最佳训练场。

第三，"正当优先于善的道德理论"所要求的道德教育的语言应是"怎样做才是正当的"，而不是"怎样做才是善的"。原因在于，一方面，对于善的理解很容易发生歧义，一个道德困境中的各相关当事者对善的理解是不尽相同的，有时候甚至是截然相反的。另一方面，作为目的的善更是多样化的，它可能是亚里士多德意义上的灵魂的善，比如有的人宁愿在外在的善和身体的善方面做出巨大牺牲以便留下勇敢的美名，而另一些人则可能正好相反。因此，在现实社会中的真实的道德困境中，关于善的推理经常会将这几类善混在一起。也许有人说，道德上的善只有一种，即灵魂上的善，亦即美德，但我们前面所举的那个老师安慰考试失利的学生的例子已经表明，即便只从灵魂的善这一角度考虑，这个老师也不能确定学生的真正的善是什么，最后关于善的推理往往沦为对后果的考量。如果道德的语言是"怎样做才是正当的"，在道德推理上既不会发生歧义，也不会产生对"什么是正当的"理解上的不一致，因为每一种道德行动的法则是确定的。就上面的例子来说，老师正当的做法就是如实告诉那个伤心的学生他的第六门课同样没有通过。因为"不能说谎"就是一条确定无疑的道德法则，这一法则在任何情景下都是适用的，并且是可以得到辩护的；而关于善的推理则往往是变动不居的。

第四，"正当优先于善的道德理论"所要求的道德教育应将自我与他者的关系设想为"我们彼此负有什么义务"，而不是仅仅考虑运用美德的问题。美德的运用在熟人身上往往是不假思索就顺理成章的事，但在公共领域的陌生人身上是否运用美德却经常带有迟疑。不过这个说法并不意味着我们认为所有的社会成员都是如此。事实上，社会上确实存在着不少具有高尚品质的人。但在一个正常的社会中，不管运用何种手段（包括道德教育在内），要所有的人都成为高尚的人是不可能的。因此，道德教育对人们施加的关于"义务"的概念就是合理的。"义务"概念具有两个特征：第一，"一个行动是我们的义务"是说这个行动是我们应当去做的，同时又具有强制性，因而这个行动是我们的职责；第二，"义务"表达的是一种道德上的底线标准，它不会对人们提出更高的要求，比如不会要求人们必须帮助某个陌生的他者去实现他的目的善。另一方面，把自我与他者的关系设想为"我们彼此负有什么义务"，正如斯坎伦所指出的那样，这样的设想容易把人们置身于相互联系、相互依存的社会关系中，使人们认识到自我幸福是在与他人友好生活中实现的。这样，"我们彼此负有什么义务"的设想本身会给人们提供正当行动的恰当动机。

第五，"正当优先于善的道德理论"所要求的道德教育应将政治认同作为一个要实现的目标。政治认同是社会成员对作为一个政治共同体成员资格的确认。政治认同解决了一个这样的重要问题，即来自不同文化、宗教等背景和秉持不同的、甚至冲突的善观念的人们和平共处在一个相同的政治制度内是可能的。因此，政治认同本身具有道德的意义和价值。然而，任何一种道德理论及其所要求的道德教育都包含对正当与善的理解，因此任何一种道德教育理论都要面对不同的乃至冲突的善观念问题。正当的优先性要求政治制度的安排应以自由原则处理持有不同善观念的人们（或社群）之间的关系，以达致和平共处。因此，如何使持有不同的甚至冲突的善观念的人们在一个国家内和平相处，既是一个政治问题，同时也是一个道德问题。而政治认同所确立的处理人们之间关系的基本原则也是"正当优先于善的道德理论"要求的道德教育所追求的目标。

最后，"正当优先于善的道德理论"所要求的道德教育应将其理论建立在道德差异性的基础之上。人类的道德生活发展到今天，我们不能否认的事实是，不同的民族发展出一些截然不同的善的概念、美德概念和道德准则。因此，一个合理的道德教育的理论应该建立在这些道德差异的基础上，而不是建立在共同善的基础之上。建立在共同善的基础之上的道德教育理论，如果生活在共同体中的人们恰好是仅仅具有共同善而没有道德差异，那么这个理论可以很好地服务于这个共同体的道德教育；但是，如果情况正好相反，那么这个理论所指导的道德教育虽然仍会对我们的道德生活具有积极意义，如它可以加强我们的情感联系。但是，这样的理论对于好的道德生活而言意义不大，因为共同体好的道德生活的形成不取决于人们是否具有共同善，而是取决于人们能否解决那些道德上有差异的部分，正如前面我们已经分析的那样，共同善对于由道德分歧而产生的道德冲突的解决通常是束手无策的。一个建立在道德差异上的道德理论，它的适用情况则正好相反，如果生活在共同体中的人们存在着明显的道德分歧，即便这些分歧产生了道德冲突，那么这个理论所指导的道德教育刚好能够应对由这些道德分歧所导致的矛盾和冲突；如果正好相反，那么它也能够完全应付自如。

如果道德教育是建立在以上合理性基础之上，那么它所支持的道德教育到底是什么样子的？这种道德教育与美德教育、情感教育（如同情心教育、关怀教育等）是什么关系？它是否适合儿童和青少年道德发展的规律？我们将在下一部分讨论这些问题。

7.2 正当优先于善所支持的道德教育

如果说美德教育主要是通过教授美德来培养学生的品格，从而实现自我对他者的善意；如果说情感教育主要是通过适时地发展学生的自然情感（如同情心、关怀等）来培养学生的伦理情感，从而建构自我对他者的情感纽带；那么，正当优先于善的道德理论所支持的道德教育应具有何种与之不同的含义呢？

正如我们在前面关于"一种包容性的道德理论"这一部分所阐明的那样，"正当优先于善"不同于"正当决定善"，前者是一种更具包容性的道德主张，而后者坚持道德的绝对纯粹性。"正当优先于善"的包容性在于，如果一个行动者首先是在坚持遵守正当原则而行动的前提下，那些与正当原则相容的美德、目的善以及合宜的情感就不应被正当行动所拒斥；相反，它们应该一起构成行动的动力，从而实现这一遵守正当原则而行动的实践必然性。因此，"正当优先于善"的包容性具有两个特点：一是根据正当原则而行动是行动者的职责；二是与正当原则相容的美德、情感和其他合理的目的善都应被视为行动者做出正当行动的内在动机和外在动力。但问题可能在于，如果正当原则规定了何种美德、情感和目的善理应被行动者所追求，那么，我们就需要首先确定正当原则的内容是什么。只有正当原则的实际内容被确定下来，我们方能确定哪些美德、情感和目的善被选择，从而合理的美德教育和情感教育才成为可能。那么，正当原则到底是什么呢？或者正当原则的实际内容到底是什么呢？

我们在前面的论述，可能会对读者造成一定的误解，即认为正当原则的内容即"自由"，也就是说，只有按照自由原则来行动才是正当的行动。的确，我们可以把"自由"作为一个重要的正当原则，而且是最基础性的道德原则。这一点，无论是康德的先验论义务论，还是罗尔斯和斯坎伦的契约论义务论都能提供有效的证明：首先，从先验论的意义上来说，一个理性存在者的先验自由是其获得正当原则（道德法则）的条件，因此，一个理性存在者当且仅当是自由时，他的行动才可能是正当的；其次，从契约论的意义上说，契约各方当且仅当是自由的时候方可达成合理的社会合作的条款或原则，契约各方按照这些条款和原则所做出的行动就是他们的自由选择，而不是被强迫的结果，因此就是正当的。所以，无论是从先验论义务论还是从契约论义务论的观点看，自由都是正当原则的内容。但是，自由并不是正当原则的全部。正当原则的内容是非常丰富的，我们甚至可以说，每一种不同的道德困境都有可能存在着一种解决困境所依据的正当原则。例如，前面我们提到的教师安慰考试失败的学生的例子以及盖世太保的例子中，不能说谎便是应该遵循的正当原则；在学生看望生病的老师的例子中，尊重他人便是应该遵循的正当原则；在学生作弊的例子中，机会平等便是应该遵循的正当原则。可以说，我们完全能够将正当原则的具体内容一直往下列下去。但另一方面，不管是先验论义务论还是契约论义务论，都为人们提供了把握正当原则的方法，因此，我们没有必要列出正当原则的全部具体内容，而只需掌握这些方法，并发展人们的道德推理能力就足够了。**因此，"正当优先于善的道德理论"所支持的道德教育主要是通过发展学生的道德认知水平和逻辑水平来培养学生的道德推理能力，出于正当原则而行动的义务感，以及自愿遵守公平协议的契约意识，从而实现自我对他者行动的正当性。**

那么，"正当优先于善的道德理论"所支持的道德教育必然拒绝美德教育和情感教育吗？如前所述，"正当优先于善的道德理论"所支持的是一种包容性的道德教育方案，它不但不拒绝美德教育和情感教育，反而将它们视为一个理性存在者做出正当行动时所需要的力量（strength）。但是，"正当优先于善的道德理论"所支持的道德教育反对的是仅仅将美德和情感作为一个理性存在者行动的根据的做法。例如，一个人不管是以康德的方式还是以罗尔斯和斯坎伦的方式把握到"诚实"这一原则，他便清楚了自己行动的根据是什么，如果这个人恰好拥有做事诚实的习惯或者他是一个所谓的有诚实美德的人，那么这个人便很容易做出一个诚实的行动；但是，如果这个人一向没有诚实做事的习惯或者不具备诚实的美德，那么，这个人仍然要根据诚实原则的要求而行动，而不管这样的行动是否意味着带来不利的后果，如利益的损失乃至生命的代价。在这里，诚实显然具有两种用法，一种是在原则的意义上使用，这是正当原则的优先性所要求的；另一种是在美德的意义上使用的，它指向了对人的某种内在品质的实质性理解，而这是美德教育的要求。

由上面的论证可以看出"正当优先于善的道德理论"所支持的道德教育，要求培养学生的道德推理能力、原则意识以及契约意识，这一要求与儿童和青少年的道德发展规律相适应吗？罗尔斯就儿童道德发展的阶段论提醒我们，儿童的道德发展要依次经历"权威的道德""社团的道德"和"原则的道德"这三个阶段。[①] 显然，儿童道德发展的前两个阶段（尤其是第一个阶段）与道德推理能力和原则意识关联程度较弱，但是这种关联呈现出逐渐增强的过程。以说谎为例，儿童在"权威的道德"阶段，不说谎行为主要是他们服从父母训诫的结果，因为父母告诉他们不说谎的孩子才是好孩子，而说谎的孩子就要受到惩罚。当儿童进入"社团的道德"阶段后，他们开始接触社区生活或者学校生活，并且开始意识到不说谎乃是与其他儿童建立良好关系时最好遵守的准则，这个时候他们已经开始注意到合作中的道德推理问题。当儿童进入"原则的道德"阶段后，前一阶段发展起来的道德推理能力进一步发展，儿童能够合理运用理性能力正确地认识到不说谎乃是自我对他者行动时所必须遵守的正当原则，这时"原则的意识"在儿童的内心中逐渐萌生出来。在这里，"不说谎"作为美德和正当原则的区分依然有效，前者主要在"权威的道德"阶段培养儿童的行为习惯。如果对儿童的行为习惯的培养是成功的，那么"不说谎"的行为习惯会成为将来出于"不说谎"这一正当原则而行动的道德力量，但行为习惯本身并不能为行动提供根据；如果对儿童的行为习惯的培养不成功，从而经常出现遗忘或行为反复无常的情况，也不会必然影响这些儿童未来的道德行为，因为"原则的道德"阶段仍然会发展儿童的道德推理能力和原则意识，而"原则的道德"将为儿童的行动提供真正的道德根据和行动的动力。在"正当优先于善的道德理论"所支持的道德教育主张看来，儿童经过道德发展的三个阶段后，将美德的品格或者美德的习惯最终转变为根据正当原则

---

① Rawls，J.（1999）*A Theory of Justice*. Cambridge，MA：Harvard University Press，pp.405–419.

而行动的意识后，道德教育才算是真正完成了。因此，"正当优先于善的道德理论"所支持的道德教育与儿童道德发展的规律是相互适应的。

以上是对"正当优先于善的道德理论"所支持的道德教育的合理性所做的论证，以及对"正当优先于善的道德理论"所支持的道德教育的含义所做的说明。如果这些论证和说明能够对多元主义社会中的公共学校道德教育做出合理的解释，那么，我们相信根据这一解释对公共学校道德教育所做的安排就是值得欲求的。在将这一理论应用于公共学校的道德教育议题之前，我们还有必要对"正当优先于善的道德理论"的一种可能的替代——共同善及其教育——进行分析，以进一步证明"正当优先于善的道德理论"的包容性，因为共同善及其教育可以相容于"正当优先于善的道德理论"所支持的道德教育框架。

7.3　共同善及其教育

在目前流行的道德教育的理论认识中，对于回答"什么是自我对待他者的伦理根据"这一问题，最为常见的答案可以被称之为"美德教育"（virtues education），也可称为"品格教育"（character education），它是通过学校教授一系列具体的美德来培养学生的某种品格，这是美德伦理从它诞生以来一直在做的事情。对于这一意见，我们在前面的哲学讨论部分（尤其是第 1、2 章关于美德伦理的讨论）已经多有涉及，我们的结论是：通过教授美德来培养学生的内在品格的做法即便能够取得成功，它也无法为"自我对陌生他者的正当行动"提供可靠的根据。美德的教学所培养出来的学生的内在品质正如纳什所言，都从属于某种依从性的品格。况且，对康德来说，教授美德乃是危险之举。[①]但是，还有一种答案，它既承认社会中

---

① Kant. (1996). "Critique of Practical Reason". in Mary J. Gregor Trans. and Ed. *Practical Philosophy*. New York：Cambridge University press，p.166.

存在的多元主义的合理事实，也承认道德分歧和道德冲突在一定程度上难以避免，但它开出的药方仍然是建立在对"善"的某种合理解释的基础上，它就是"共同善教育"（education for common good）。我们在接下来的讨论中，将详细考察共同善教育能否回答我们所提出的问题以及正当优先于善的主张与共同善教育是怎样的关系，以及共同善教育能否被合理期待为正当优先于善所支持的道德教育的替代性方案。

一、共同善教育及其局限

共同善教育看到了单纯教授美德这一通常做法的缺陷，并且它正确地指出，义务论进路之所以能够为"自我对他者的正当行动"提供可靠的根据和动力，乃是由于它给出的道德法则具有可普遍化这个特征。因此，"共同善教育"的任务就是旨在说服人们相信至少在共同体内部就存在某些共同认同的善观念，即共同善，正是这一共同善的概念才使人们广泛地和紧密地联系在一起。因此，共同善为共同体内部的所有成员的联系建立了桥梁，它们之间可以在共同善这一基础上，平等交流，和谐相处，这时自我对陌生他者的善意便很容易实现。人们甚至可以在共同善这个概念的基础上发展广泛的友谊。可以说，"共同善教育"这一意见是借助善的普遍化这一可能性来回应我们提出的问题。因此，如果能够证明共同善是存在的，那么通过教授共同善的做法就可以为自我与陌生他者的关系提供合理的解释。

然而，我将证明"共同善教育"这一意见不仅在理论内部是不能自洽的，它在实践上也是很难行得通的。我的回应分为两个层面：第一，在现代多元主义社会中，很难找到一种能够被证明是可以得到普遍化的具体的善观念，因为各种具体的善观念多是以相对主义的方式而存在，是一种地方性知识；第二，即便我们能够发现一些可普遍化的善观念，这些基于共同善观念的道德教育理论仍然无法从逻辑上解释应该如何处理自我与他者之间实存的道德分歧，而这些道德分歧正是我们日常的公共道德生活的一部分，因此它在实践上也是行不通的。

让我们先来看第一个层面的回应。对共同善存在的第一种证明方式是说，义务论所给出的可普遍化的道德原则实际上包含了某种对美德的实质性理解，因此它本身就是共同善，如罗尔斯所建构的第一正义原则（即自由）就是一种共同善。可以说，这是一种巧妙的处理方式，如果这一观点是能够得到辩护的，那么义务论和美德伦理的界限就不存在了，义务论只能算作美德伦理内部的一个分支，不同分支之间的不同可以这样来解释：什么是最高的共同善。但对这一观点的回应我们在前面就已经提到过，它是无法得到辩护的。还是以"自由"为例，我们举了老阿米什人的例子：一方面，他们拒绝自己的子女接受公共教育的原因是公共学校所传递的"自由"等美德与他们所恪守的美德是相冲突的；另一方面，他们之所以能够成功地拒绝让自己的子女接受公共教育，是因为他们拥有为他们的子女选择接受何种教育的"自由"。正如我们已经指出的，自由在这里表达了两种完全不同的用法，第一种是"自由"作为一种美德，表达的是对一种品质或价值的实质性理解；第二种是"自由"作为一种原则，表达的是对处理双方关系的一种方式、选择或者根据。因此，共同善的支持者试图将正义原则相容于善的解释是行不通的，他们对善的可普遍化问题就遇到了障碍。由此看来，如果他们仍然坚持善是可以通过康德意义上的可普遍化检验的话，他们就必须探索其他可能的道路。

托马斯·格林（Thomas Hill. Green）确实为善的普遍化问题提供了一种新的解释，这可以被看作共同善存在的第二种证明。首先，格林看到了亚里士多德在论证城邦之善的局限性。亚里士多德在《政治学》开篇就探讨了城邦之善："我们看到的每一个城邦都是某种社会团体，所有社会团体建立的目的都是为了某种善，因为在所有人看来，他们的每一种作为都旨在获得某种善。既然这样，就存在这样一种社会团体，它包含最高的和最广的善，这种社会团体就是城邦。"①格林继承了黑格尔的绝对精神的理念，即认为万物的始因和本质可被称为绝对精神，它是先于自然界和人类社会的永恒存在。他像黑格尔一样反对康德的理性建构主义道德学说，他认为康德的先验理性制造了一个个独立的个人，这些拥有自由气质的个人从共同体生活中纷纷游离了出来，原因在于他抛弃了作为个人与共同体联系纽带的善的概念。在格林看来，个人之善本质上是一种社会之善，个人作为一个社会成员的善。个人之善与他人之善不会发生冲突，乃是由于共同的人类精神在所有社会成员之间所发挥的作用使得个人与他人以及个人与社会之间相互依存，相互包含，个人之善就是他人之善，也就是共同善。②如果这个论证是成立的，那么，自我与他者的关系就是一种融洽的关系，甚至可能是彼此关心的和相互帮助的。但问题在于，格林所给出的共同善存在的理由不过是假设了一个人类客观精神的存在，在这一精神的影响和支配下，一个共同体甚至全人类都可以和谐相处。我们认为这个论证是糟糕的，它让我们既不能支持，但也无法反驳。格林的这种解释既不是形而上学的问题，甚至也不是一个理论问题，因为按照他的解释，人类甚至只需要客观精神而不需要道德本身就可以过上理想的道德生活了；同时，他也不能解释现实的道德生活，因为至少他的这一主张无视人们之间广泛存在的道德分歧。看来，仅仅依靠客观精神来解释共同善是远远不够的。

但是，另一方面，虽然我们认为格林借助客观精神的概念来解释共同善存在的论证并不成功，但是他的确是想借助这一概念来描述我们的道德生活的性质，而这一点也是义务论伦理学所努力的方向。然而两者的分歧恰恰在于：格林将理想的道德生活建立在善的概念之上，而义务论则正好相反，如罗尔斯的"秩序良好的社会"（well-ordered society）则不预设任

---

① Aristotle. （1946）*The Politics of Aristotle*. Translated with an introduction notes and appendixes by Ernest Barker. Oxford：Oxford University Press，p.1.

② Green，Thomas Hill. （1890）*Prolegomena to Ethics*. Oxford：The Clarendon Press，p.251；p.421.

何特定的善观念。在罗尔斯看来，秩序良好的社会是一个由公共正义观念来调节的社会。[①]在这样的一个社会中，社会基本制度由于受到公共正义观念的调节，它将为人们的自由选择和行动提供重要的背景正义（background justice），社会成员在这种背景下去追求与正义相一致的善。因此，罗尔斯的秩序良好的社会是一个多元主义社会，虽然来自不同宗教、文化和社群的人们秉持着对"什么是善"的独特理解，但是他们可以以契约所达成的正义原则来处理人与人、人与社群以及社群与社群之间的关系，从而实现个人、社群和共同体之间的和睦相处。而任何基于善的概念对社会生活和人与人之间所做的描述则很难实现这一点，不仅因为从逻辑层面看善的普遍化难以实现，而且，即便从经验层面来看，在一个宗教多元化的社会里，公共学校向不同背景的孩子教授有神论和无神论都是不恰当的做法。另外，我们曾提到的老阿米什人的例子也能说明这一点。事实上，当代美德伦理学家已经从格林所开创的道路上退却下来，他们对美德的辩护正是在与格林相反的思路上展开，即不再基于某种共同善，而是基于善的差异来为某种特殊族群及其所信奉的善观念做辩护，如查尔斯·泰勒在其名篇《承认的政治》中所做的工作就是如此。[②]泰勒反对以罗尔斯为代表的自由主义的正义理论所鼓吹的正义原则的普遍性，因为来自特殊文化、宗教背景的人们的道德生活的可能性建立在对某种特殊善观念的理解之上，这些善观念很可能与作为自由主义正义之第一正义原则的"自由"相冲突。然而，自由主义应当承认这些不同文化和宗教社群与自由社会中的其他共同体具有平等的价值和尊严。因此，泰勒提出了一个这样的问题：共同善如果是存在的，它只可能存在于少数社群之中，它的合理性不是通过普遍化而获得，而是通过社群之外的人们承认其特殊性而获得。

让我们再来看第二个层面的回应。我们假设在国家层面存在着某些共

---

① Rawls, John. (1971) *A Theory of Justice*. Cambridge, MA: Harvard University Press, p.454.

② Charles Taylor. (1994). "The Politics of Recognition", in Charles Taylor eds. *Multiculturalism*. Princeton: Princeton University Press, pp.25–74.

同善，如爱国、团结和友谊等，我将证明，这些共同善的存在并不能解决自我与他者之间所存在的广泛的道德分歧。首先，如果我们都承认在共同体层面存在着一些显见的共同善，这种认识本身就是在承认差异和特殊性的基础上得出的。因为，如果没有差异和特殊性，就无所谓共同善，共同善也不会变得如此重要。如果共同善的意义在于加强共同体内部所有成员之间的情感联系，而这种情感基础越是深厚，当我们面对自我与他者的大的分歧时，我们彼此可能受的伤害越深，因为我们彼此原来都认为对方本应该对自己多一份理解的。从经验层面来看，一些显见的共同善的存在对于解决彼此的道德分歧也没有什么意义。例如，我和我的朋友都热爱自然科学，都想在未来成为出色的科学家从而报效我们的祖国，但我们一直是学习上的竞争对手，在我们同时竞争一个入学名额的关键性考试中，我发现我的朋友在作弊，我该怎么做？如果我们把爱国和友谊都作为共同善，我就不应该举报他而使自己面对这一不公平的竞争吗？还是我坚持向学校举报他，从而可能面临失去友谊的后果呢？也许有人说，最好不要举报我的同学，因为这样做会失去珍贵的友谊，何况我本来也没有把握能够在考试中比我的朋友考的更好。这种建议也有些道理，但是我一直为这种不公平感到愤怒。我十分犹豫，如果我朋友的父母为了避免可能出现的意外而利用关系说服了学校和当局，学校如果也不想丑闻缠身从而试图说服我，我又该如何做呢？也许有人说，我应该举报他，因为这样做是对的，而我的朋友也许会原谅我。如果这样做被认为是合理的，这恰恰支持我们的主张，即正当优先于善。由此看来，强调共同善对于解决我们的道德分歧几乎没有什么意义。不仅如此，以下情况会变得越来越普遍：不管来自何种背景的人们都承认人的价值高于一切，但这种认识并没有使得当一个人面临绝境时消除旁观者的冷漠。

通过以上分析，我们认为，共同善是否真的存在很难在逻辑层面得到证明；如果共同善能够被证明是存在的，则说明它已经被人们广泛地接受从而成为自身道德观念的一部分，那么共同善的教育就没有必要；如果有人坚持认为共同善作为一个重要的道德概念需要通过教育来进一步强化，那么它也无法解决道德生活中人与人之间那些广泛存在的真实的道德分歧。事实上，萨拜因（George H. Sabine）在评论格林的共同善的思想时提到，格林为他们时代的道德问题所开出的药方（即共同善）总是在隔靴搔痒。[①] 因此，那些试图鼓吹共同善教育的主张和做法未必是明智的。事实上，鼓吹共同善的做法还会带来一些风险。我们将在下面的讨论中对这些潜在的风险做出详细的剖析，并说明从"正当优先于善"观点看，何种共同善应该得到支持。

二、作为自发秩序的共同善：正当优先对共同善教育的包容

我们在上一部分的论证并非要证明在我们的（国家层面）共同体内部不存在任何共同善的观念，也不是要证明共同善没有任何意义。事实上，"正当优先于善"这一观点也承认存在某些共同善，而且认为这些共同善对于维系公民之间（包括熟人之间和陌生人之间）的情感联系非常重要。我们的论证只是想说明，从学理上来证明共同善的存在是有难度的。原因是在大部分现代民族国家框架内，共同善往往是出于某些（政治）目的被制造出来的。我们有必要对这种类型的共同善做出说明。

事实上，在每一个共同体中广泛存在着三类共同善，一类是基于宗教原因的共同善，一类是族群意义上的共同善，还有一类是民族国家制造的共同善。对于第一类共同善，我们承认它在处理自我与陌生他者的关系方面具有重要的意义，但它超出我们讨论的范围，因为我们主要考察的是那些在世俗意义上可以得到辩护的共同善。第二类和第三类是我们在此讨论的中心任务，前者是泰勒所珍视的那种共同善，它以相对主义的方式而存在，作为一种地方性知识对社群的道德生活发挥着不可估量的作用；后者往往出现在多元主义的民族国家里，它往往是基于政治团结的考虑被制造

---

① George H. Sabine. (1961) *A History of Political Theory*. Holt Rinehart and Winston Inc., p.727.

出来，用以维系政治社会的稳定性。我们接下来先考察第三类共同善及其
所要求的道德教育含义，之后再考察第二类共同善及其教育意义。我将论
证这两类共同善各自是否与"正当优先于善"相容，从而得出哪种是我们
支持或反对的共同善教育。

　　让我们先来考察由国家制造的共同善。现代民族国家内部的基本制度
的正义性是一个不断完善的过程，因此政治合法性问题始终是政府和内部
社会成员的核心考虑。政府有多种方式来应对随时出现的政治合法化危机，
如减少腐败，扩大人民的选举权以及推行各种势在必行的改革等，其中最
为关键的一点就是通过制造某种共同善的概念来加强共同体维系的情感力
量，而这一种方式也是最为隐蔽的方式。这些共同善可以以这样的名称来
出现，如共同的历史记忆，共享的文化特征、阶级友爱以及其他可能被总
结出的起到增强凝聚力的事物等。一个人认同共同善并践行共同善，往往
被认为在道德上是可嘉的，甚至被认为在政治上是优秀的。并且，国家在
教育和日常事务中一向热衷于扮演这样的角色：它利用媒体、道德评价等
手段强力推行某种共同善的观念。每一个国家，不管其政治制度如何，都
有制造并推行共同善的强大动力，政府都乐意在公共学校中实施共同善的
教育，并借此来加强政治团结和国家的稳定性。于天龙在其《以道德的名
义：品格教育与政治控制》一书中，通过详细考察和比较中美两国的品格
教育，得出了这样的结论：政治国家以道德的名义而推动的品格教育往往
是为了实现政治控制这一隐秘的目的。①我们认为，于天龙的这一研究结论
道出了国家热衷于推行共同善教育的真实原因。考虑到"爱国"和"阶级
友爱"经常被各国政府作为共同善而贯彻在道德教育的实践中，我们以这
两种共同善为例来说明为什么政府制造并推行的这类共同善无法在学生们
身上产生真正的道德，甚至会引起学生们对此举的普遍反感。

　　这类共同善的出现常常伴随着某个不可挑战的权威，这个权威往往热

---

　　① Tianlong Yu.（2004）*In the Name of Morality Character Education and Political Control.* New York：Peter Lang Publishing, Inc., pp.149–156.

衷于给出共同善的具体含义以及教育学生应当怎样做。以爱国为例，对于什么是爱国，普通公民可能给出各种各样的解释，如有的可能认为不分青红皂白地拥护政府的一切政策（包括那些明显具有功利主义特征而忽视少数人的合法利益的不平等政策）就是爱国，可能有人的想法正好相反，他们认为只有持续地批评政府进而改善政府作为的做法才算做真正意义上的爱国。但是对"爱国"给出权威解释的往往是政府，政府给出的解释可能是明确和具体的，也可能是通过公共媒体对某些公民行动的批评和褒扬来引导人们去理解什么是政府所肯定的爱国行动。这样，公共学校所实施的爱国教育，就可能是迫于某种政治压力，学生身上所表现出来的所谓爱国行动也只是一种依从性的行为。

我们再来考察第二种共同善，即族群意义上的共同善。这种共同善在多元主义社会中是一种亚共同体层面的共同善，它是一个族群的道德生活所赖以维系的最重要力量，大部分社群意义上的共同善是久远的习俗、传统或宗教观念保留至今的某种对善的认识。例如，由保守的穆斯林构成的族群和前面我们提到的老阿米什人聚集的族群都强调子女对父辈权威的无条件服从，在这样的社群里对父辈权威的无条件服从就被理解为一种共同善。因为对他们而言，这一共同善塑造了他们孜孜以求的秩序良好的生活。因此，在他们对子女的教育中，这一共同善就是最重要的道德教育内容。这样的话，在一个自由的社会中，这种族群意义上的共同善及其教育是合理的吗？它是否与我们所主张的"正当优先于善"相容呢？我们认为，这取决于两个问题。首先，一般而言，这样的族群内部很可能不需要正义原则或者不主要依靠正义原则就可以过上值得他们欲求的生活，但是他们可能会对以下两种行为有不同尺度的教育或惩罚措施：第一种是与族群的共同善相背离的行为；第二种是试图或已经脱离族群的行为。如果族群的权威不对上述两种行为进行迫害，那么这一社群的共同善及其教育就具有一定的合理性，并且可以相容于"正当优先于善"这一观点。其次，在一个自由开放的多元社会中，恪守着特殊善观念的族群内部的成员难以避免地会与社群外部的人进行必要的交流，这时他们会遭遇善观念方面的冲突。

如果他们不以自己的善观念强加于其他人，那么这种善观念及其教育就可以相容于"正当优先于善"的观点。

另外，上述族群意义上的共同善及其教育能够相容于"正当优先于善"的两个条件是对社群作为一个多元主义国家内部的亚共同体的要求而言的，除此之外，"正当优先于善"还要求国家保持中立主义立场。正如上面提到的，如果这些社群的权威不因其成员的背离行为和脱离行为而对这些成员施加迫害，那么国家就不应干涉社群的道德生活。例如，不能不考虑某一社群的宗教信仰情况而对其强迫实施某种有神论或无神论教育，也不能对其施加某种由国家制造的共同善的教育。已有的经验事实表明，即便两个不认同"自由"为美德的族群也可以以"自由"为原则处理它们之间的关系。同样，一个来自不认同"自由"为美德的族群的成员也可以在自由社会中与他人以"自由"为原则来处理他们之间的关系，并且可以相互尊重，和睦相处。可见，"自由"作为一种原则和"自由"作为一种美德这一区分对于理解我们所遇到的道德问题是多么的重要。

由此可以得出，"正当优先于善"对社群意义上的共同善及其教育的包容是建立在这样一个基础之上，即共同善当且仅当作为哈耶克意义上的自发秩序概念，而不是作为一种人为秩序时才是可以被包容的。作为自发秩序的共同善不是由某个权威（不管是国家作为权威，还是多元主义国家内部的亚共同体作为权威）可以制造的，而是来自某种传统、习俗或某种特殊的宗教观，这样的共同善在多元主义的社会中只可能是某种亚共同体层面的和地方性的。即便如此，作为自发秩序的共同善及其教育也可能存在某种程度的强迫，从而这些族群里的年轻成员的行为可能都是依从性的。因此，这种包容的前提是上述三个要求得到满足。而由权威（主要是指国家）所制造的共同善及其教育是无法得到包容的，因为这样的共同善及其教育所塑造的自由社会的人们的行动，即便很好地解决了"自我应该如何对待陌生他者"的问题，也不是一种具有道德价值的行动。

第8章

公共学校的道德教育

在这一部分，我们将根据以上关于道德教育理论的分析和论证，详细讨论公共学校道德教育的基本安排。首先需要说明的是，我们的讨论将局限于公共学校（common schools）[①]。这里所讨论的公共学校是指那些为了公共目的而设立的学校，仅仅将那些出于特殊目的而设立的学校排除在外，如出于某种特殊宗教因素而设立的学校。另外，公共学校道德教育的实施是一个复杂而艰巨的任务，我们的讨论无法穷尽学校道德教育的全部方面，而只能有选择地讨论其中几个可能急需重点关注的内容。具体来说，我们的讨论将聚焦在以下几个方面：道德教育在公共学校、家庭和社区之间的分配，公共学校道德教育的目标、内容和方法，公共学校中德育教师的角色以及公共学校的变革等问题。希望这些讨论能够对公共学校道德教育实践产生一定积极的影响。

---

① 公共学校区别于公立学校（public schools），后者主要指向的是学校的所有权和经费来源，与它对应的一般是私立学校（private schools）以及半公立学校（semi-public schools）；而公共学校是就社会多元化（social diversity）而言的，它与一些出于特定目的而设立的学校相对应，如穆斯林学校，基督教学校等。

8.1 道德教育在公共学校、家庭和社区之间的分配

对儿童和青少年实施道德教育的任务从来都不是公共学校能够独立完成的。只要我们回顾一下中外教育的历史，就可发现，道德教育作为公共学校的责任是很晚才出现的。公共学校自诞生至今不过两百余年的历史，在它诞生以前，道德教育主要发生在家庭以及家庭所属的村落或社群里。在这种背景中，人们的社会流动并不频繁，传统的熟人社会得以维系。这样，儿童和青少年所接受的道德教育主要是与他们所生活的那个熟人社会中的习俗和权威传递下来的美德等内容有关。而在现代社会里，熟人社会已经遭到瓦解，更多的人们在所生活的空间里主要是与陌生人打交道，这样一来，道德教育面临着新的挑战。毫无疑问的是，在现代社会中，公共学校承担了很大一部分的道德教育的任务。那么，家庭和现代社区（与传统熟人社会相对应）所承担的道德教育的任务是否依然很重要？抑或我们应该将道德教育的全部任务都交托给公共学校吗？

显而易见的是，即便公共学校承诺可以包揽儿童和青少年的道德教育任务，家庭以及社区里的道德教育仍应继续存在。我们所主张的"正当优先于善"的观点以及罗尔斯对道德发展的阶段论思想，都提示我们应该非常重视家庭、社区和公共学校的道德教育。那么，家庭、社区和公共学校的道德教育各自承担着何种角色呢？显然，如果家庭里已经培养起孩子的"诚实"的美德，公共学校里就没有必要再盯住"诚实"这一美德不放了。因此，我们应该对道德教育任务在它们三者之间的分配做出合理的说明，并且我们关心的是，道德教育的任务如何分配是相容于我们所主张的"正当优先于善"这一观点的。

罗尔斯关于儿童和青少年道德发展的阶段论为我们解决这一问题带来很多启示。首先，在家庭里，儿童所接受的道德教育主要是一种美德的教育或者某种特殊善观念的教育，这些美德或特殊的善观念可能来自久远的习俗、传统或文化，也可能源自他们所信奉的宗教。因此，家庭的道德教育可以被称之为权威的道德教育阶段。例如穆斯林家庭教授自己的子女关

于伊斯兰宗教有关道德要求就是合理的做法。但是，这绝不意味着这些具有特殊背景的父母不教授他们的孩子任何与社群以外的人进行交往所需要的美德或者道德原则。因为，一方面，我们承认保守的社群依然有存在的理由；但某一方面，在一个开放的社会中，一个来自独特社群的个体很难避免与社群以外的陌生人打交道。因此，他们应该为自己的孩子进入公共社会做好必要的准备。权威的道德教育阶段只是说，由家庭传递给孩子、并希望孩子恪守这些美德或特殊的善观念是合理的做法。自由社会中的人们不应该对他们这一特殊背景、特殊的道德教育内容感到惊讶，更不应试图去影响或干涉他们的做法。当然，这种特殊美德或者善观念的教育应是在政治认同的这一前提下的，没有这个前提，多元文化背景下的人们的共同生活就是没有可能性的。

其次，在一个自由迁徙和自由结社的社会中，社区的重要性不言而喻，因为人们可以自由选择与他们文化、宗教或者价值观念相同或接近的社区居住。社区里的道德教育可被称为社团的道德教育阶段，它作为家庭道德教育和公共学校道德教育的桥梁：一方面，社区的道德教育可以继续发挥家庭道德教育的作用，因为儿童和青少年可以继续在社区中接受那些与他们家庭背景相同或相似的道德观念，从而社区里的人们能够过一种有美德的生活；另一方面，儿童和青少年与陌生他者的接触机会越来越多，更重要的是儿童和青少年已经能够参与到社区的各种社团生活中去，他们开始承担不同的角色，履行不同的职责，并开始在与他者的共同合作中建立信任和友谊关系。社区道德教育的重要性就在于这样一种过渡。此外，儿童和青少年也开始体会到家庭所传递的美德和合作中所需要的美德及原则的细微差异，因而他们开始自我调适，尝试化解由两者所可能产生的冲突。如果儿童和青少年所生活的社区本身就是多元化的，那么，他们进行自我调适的难度会更大，因为家庭所传递的美德与和陌生他者合作中所需要的美德和准则存在的差异或冲突很可能更大。因此，自我与他者相处的问题便会在内心中引起兴趣。而正是这种对家庭和公共空间的道德上的差异和分歧为公共学校的道德教育提供了重要的基础条件。

最后，公共学校道德教育主要的任务不是传授给学生具体的美德或者某种共同善的观念，而是发展学生的"原则的道德"观念。在经过家庭的道德教育和社团的道德教育两个阶段后，儿童和青少年一方面已经习得了不少美德概念，另一方面他们也感受到家庭道德和社团道德的差异或冲突。然而，在公共学校里，这种情况可能更为普遍，因为学生的家庭背景是多元化的。在这样的背景下，学生始终面临着文化、宗教、价值和善观念方面的多元性所带来的冲突。学生明显感觉到，在家庭和社区里习得的美德已经无法为处理自我与他者的关系提供有效的指导。那么，公共学校道德教育阶段则主要帮助和引导学生理解善观念上的多元化和异质性，以及与陌生他者进行交往时应该遵循道德原则的意识。

简言之，如果家庭和社区，尤其是家庭的道德教育主要应对熟人社会中可能产生的道德问题，那么公共学校的道德教育则应主要应对在公共领域中和陌生人之间所可能产生的道德问题。当然，家庭、社区和公共学校的道德教育的实际运作不应该像我们上述所做的说明那样清晰，划分那样严格。这种说明旨在提供这样一种解释：首先，对陌生他者的行动的根据不能指望一种合适的美德，而应由合适的道德法则提供这一根据；其次，一个人如果一生只想留在熟人社会或者特殊社群里生活，虽然他仅仅接受家庭和社区（群）所传递的美德观念也能过上秩序良好的道德生活，但他在公共学校里接受原则的道德教育也是有必要的，因为自由社会中的人们如果干扰到他自己的生活，他也清楚如何与他们进行协商和解决；最后，公共学校中的原则的道德教育不意味着对先前家庭和社区所传递的美德或特殊善观念的否定，它只是要求当与陌生的他者进行交往时，道德原则是需要优先得到考虑的，自我对他者的正当行动不能因为我们对善的理解上的相同或不同而发生改变。

8.2　公共学校中的道德教育

在人类历史上，存在着多个不同的道德哲学传统。但是，无论在教育领域的学术研究中，还是在日常生活中，人们使用"道德教育"一词更为普遍，而较少提及伦理教育，这与我们在前述所揭示的"伦理"和"道德"以及"善"和"正当"这两对概念的关系有关，以至于当人们提及"道德教育"时，我们就会自然而然地认为他们／她们所讨论的议题可能会涉及道德教育背后不同的道德哲学传统。在本书中，我们基于对"伦理"和"道德"以及"善"和"正当"这两对概念的分析，主要讨论了道德哲学史上两种最重要的传统，即美德伦理和义务论。这两种道德哲学传统为当代最为流行的两种道德教育进路——即道德教育的美德进路（the virtue approach to moral education）和道德教育的认知 - 发展进路（the cognitive-developmental approach to moral education）——提供了坚实的哲学基础。在当代道德教育实践中，美德进路和认知 - 发展进路为开展道德教学提供了截然不同的话语体系、伦理／道德要求以及德育方法。

如果我们认为前述对"伦理"和"道德"以及"善"和"正当"这两对概念所做出的区分在某种程度上是令人信服的话，那么任何忽视这种区分的（道德）教育理论建构都会大大降低自身对（道德）教育议题的解释力，由这样的（道德）教育理论所指导的（道德）教育实践也往往令人困惑。例如，在学校教育和家庭教育中，经常会遇到这样的情况：有时候我们会教育孩子去遵守"不可说谎"这一法则；然而其他时候，我们可能会让孩子认识到"在有的情况下可以说谎"反而是一种美德，是道德上可嘉的行为（习惯）。如果这种情况发生在低龄的儿童身上，那么他们可能会不假思索地遵守来自权威（学校教师、家长或其他权威）的训诫，即便是前后矛盾的训诫；但当他们／她们慢慢长大以后，随着认知和反思能力的提升，他们／她们会认识到以前来自权威的各种训诫可能是矛盾的，有时甚至是严重的冲突，最终导致行为上的不知所措。这个时候，"我该怎么做"就会成为困扰他们成长的严重问题。

正是基于以上的正确认识，即便我们认为"伦理"和"道德"以及"善"和"正当"这两对概念仅仅能够在最弱的意义上做出区分，我们也有足够的理由在道德教育理论的建构和道德教育实践中坚持明确区分"伦理"和"道德"以及"善"和"正当"这两对概念的意涵及其各自的话语体系，逐步使教育者、家长和孩子们慢慢认识到不同的道德哲学传统各自所倚重的话语、各自所指向的伦理 / 道德要求、各自提供的德育方法以及各自的理论缺陷，从而最终形成对德育理论和实践较为完善的认识。例如，教育者的教学语言不宜轻易将不同道德哲学传统的话语混用：在与品格塑造有关的教学和实践中，教师应使用习惯、习惯化、情景、美德、性情、实践智慧、个体完善（personal perfection）等话语；而在与道德推理有关的教学和实践中应该使用认知、发展、协商、对话、理性、自由、选择、契约、换位思考、原则 / 法则、义务、实践理性等话语。在对学生的伦理 / 道德要求方面，如果是品格教育活动，应该要求学生们养成良好的习惯、做一个好人 / 高贵（尚）的人；如果是与道德推理有关的教学活动，应该要求学生们学会思考 / 推理、去做正当的事或者按照道德法则的要求去行动。在德育方法上，两种传统也很不相同，如品格教育活动强调的是教授美德（educating the virtues）①、榜样示范以及通过重复去做有美德的事从而成为有美德的人等方法；而道德教育的认知 - 发展进路强调的是在儿童身心发展的不同阶段应用不同的教育方法。例如，科尔伯格（Lawrence Kohlberg，1927 年—1987 年）认为，在青少年阶段可以应用"正义团体法"（Just Community）来训练他们的道德推理能力。②另外，在儿童青少年发展的不同阶段，应施以不同的教育，如在低年级儿童中，应该侧重应用道德教育的美德进路所

---

① Carr, David.（1999）*Educating the Virtues*：*An Essay on the Philosophical Psychology of Moral Development and Education.* Routledge，pp.251–270.

② Kohlberg, L.（1985）. The Just Community Approach to Moral Education in Theory and Practice. In Berkowitz, M. and Oser, F. Eds. *Moral Education*：*Theory and Application.* Hillsdale, New Jersey：Lawrence Erlbaum, pp.27–87.

提供的道德教育话语、道德要求和方法；而随着儿童逻辑思维能力的提升，在高年级阶段应该更加强调他们的道德思维能力的提升，这时候就是运用道德教育的认知 – 发展进路所提供的道德教育方法的恰当时机了。

当然，伴随着儿童道德思维能力的提高，他们会面临越来越多的道德冲突的困境。典型的例子是，他们历经来自权威的训诫、自身对道德议题的认识以及现实社会的道德困境后，可能会产生迷惑，乃至手足无措。作为德育教师面对这样的问题，在陪伴儿童成长的过程当中，多理解不同的道德哲学传统，辅以自身对道德问题清晰的思考，会有助于化解他们面临的道德冲突的困境，从而有助于提升未来一代对于"道德何为""什么是秩序良好的社会"等问题的思考水平，最终助力和谐社会的建立和完善。在整个过程中，德育教师对"伦理"和"道德"以及"善"和"正当"这两对概念的认识水平就显得非常重要了。

基于以上认识，如果我们认为"正当优先于善"这一观点是可以得到辩护的，那么，我们采用这一理论来解释我们的道德教育实践时就能够显示其说服力。尤其重要的是，用这一理论来回答本研究所提出的问题——即什么是自我对待他者的道德根据——时，它是有效的。既然这一观点能够合理地解释我们所遭遇的道德问题，尤其是公共领域的道德问题，我们就应该对这一观点所要求的公共学校道德教育的基本安排做出必要的说明。我们希望，这些说明能够对公共学校道德教育的实践产生积极的影响。

一、把培养正义的公民作为公共学校道德教育的培养目标

究竟何种理想的道德人格是公共学校道德教育值得欲求的？这是一个仁者见仁，智者见智的问题。美德伦理会认为公共学校的道德教育的培养目标理应是有美德的人或者好的品格，功利主义会主张那些为最大多数人的最大幸福而努力甚至献身的人才是道德教育的合理培养目标。"正当优先于善"这一观点认为，公共学校道德教育的培养目标应该是"正义的公民"。那么，与美德伦理等流派的主张相比，正义的公民作为道德教育的目

标究竟有何不同呢？

正义的公民有三个特征。第一个特征是，正义的公民将可普遍化的正义原则（道德法则）作为处理自我与他者关系的根据。正义的公民自身可能拥有多种美德，但在道德推理中，他将优先考虑可普遍化的正义原则作为自我对他者行动的根据。这一特征是就公民的认知层面而言的，也就是说，他应具有对正义原则的基本的认知能力。正义的公民的第二个特征是，正义的公民拥有自我对他者的正当行动的驱动力，即正义感。我们对前面几种不同道德理论的分析得出，一个人做出道德行动需要某种相应的情感作为驱动力。一般而言，作为正当行动的驱动力的情感可能有多种，如同情心，但是"正当优先于善"这一观点认为，由正义感驱动的正当行动更具道德价值。当然，这种说法并不意味着由同情心驱动的正当行动毫无意义。这一特征是就公民的情感层面而言的。正义的公民的第三个特征是，正义的公民拥有对他者做出正当行动的自由意志。一般而言，当一个人认识到何为可普遍化的正义原则，同时也拥有正义感时，自我对他者的行动未必做得出来。自由意志被认为是一种对正义原则有敬畏感的主体做出正当行动的能力。因此，倘若一个公民具有坚强的自由意志，那么他一定能够做出正当的行动，而不管这样的行动可能会给自己造成多大的损失或损害。这一特征是就公民的意志层面而言的。由上面的分析可以得出，正义的公民在道德认知、道德情感和道德意志等方面与其他道德理论所要求的道德教育的培养目标明确区分开来。

一般而言，一个拥有正常理性的人都可以通过康德的方式或罗尔斯的方式把握到什么是他应该遵守的正义原则；然而这并不意味着正义感就是一个人可轻易获得的。如果公民无法获得和维系正义感，真正的正义的公民就不可能产生。我们在前面提到这样一个案例，即我是否举报我的好朋友在竞争性考试中作弊的问题，如果我认识到的正义原则告诉我应该举报，可是我同学的父母可能会利用各种不正当的关系设法阻止我做这件事，甚至对我进行报复。这种情况下，我也许会坚持举报我的同学，但是如果我失败了，我可能会认为这样做是没有意义的，我本来被此事件所激发出来的正义感就会受到打击。这个例子说明，正义感的产生、强化和维系都需要作为背景的正义的制度的支持。这里提出一个经常让哲学家苦恼的问题，即正义的制度和正义的公民的关系问题。在很多理论家那里，这两者的关系就像鸡和蛋的关系一样，很难确定是先有哪一个，抑或互为条件。康德也曾为此苦恼过，他在《永久和平论》里面甚至认为一旦正义的制度确立起来，正义的公民就会自然诞生。康德的这一论断和罗尔斯的论断是相同的，正因为如此，罗尔斯才将正义作为政治制度的首要美德来强调。

　　然而，当我们反思现存的各种社会政治制度时，事实上它们在不同方面和不同程度上都存在不正义。这样的话，要培养正义的公民这一目标就落空了吗？也许，我们在二者的关系上不必如此悲观，我们可以将正义的制度和正义的公民看作是互为条件、互相促进的关系：一方面，道德教育要培养"义愤的公民"（indignant citizens），把促进社会制度的正义视为公民的自然责任；① 另一方面，政治制度在公民的政治参与中不断做出调整，为公民社会的完善和发展提供背景正义，从而促进公民正义感的形成。可以说，这是一个良性循环的过程。正义的制度和正义的公民之间存在的复杂关系提醒我们，政治制度对道德教育成败产生重要影响，道德教育并非与政治无关，因为一个正义的公民必定是一个关心政治的人。由此看来，正确理解政治与道德教育的关系对于培养目标的实现尤为重要。

二、公共学校道德教育的内容

　　"正当优先于善"所要求的公共学校道德教育的内容与一个完美的美德的列表完全无关，它要求发展学生的两种重要能力，即道德推理能力和想象力，并培养学生的契约意识。

　　首先来看道德推理能力。康德和罗尔斯为我们提供了两种不同的道德

---

① Rawls, John. （1971）*A Theory of Justice*. Cambridge，MA：Harvard University Press，p.455.

推理的方式。康德为我们提供的是一种纵向的推理，是自我通过与目的王国之间的沟通从而确证自我行动的根据。罗尔斯则相反，他向我们提供了一种横向的推理，它是自我通过设想与他者进行一个平等的协商从而达成自我与他者合作的公平原则。这两种道德推理方式都需要理性的参与来完成。康德道德推理的方式可能过于抽象，尤其是对中小学生来说。罗尔斯的道德推理方式则更具经验主义的特质，一个具有正常理性的学生都可以轻松地完成这样的思想实验，因而可能对于儿童和青少年来说更容易接受。然而，儿童和青少年将这两种道德推理方式作为重要的道德学习的内容并不等于说，每当学生面临一个道德困境都要先完成这样一种复杂的道德推理。事实上，每个人都已经掌握了大量的可普遍化的正义原则，如不能说谎、尊重他人、道德意义上的平等原则等，人们在日常的道德生活中往往都是直接使用这些正义原则的。这两种道德推理方式的重要意义在于当我们明知我们行动的根据，但同时又面临巨大的外在诱惑时，我们可能在行动上会犹豫不决。这个时候，如果我们已经非常习惯使用这样的道德推理方式，那么，我们相信"正当优先于善"的要求就会产生意想不到的力量，因为这两种道德推理对于正当行动的动机都提供了某种合理的解释。

第二种重要能力便是道德想象力。道德想象力在道德推理过程中发挥了不可替代的作用。例如，在康德所提供的道德推理过程中，如果没有道德想象力，将自我设想为与目的王国之间的沟通就是不可能的；另外，在罗尔斯的思想实验中，如果没有道德想象力就无法实现经由平等的协商达至公平的正义原则这一结果。在许多时候，当面临真实的道德困境时，人们往往把他们所面临的这一道德情景设想为一场真实的战争，敌对双方就是自我身上的感性和理性。如果一个人连哪些是感性所要求的、哪些是理性所要求的都分不清楚，或者无法通过想象力来实现，那么这个人做出理性的决定是很难的。因此，想象力的培养是公共学校道德教育的重要内容。在当代，很多理论家在论述教育问题时都不约而同地提到想象力的培养问题，并提出了很好的设想和建议。其中值得一提的便是玛莎·纳斯鲍姆，她在最近出版的《告别功利：人文教育忧思录》中就强调了通过增加人文课程和艺术课程的教学来培养学生的想象力，尤其值得我们借鉴。①

除了培养学生的道德推理能力和道德想象力外，在中国当下学校道德教育的实施过程中尤其要重视培养学生的契约意识。契约意识就是自由社会中的个体为了公平的社会合作而自愿缔结契约、并自愿遵守协议的意识。如果人们愿意将日常的道德生活设想为为了更好地促进社会合作而愿意遵守公平合作的条款和原则的话，那么自愿缔结协议并遵守协议的意识对未来的社会合作（道德生活）就是至关重要的。一般而言，协议对契约各方的行动具有约束力。契约的约束力可分为两类，一类是强制约束力，这种约束力一般是指来自法律强制约束力对人们行动的规范力；另一种便是非强制约束力，这主要是指契约论的道德理论所阐释的道德协议对人们行动的规范力。一个秩序良好的社会的道德生活的可能性显然不能完全靠着法律的强制约束力来维系，更主要的还是道德的非强制约束力。这样说，并不意味着遵守法律的这种契约意识不重要，而是恰恰相反，一般而言公民的契约意识最早往往是由法律教育而培养起来的。因此，良好的法律教育对契约意识的培养就很重要。但是另一方面，学校的教育仅仅培养学生遵守法律这种契约意识是不够的，还必须引导学生认识道德契约和法律契约的异同，体会道德契约的非强制约束力对道德生活的重要性。总之，培养学生的契约意识，尤其是遵守道德协议的契约意识是公共学校道德教育的重要内容。

三、公共学校道德教育的方法

关于道德教育的方法，以往的道德教育中使用的大部分方法或许仍然有效。但是，"正当优先于善"所要求的道德教育更加重视以下方法，如平等对话，角色扮演，罗尔斯意义上的契约实验以及科尔伯格倡导的正义团

---

① 可参考：Nussbaum, M. C. (2016). Not for Profit: Why Demooonacy Needs the Humanities. Princeton,NT: Princeten Uniuerty Press.

体法等。我们就这些重要方法做一些简要的介绍。

　　第一，平等对话作为一种道德教育的方法并不在于通过对话而达成协议，这一方法强调的是即便一方不同意另一方的观点，只要对方给出的理由是合理的，那么就应该尊重对方的道德立场，而不应该将其中一方所秉持的善观念强加给其他各方，否则就是不平等的。可见，平等对话作为道德教育方法的一个重要意义就在于，在参与对话的过程中各方都给出对方无法拒斥的合理理由，这本身就是培养学生的道德推理能力的过程。另外，平等对话作为道德教育方法的另一个重要意义在于，它被视为克服长久以来的德育教学所实施的美德灌输的有效方法[①]，也被视为主体性道德教育的重要方法[②]。

　　第二，角色扮演这一方法可以广泛应用在各种社团中，如学生家庭所在的社区组建的各种基于兴趣和技能的社团、公益社团以及学校中的各种常见社团等，它通过让学生承担不同的角色来强化学生职责观念，使学生认识到为什么我履行了自己的职责就会期待对方也有义务去履行他的职责，这一方法强化了权利与义务对等的观念。如果一方履行了自己的职责而对方没有履行相应的职责，那么前者就可以合理期待后者承受相应的惩罚；如果一方在履行自己的职责时超出了分内之职而做出可嘉的行动，那么他就理应期待合理的奖赏。但是，在这里必须要指出的是，学校道德教育中对惩罚和奖赏的运用要恰当，且有限度。因为，单纯由后果强化而形成的学生道德并非真正的道德，因此要把握好分寸。道德教育的真正难度就在这里，合理的限度在哪里呢？一般来说，如果不加限制地使用奖赏和惩罚来培养道德的做法最大的潜在风险是它强化了学生的功利主义的道德推理，因而对学生道德动机产生了非常不利的影响。因此，在道德教育中运用奖赏和惩罚的合理限度就在于把握好以下两点：一方面，在对学生运用奖赏

---

　　① 王福照 . 由灌输走向对话：道德教育的理念转向［J］. 教学与管理，2009（3）.

　　② 孙峰，李欢 . 道德教育的现实选择：从灌输走向对话［J］. 辽宁师范大学学报（社会科学版），2009（5）.

和惩罚时要给出合理的理由，这一理由绝不是功利主义的理由，这样做是为了弱化功利主义逻辑对学生产生的影响；另一方面，在对学生运用奖赏时要使受惩罚的学生产生因为没有履行应该履行的职责而形成的内疚感，要使履行职责的学生和收到奖赏的学生产生因为忠于职责或做出超越分内之职而形成的愉悦感。这样，前者弱化甚至消除了给学生在进行道德推理中过分依靠纯粹功利主义逻辑的习惯，后者则有利于形成正确的道德动机。

第三种方法的运用就如同罗尔斯对原初状态下的设置一样，老师可以给出一些道德困境的例子，如是否应该帮助穷人、海因茨偷药的做法对不对以及前面我们提到的关于盖世太保的例子，然后让学生代表契约各方置身于设定好的情景中进行协商从而达成各方所接受的原则。这种契约实验的方法有利于培养学生的道德推理能力、道德想象力和契约意识。更为重要的是，在契约达成的过程中，学生可以切身体会到自由、平等、不强迫、不歧视、尊重他人等重要价值观对每个人的重要性，并进而促进学生认同和践行这些价值观。

最后，科尔伯格的正义团体法是大家都熟悉的道德教育的有效方法，也是科尔伯格对道德教育的一个重要贡献。这一方法是指，通过让师生以某种正义原则为标准创设一个正义的社团，师生参与社团的民主管理，并造就良好的社团氛围，以达到内部成员自我管理和自我教育的目的，在这个基础上提升内部成员的道德推理能力，并最终促进学生的道德发展。在科尔伯格看来，美德只有一种，那就是正义，其他被亚里士多德所强调的道德美德都从属于正义或由正义派生出来。他反对美德伦理学家的通常做法，即他们列出多种美德，并教授这些美德。科尔伯格将他们的做法称之为传递"美德袋"（bag of virtues），它必然会造成道德灌输，因而不会形成真正的道德。真正的道德的形成，在科尔伯格看来，主要是靠正义推理来完成。从可操控的角度来说，正义团体法可以运用到不同的层面，如一个学校或一个班级的治理，社会上或者学校里广泛存在的社团的治理等。另外，产生于近一个世纪、并在近年来产生广泛影响的模拟联合国（Model

United Nations）也可被视为运用正义团体法的恰当案例。

总之，"正当优先于善"所要求的公共学校道德教育的方法都是为培养正义的公民这一目标服务的。就对待他者的正当行动这一问题而言，正义的公民与有美德的人在道德认知、道德情感以及道德意志方面都有完全不同的要求。因此，那些更好的能够实现这一目标的方法不能完全照搬以往道德教育的常规方法，它将是今后的研究中值得重视的课题。

8.3 公共学校中教师的角色

人们都不会否认教师在学校道德教育过程中的地位与作用，这种地位和作用主要是由教师影响学生的道德认知、情感和意志等方面所承担的重要角色决定的。那么，实施道德教育的教师主要是指哪些人？一个普遍的误解是，实施道德教育的教师主要是指学校里专门负责德育的教师，就中小学来说，班主任和专门的德育教师都发挥了极为重要的作用；就高等学校来说，专门承担思想政治理论课的教师和班主任共同发挥了重要作用。可以说，这种理解是比较狭隘的，它存在两个明显的认识误区：第一，这种理解抹杀了思想政治教育和道德教育的界限，道德教育主要培养学生的道德认知能力、推理能力和出于正当原则而行动的情感和意志，正当原则本身都是具有可普遍化特征，而思想政治教育的内容则受制于国家政治制度和意识形态；第二，这一理解认为实施道德教育的教师主要是德育专业人员而不是所有教师，乃是基于一个错误的认知，即道德教育主要是一种知识教育。事实上，道德知识教育仅是道德教育的一部分内容。如果从"正当优先于善"所支持的道德教育主张来看，道德知识教育甚至不是最重要的内容，理由有两个：一方面，这一主张并不将道德建立在一个客观的知识基础之上，而是将道德设想为为了实现更好的社会合作而达成某种合作的条款或原则，因此，如何获得这些原则以及根据原则而行动才是这一主张首要关心的问题；所以另一方面，培养学生的道德推理能力和正确的动机才是这一主张所强调的道德教育的内容，道德教育的方法也不是单纯的知识传递。由此看来，那种认为实施道德教育的教师主要是德育专业人员的看法是有局限的。在"正当优先于善"所支持的道德教育主张看来，每一位教师都是实施道德教育的重要主体。因此，这一主张反对以下看法：学校道德教育以道德知识为基础，学校通过开设的各门课程知识的教学进行道德教育。[①]各门课程的教师都有专门的课程知识教学任务，如果道德教育主要是传递道德知识，那么道德教育学科之外的教师就被排除在道德教育之外。这不符合学校道德教育的实际情况。然而，所有教师都是道德教育的主体这一主张是如何可能的呢？毕竟，每一位教师都承担了某一学科课程知识的教学任务，那么他们所实施的道德教育是如何体现出来的呢？从"正当优先于善"所支持的道德教育主张来看，教师的道德教育角色主要体现在他们的教学语言的组织或者言说方式、课堂教学的组织以及教师举止和教学的态度中。教师的言说方式能够很好地体现他们的推理逻辑。例如，如果教师在讲邓小平的"三个有利于"这一标准时，纯粹从这三句话的字面意思来讲的话，则很容易把学生带入精致的功利主义逻辑中去。课堂教学的组织和教师的举止也深刻影响到学生对于平等待人、尊重他人等正当原则的认知以及关于"言"与"行"之关系的看法。因此，可以说，每位教师所实施的道德教育主要是通过自己的言行所传递的道德推理逻辑而影响到学生的。与德育专业教师的德育教学相比，这种影响往往是潜移默化的，但同样都是相当重要的。德育专业教师所实施的道德教学，则是关于道德知识、情感和意志方面的完整体系，运用的方法也更加明确和多样。

　　每一位教师都应加强道德教育理论的学习，自觉提高道德教育教学的能力。现存的关于道德教育的理论和方法是多样化的，有些是相互补充而共同起作用的，有些则可能是相互冲突的。例如，如果一位教师将道德教育视为向学生传递科尔伯格所批评的"美德袋"，那么可能有些美德在具体

---

① 周晓静，朱小蔓.知识与道德教育［J］.全球教育展望，2006（6）.

的道德情景中是相互冲突的，在教学的方法上可能会过于依赖灌输。因此，从形式上把握正当原则的特征以及培养出于正当原则而行动的动机是值得重视的，我们在上一部分所介绍的道德教育方法也是值得推广的。"正当优先于善"所支持的道德教育反对进行道德灌输，强调给学生创造自由的空间，教学生学会自主选择，并对自己的选择承担代价，从而培养学生的出于正当原则而行动的义务感。另外，每一位教师（特别是德育专业教师）应具备一些道德教育常用的方法和手段。例如，教师应该如何创设道德情景；教师如何营造道德氛围；教师如何介入道德情景，是以权威的身份还是以与学生平等的身份等。最后，每一位教师都应重视继续教育，主动学习和运用新的理论和方法。教师只有在不断的学习和探索中自觉评价、反思和总结自己的道德教学，学校道德教育的水平才能不断提高，德育效果才能不断改善。

最后，师生关系是学校道德教育中的一个重要话题。一般来说，有效的道德教学比其他学科教学更需要良好的师生关系。原因就在于，道德本身就是处理人与人之间关系的学问。那么，什么样的师生关系才是"正当优先于善"支持的道德教育所要求的师生关系呢？我们发现，师生关系一直是教育学界争论不休的话题。流行的关于师生关系的主要观点包括"教师主体－学生客体"说、"超越主客体"说、"教师主导－学生主体"说、"双主体"说、"同伴关系"说、"相互依赖"说等。大致来说，这些关于师生关系的不同主张可分为两类，一类是权威型的师生关系，一类是平等型的师生关系。可以说，这两类师生关系在道德教育教学中都真实存在，且都有支持它们的合理理由。近年来，关于平等型的师生关系的讨论越来越多，支持者越来越多。但是，完全平等的师生关系既不是在理论上值得欲求的，也不是在实践中能够行得通的。合理的师生关系可能需要在两者之间保持一种平衡。就"正当优先于善"所支持的道德教育来说，权威型的师生关系和平等型的师生关系在儿童的不同发展阶段应有所不同。例如，在小学低年级阶段，师生关系主要是一种权威关系，因为这个阶段的学生理性思维能力还较差，他们行动的主要根据是来自家长的训诫；进入小学后，他们也较为相信老师的教导，这些教导主要是向学生继续传递一些美德概念；进入小学高年级阶段后，师生关系应有所调整，权威型的师生关系和平等型的师生关系应该大致保持平衡，因为这个阶段的学生已不再盲信他人的主张而经常去追问支持这一主张的理由，教师不应再将重点放在美德概念的教学上，而应重在培养学生的道德推理能力和原则意识；在进入中学阶段后，师生关系应该主要是一种平等型的师生关系，因为在这一阶段学生的逻辑思维能力已经得到较好的发展，道德推理能力、道德想象能力和契约意识应该成为道德教育的主要内容，教师应该综合运用多种方法去发展学生的这些能力，促进契约意识的形成。这样，当学生进入成年时期后，他（她）们就可以自如地运用自己的理性能力去把握行动所根据的正当原则，在正确动机、合宜的美德和情感的牵引下最终造就稳定的正当行动。

8.4 公共学校的变革

如前所述，"正当优先于善"所支持的道德教育尤其重视道德推理能力的培养和道德思维品质的提升。但是，如果学校的制度和环境不支持这样做的话，思维品质的提升就是无源之水、无本之木了。因为推理能力的培养和思维品质的提升需要当前的公共学校由"知识教育本位"转向"思维教育本位"上来。

众所周知，我国公共学校的办学实践向来重视知识教学。之所以有如此现状，可能与以下几个因素有关：

首先，我国传统教育一直以来就是重视知识传授，轻视逻辑训练。传统教育中使用的一些经典文本，如"四书""五经"等，多是用来记诵的，而不是用来分析的，更不是用来批判的。这些经典的作品在历朝历代的主要工作是以传承和注释为主。这种教育和研究的方式影响深远，直至现代。可以说，重知识轻逻辑的惯性一直影响到今天的教育。

其次，中华人民共和国成立以来，百业待兴，教育面临的一个紧迫任务是知识的更新换代。新中国的建立顺应了时代发展的要求，确立了新的价值引领。时代的变迁导致了人们所掌握的旧知识难以应对新中国成立以后的工业化发展对新型知识的要求。因此，知识的更新换代成为教育工作者的重要工作。中国的地域辽阔，人口众多，受教育水平在城乡、地区、民族、性别等方面差异较大。可以说，知识普及和更新换代的任务到今天也是一个有待解决的问题。

再次，公共学校面临向广大受教育者提供更加平等之教育的压力。人们追求更加平等的教育，不仅仅限于平等的受教育机会，更加指向教育的内容和过程。一般而言，相对于推理能力的培养和思维品质的提升，知识教学更容易做到、做好，对学生知识掌握水平的测量也更加容易。因此，知识教育更容易满足人们对接受平等之教育的呼声和要求。

最后，人们普遍认为，没有好的知识基础，推理能力的培养和思维品质的提升就是不牢靠的。然而，这种认识本身可能就是有问题的。我们可以设想，如果学生的知识基础更好，那么有可能对其思维品质的提升是更加有帮助的。但这不一定必然意味着，没有好的知识基础，推理能力的培养和思维品质的提升这一项工作就无法开展。

当前，中国教育发展进入新时代，学科核心素养和学科思维的培养越来越受到学界的重视，也受到广大中小学一线教师的重视。可以说，当代中国教育的改革站在了一个崭新的起点上。公共学校应当抓住这个历史机遇，越来越重视包括道德教育学科在内的所有学科的学科思维品质的提升。在有条件的学校，应该适当开设"批判性思维"（Critical Thinking）这一类课程。借助这样的课程，辅之以学校制度和教学环境的改善，学生的推理能力和思维品质将有望取得较大的提升。与知识的普及和更新换代一样，学生思维品质的提升也代表了整个教育质量的提升。而且，这种提升不仅不会因为知识的更新换代之快而被迅速淘汰，反而会成为创新知识的源泉。在人们的日常的生活中，尤其是在公共道德生活中，或者进入陌生人社会时，拥有优秀的思维品质的人，在面对道德困境时，她／他才会从容地以一个理性的（rational）和合理的（reasonable）道德主体的角色面对"自我"与"他者"，从而做出道德上可接受的正当行动。

如果以上的看法是合理的，那么，公共学校变革的任务就立刻摆在当代人的面前了。

参考文献

一、英文部分

［1］Annas，J.（1992）. Ancient Ethics and Modern Morality. *Philosophical Perspectives*，6，pp. 119–136.

［2］Anscombe，G. E. M.（1958）. Modern Moral Philosophy. *Philosophy*，33（124），1–19.

［3］Appiah，K. A.（2008）. *Experiments in Ethics*. Cambridge：Harvard University Press.

［4］Aristotle.（1908）. *Nicomachean Ethics*. Translated by W. D. Ross. Oxford：Clarendon Press.

    （1946）. *The Politics of Aristotle*. Translated with an introduction notes and appendixes by Ernest Barker. Oxford：Oxford University press.

    （1999）. *Nicomachean Ethics*（Second Edition）. Trans. and Ed. By Terence Irwin. Hackett Publishing Company，Inc.

    （2004）. *Nicomachean Ethics*. Trans. and Ed. by Roger Crisp. Cambridge：Cambridge University press.

    （2011）. *Eudemian Ethics*. Trans. and Ed. by Anthony Kenny. New York：Oxford University press.

［5］Audi，R.（1995）. Acting from virtue. *Mind*，104（415），449–471.

［6］Baron, M. W., Pettit, P., & Slote, M. A. (1997). *Three Methods of Ethics: A Debate.* Blackwell.

［7］Carr, D. (1996). After Kohlberg: Some implications of an ethics of virtue for the theory of moral education and development. *Studies in philosophy and education*, 15 (4), 353–370.

（1999）*Educating the Virtues: An Essay on the Philosophical Psychology of Moral Development and Education.* Routledge.

［8］Taylor, Charles. (1994). "The Politics of Recognition", in Charles Taylor (eds). Multiculturalism. Princeton: Princeton University Press.

［9］Crisp, R. & Slote, M. (Eds.). (1997). Virtue ethics. Oxford: Oxford University Press.

［10］Elias, John. L. (1995). *Philosophy of Education: Classical and Contemporary.* Malabar: Krieger Publishing Company.

［11］Darwall, Stephen L. (1983). *Impartial Reason.* Ithaca, N. Y.: Cornell University Press.

［12］Das, R. (2003). Virtue Ethics and Right Action. *A ustralasian Journal of Philosophy*, 81 (3), 324–339.

［13］Dubber, Marcus Dirk. (2005). Making Sense of the Sense of Justice. *Buffalo Law Review*, 53 (3).

［14］Dworkin, Ronald. (1978). *Taking Rights Seriously.* Cambridge: Harvard University Press.

［15］Frazer, M. L. & Slote, M. (2015). Sentimentalist virtue ethics. In *The Routledge Companion to Virtue Ethics.* Routledge.

［16］Sabine, George H. (1961). *A History of Political Theory.* Holt Rinehart and Winston Inc.

［17］Gordon, J. S. (2013). Ancient Ethics and Modern Morality ［EB/OL］. Internet Encyclopedia of Philosophy (IEP).

［18］Green, Thomas Hill. (1890). *Prolegomena to Ethics.* Oxford: The

Clarendon Press.

［19］Hegel, G. W. F. (1991) . *Hegel: Elements of the Philosophy of Right*. Cambridge: Cambridge University Press.

［20］Heidegger, M. (1997) . *Kant and the Problem of Metaphysics*. Indiana University Press.

［21］Held, Virginia. (1995) . *Justice and Care: Essential Readings in Feminist Ethics*. Boulder, co: Westview Press.

［22］Hume, D. (1896) . A Treatise of Human Nature. Oxford: The Clarendon Press.

(1978) . *A Treatise of Human Nature* (Second Edition) . L. A. Selby-Bigge (eds) . Oxford: Oxford University Press.

［23］Hursthouse, Rosolind. (1996) . "Normative Virtue Ethics" in Roger Crisp Eds. *How Should One Live: Essays on the Virtues*. Oxford: Clarendon Press.

(1999) *On Virtue Ethics*. Oxford: Oxford University Press.

［24］Kant, I. (1991) . *The Metaphysics of Morals*. Trans. By M. Gregor. Cambridge: Cambridge University Press.

(1996) . "Groundwork of the Metaphysic of Morals" . in Mary J. Gregor (Trans. and Ed.) . *Practical Philosophy*. New York: Cambridge University press.

(1996) . "Critique of Practical Reason" . in Mary J. Gregor (Trans. and Ed.) . *Practical Philosophy*. New York: Cambridge University press.

(1996) . "The Metaphysic of Morals" . in Mary J. Gregor (Trans.) . *Practical Philosophy*. New York: Cambridge University press.

(1997) . *Groundwork of the Metaphysics of Morals*. Cambridge, United Kingdom: Cambridge University Press.

(1998) . *Critique of Pure Reason*. Trans. by Paul Guyer. Cambridge: Cambridge University Press.

(2002, 2018) . *Groundwork for the Metaphysics of Morals*. New

Haven: Yale University Press.

[25] Katz, M. S., Noddings, N. & Strike, K. A. (Eds.) . (1999) . *Justice and Caring: The Search for Common Ground in Education.* New York: Teachers College Press.

[26] Kohlberg, L. (1985) . The Just Community Approach to Moral Education in Theory and Practice. In Berkowitz, M. and Oser, F. (Eds.) . *Moral Education: Theory and Application.* Hillsdale, New Jersey: Lawrence Erlbaum.

[27] Kristj á nsson, K. (2006) . Habituated Reason: Aristotle and the "Paradox of Moral Education". *Theory and Research in Education*, 4 (1), 101–122.

[28] Louden, R. B. (1984) . On Some Vices of Virtue Ethics. *American Philosophical Quarterly*, 21 (3), 227–236.

[29] MacIntyre, A. C. (1987) . Der Verlust der Tugend: Zur moralischen Krise der Gegenwart. Frankfurt: Campus Verlag.

[30] Nash, Robert J. (1997) . *Answering the Virtuecrats: a Moral Conversation on Character Education.* New York: Teachers College Press.

[31] Noddings, N. (2016) . Philosophy of Education. Boulder: Westview Press.

[32] Noel, J. (1999) . On the Varieties of Phronesis. *Educational Philosophy and Theory*, 31 (3), 273–289.

[33] Nussbaum, M. C. (1993) . "Non–Relative Virtues: An Aristotelian Approach", in Martha Nussbaum and Amartya Sen ed. *The quality of life.* New York: Oxford University Press.

(1999) . Virtue Ethics: A Misleading Category ? *The Journal of Ethics*, 3 (3), 163–201.

[34] O'Neill, Onora. (1996) . Towards Justice and Virtue: A Constructive Account of Practical Reasoning. New York: Cambridge University Press, pp. 9–37.

[35] Peters, R. S. (1963) . Reason and Habit: The Paradox of Moral

Education. In W. R. Niblett（eds.）. Moral Education in a Changing Society. Faber and Faber Limited, pp. 46–65.

（1974）. *Psychology and Ethical Development*: *A Collection of Articles on Psychological Theories*, *Ethical Delopment and Human Understanding*. London: George Allen & Unwin.

[36] Price, A. W.（1989）. *Love and Friendship in Plato and Aristotle*. New York: Oxford University Press.

[37] Rachels, J.（2003）. *The Elements of Moral Philosophy*（Fourth Edition）. McGraw–Hill Education.

[38] Rachels, J. & Rachels, S.（2018）. *The Elements of Moral Philosophy*（Nineth Edition）. McGraw–Hill Education.

[39] Rawls, J.（1971, 1999）. *A Theory of Justice*. Cambridge: The Belknap Press of Harvard University Press.

（1988）. The Priority of Right and Ideas of the Good. *Philosophy & Public Affairs*, 17（4）, 78–81.

（1996, 1999）. *Political Liberalism*. New York: Columbia University Press.

（1999）. *The Law of Peoples*. Cambridge, Mass.: Harvard University Press.

（1999）. "The Sense of Justice". in Samuel Freeman eds. *Collected Papers. Cambridge*, MA: Harvard University Press.

（2000）. *Lectures on the History of Moral Philosophy*. Cambridge: Harvard University Press.

（2001）. *Justice as fairness*: *a restatement*. Edited by Erin Kelly. Cambridge, MA.: Harvard University Press.

[40] Richmond, A. S. & Cummings, R.（2004）. In support of the cognitive-developmental approach to moral education: a response to David Carr. Journal of moral education, 33（2）, 197–205.

[41] Sandel, Michael.（1998）. Liberalism and the Limits of Justice. Cambridge: Cambridge University Press.

［42］Scanlon, Thomas.（1982）. "Contractualism and Utilitarianism". In Amartya Sen and Bernard Williams ed. *Utilitarianism and Beyond*. Cambridge: Cambridge University Press.

（1998）. *What We Owe to Each Other*. Cambridge: Harvard University Press.

［43］Schroeder, S. A.（2009）. Divorcing the Good and the Right［D］. Harvard University.

［44］Sidgwick, Henry.（1901）. *Methods of Ethics*. New York: The Macmillan Company.

［45］Sim, M.（2010）. Rethinking virtue ethics and social justice with Aristotle and Confucius. Asian Philosophy, 20（2）, 195–213.

［46］Slote, M.（1984）. Morality and Self–Other Asymmetry. *The Journal of Philosophy*. 81（4）, 179–192.

（1992）. *From Morality to Virtue*. Oxford: Oxford University Press.

（1994）. Reply to Commentators. *Philosophy and Phenomenological Research*, 54（3）, 709–719.

（1995）. Agent–Based Virtue Ethics. *Midwest Studies in Philosophy*, 20（1）, 83–101.

（2001）. *Morals from Motives*. Oxford: Oxford University Press.

（2004）. Moral sentimentalism. *Ethical Theory and Moral Practice*, 7（1）, 3–14.

（2006）. Moral sentimentalism and moral psychology. In *The Oxford Handbook of Ethical Theory*. Oxford: Oxford University Press.

（2007）. *The Ethics of Care and Empathy*. London; New York: Routledge.

（2009）. *Moral Sentimentalism*. Oxford: Oxford University Press.

（2018）. Sentimentalist Virtue Ethics. In Nancy E. Snow eds. *The Oxford Handbook of Virtue*. Oxford: Oxford University Press.

［47］Smith, M.（1987）. The Humean Theory of Motivation. *Mind*, XCVI（381）, 36–61.

［48］Steutel, J. W.（1997）. The Virtue Approach to Moral Education: Some Conceptual Clarifications. *Journal of Philosophy of Education*, 31（3）, 395–407.

［49］Stocker, M.（1976）. The Schizophrenia of Modern Ethical Theories. *Journal of Philosophy*, 73（14）, 453–466.

（1994）. Self–Other Asymmetries and Virtue Theory. *Philosophy and Phenomenological Research*, 54（3）, 689–694.

［50］Strauss, Leo and Cropsey, Joseph.（1987）. *History of Political Philosophy*. Chicago: The University of Chicago Press.

［51］Swanton, C.（2018）. Eudaimonistic versus Target Centred Virtue Ethics. *Teoria. Rivista di filosofia*, 38（2）, 43–53.

（2021）. *Target Centred Virtue Ethics*. Oxford: Oxford University Press.

［52］Yu, Tianlong.（2004）. *In the Name of Morality Character Education and Political Control*. New York: Peter Lang Publishing, Inc.

［53］Urmson, J. O.（1988）. *Aristotle's Ethics*. Oxford: Blackwell.

［54］Velleman, J. D.（1996）. The Possibility of Practical Reason. *Ethics*, 106（4）, 694–726.

［55］Wallace, R. Jay.（2020）. "Practical Reason", *The Stanford Encyclopedia of Philosophy*. Edward N. Zalta（ed.）, URL=<https: //plato. stanford. edu/ archives/spr2020/entries/practical–reason/>.

［56］Will Kymlicka.（2002）. *Contemporary Political Philosophy*: *An Introduction*（Second Edition）. Oxford: Oxford University Press.

Nussbaum, M. C.（2016）. Not for Profit : Why Demoonacy Needs the Humanities. Princeton, NT : Princeten Uniuerty Press.

［57］Aristotle. 2004. Nicemacheen Ethics. Trans and Ed. by Roger Crisp. Camfridge: Camkidge Uninersity Press, pp. 169–170.

[58] Bennett，W. J.（Ed.）. 1993. Book of Virtues Simon and Schuster.

[59] Nord，W. A. 2014.Religion and American Eduation：Rothinking A National Dilemma. The Unirersity of North Carolina Press.

[60] Swanton C. 2001. A Virtue Ethical Account of Right Action. Echics，1121，32-52.

[61] Nussbaum，M. C.（2016）. Not for Profit：Why Demoonacy Needs the Humanities. Princeton，NT： Princeten Uniuerty Press.

二、中文部分

[1] 孙向晨. 面对他者：莱维纳斯哲学思想研究［M］. 上海三联书店，2015.

[2] 黄伟合，赵海琦. 善的冲突——中国历史上的义利之辨［M］. 合肥：安徽人民出版社，1992.

[3] 廖申白. 伦理学概论［M］. 北京：北京师范大学出版社，2009.

[4] 徐向东. 自我、他人与道德：道德哲学导论［M］. 北京：商务印书馆，2007.

[5] 亚里士多德. 尼各马可伦理学［M］. 北京：商务印书馆，2003.

[6] 亚里士多德. 政治学［M］. 北京：中国社会科学出版社，2009.

[7] 康德. 实践理性批判［M］. 北京：商务印书馆，1999.

[8] 康德. 实践理性批判：注释本［M］. 北京：中国人民大学出版社，2011.

[9] 康德. 实践理性批判［M］. 北京：中国社会科学出版社，2009.

[10] 康德. 道德形而上学基础［M］. 北京：中国社会科学出版社，2009.

[11] 康德. 道德形而上学原理［M］. 上海：上海人民出版社，2005.

[12] 罗尔斯. 正义论［M］. 北京：中国社会科学出版社，1988.

[13] 罗尔斯. 正义论［M］. 北京：中国社会科学出版社，2009.

[14] 罗尔斯. 政治自由主义［M］. 南京：译林出版社，2000.

［15］罗尔斯. 作为公平的正义：正义新论［M］. 北京：中国社会科学出版社，2011.

［16］罗尔斯. 道德哲学史讲义［M］. 北京：中国社会科学出版社，2012.

［17］廖申白. 亚里士多德友爱论研究［M］. 北京：北京师范大学出版社，2009.

［18］廖申白. 交往生活的公共性转变［M］. 北京：北京师范大学出版社，2007.

［19］西季威克. 伦理学方法［M］. 北京：中国社会科学出版社，1993.

［20］罗斯著，王路译. 亚里士多德［M］. 北京：商务印书馆，1997.

［21］迈克尔·莱斯诺夫等著，刘训练等译. 社会契约论［M］. 南京：江苏人民出版社，2005.

［22］罗尔斯. 政治哲学史讲义［M］. 北京：中国社会科学出版社，2011.

［23］麦金太尔. 追寻美德：伦理理论研究［M］. 南京：译林出版社，2003. 12.

［24］桑德尔. 自由主义与正义的局限［M］. 南京：译林出版社，2001.

［25］奥尼尔. 迈向正义与美德：实践推理的建构性解释［M］. 北京：东方出版社，2009.

［26］斯坎伦. 我们彼此负有什么义务［M］. 北京：人民出版社，2008.

［27］列奥·施特劳斯编著，李洪润等译. 政治哲学史［M］. 北京：法律出版社，2009.

［28］石元康. 洛尔斯［M］. 台北：东大图书公司，1989.

［29］黑格尔. 精神现象学（上、下）［M］. 北京：商务印书馆，1979.

［30］黑格尔. 法哲学原理［M］. 北京：商务印书馆，2016.

［31］马克斯·韦伯. 新教伦理与资本主义精神［M］. 北京：三联书店，1987.

［32］赵红梅. 从规范到美德：伦理学的回归［J］. 伦理学研究，2010（6）.

［33］王占魁. "公平"抑或"美善"——道德教育哲学基础的再思考［J］. 教育研究，2011（3）.

［34］张夏青. 共识达成与美德追寻——当前我国学校教育中的价值冲突问

题研究［D］. 2010.

［35］陆有铨."道德"是道德教育有效性的依据［J］.中国德育，2008
（10）.

［36］扈中平，刘朝晖.对道德的核心和道德教育的重新思考［J］.华东师
范大学学报（教育科学版），2001（2）.

［37］易小明，赵永刚.现代生活之伦理规尺：正义抑或美德［J］.齐鲁学
刊，2010（5）.

［38］金生鈜.质疑建国以来的道德教育规训［J］.教育理论与实践，2001
（8）.

［39］蔡春，扈中平.美德培育与制度教化——论道德失范时期的道德教育
［J］.华东师范大学学报（教育科学版），2002（4）.

［40］龚群.论道德与利益［J］.教学与研究，2008（3）.

［41］詹世友.美德的本质及美德伦理学的学科特征［J］.江西社会科学，
2007（7）.

［42］程亮.道德教育：在规范与美德之间［J］.湖南师范大学教育科学学
报，2004（5）.

［43］石中英，余清臣.关怀教育：超越与界限——诺丁斯关怀教育理论述
评［J］.教育研究与实验，2005（4）.

［44］石中英.全球化时代的教师同情心及其培育［J］.教育研究，2010（9）.

［45］石中英.社会同情与公民形成［J］.北京师范大学学报（社会科学版），
2012（2）.

［46］刘静."正义与关怀"——大学生诚信教育的核心理念［J］.河北师范
大学学报（教育科学版），2010（6）.

［47］袁玲红.关怀伦理与正义伦理的融通［J］.社会科学辑刊，2007（1）.

［48］袁玲红.从关怀伦理的视角解读正义伦理［J］.理论月刊，2007（4）.

［49］赵雪霞.西方道德教育模式的比较：正义与关怀［D］. 2010.

［50］焦克明."义利"新探［J］.江西社会科学，1990（2）.

［51］宋志明.义利之辩新解［J］.学术研究，2004（2）.

［52］寇东亮．"义利之辩"的人学底蕴——在个体认同层面的展开［J］.郑州大学学报（哲学社会科学版），2005（2）.

［53］谢文郁．寻找善的定义："义利之辩"和"因信称义"［J］.世界哲学，2005（4）.

［54］王泽应．儒家义利之辩新探［J］.孔子研究，1992（4）.

［55］吕明灼．义利之辩：一个纵贯古今的永恒主题［J］.齐鲁学刊，2000（6）.

［56］应杭．论市场经济条件下的义利之辩［J］.浙江大学学报，1995（3）.

［57］成中英．论义利之辩与天人合一［J］.中国社会科学院研究生院学报，1998（1）.

［58］何小春．"义利之辩"的伦理意蕴及其现代转换［J］.船山学刊，2009（1）.

［59］于民雄．义利之辩——儒家正当性优先原理［J］.纪念孔子诞辰2560周年国际学术研讨会暨国际儒联第四届会员大会论文集，2009年9月1日.

［60］张汝伦．义利之辩的若干问题［J］.复旦学报（社会科学版），2010（3）.

［61］李义天．基于行为者的美德伦理学可靠吗？——对迈克尔·斯洛特的分析与批评［J］.哲学研究，2009（10）.

［62］陈欢，章含舟．为什么关系无法为关怀伦理学奠基？——基于诺丁斯与斯洛特之争而展开的讨论［J］.哲学评论，2019（01）.

［63］邓安庆．再论康德关于伦理与道德的区分及其意义［J］.北京大学学报（哲学社会科学版），2019：56（5）.

［64］徐向东．先验论证与怀疑论［J］.北京大学学报（哲学社会科学版），2005（02）.

［65］贾玉超．正义是一种美德吗？——亚里士多德论正义与美德的关系及其道德教育意义［J］.教育学术月刊，2017：（8）.

［66］王福照．由灌输走向对话：道德教育的理念转向［J］.教学与管理，

2009（3）.

［67］孙峰，李欢. 道德教育的现实选择：从灌输走向对话［J］. 辽宁师范大学学报（社会科学版），2009（5）.

［68］周晓静，朱小蔓. 知识与道德教育［J］. 全球教育展望，2006（6）.